PIERRE HERBERT

ET SON

VOYAGE EN ITALIE

"Petite Collection Vitryate"

Ernest JOVY
Correspondant du Ministère de l'Instruction publique

PIERRE HERBERT
DE COUVROT,

ET SON

VOYAGE EN ITALIE

(ROME EN 1847)

PRIX : 2 FR. 50

VITRY-LE-FRANÇOIS
Ve TAVERNIER & FILS, ÉDITEURS
12, Rue de Vaux, 12

MDCCCXCVI

PIERRE HERBERT

de Couvrot,

Professeur suppléant au Collège de Vitry-le-François.

VOYAGE EN ITALIE

PIERRE HERBERT,

et, accessoirement,

DE L'ANCIENNE UNIVERSITÉ DE FRANCE.

Avant de pénétrer dans notre Bibliothèque municipale, les lecteurs qui la fréquentent, peuvent lire sur une pancarte, appendue sous le grillage de l'une des armoires de la salle intermédiaire entre la salle du Conseil municipal et la Bibliothèque, ces mots : BIBLIOTHÈQUE HERBERT. La plupart des personnes qui passent devant cette portion de nos collections vitryates, sont assez peu frappées par cette indication et par ce nom d'*Herbert*. Nous n'imiterons pas leur indifférence facile en ces quelques lignes liminaires.

Le 13 Mars 1812. naissait à Couvrot, — de Jacques-Philippe Herbert. chevalier d'Empire, membre de la Légion d'honneur et de Séraphine-Augustine-Joseph Plichon, — Pierre-Philippe Herbert (1). Le jeune Herbert dont le père avait sans doute pris part aux guerres de la Révolution et de l'Empire, fit ses études au Collège de Vitry-le-François. M. Herbert se destina à l'enseignement. Il obtint de bonne heure le diplôme, alors assez rare et

(1) Voici l'acte de naissance *in extenso* d'Herbert :

« L'an mil huit cent douze, le quatorze Mars, à dix heures du matin, par devant nous Maire. officier de l'état-civil de la commune de Couvrot, canton de Vitry-sur-Marne, département de la Marne, est comparu Jacques-Philippe Herbert, âgé de quarante-deux ans. chevalier d'Empire, membre de la Légion d'honneur, demeurant à Couvrot. lequel nous a présenté un enfant du sexe masculin, né d'hier, à onze heures du soir, de lui déclarant, et de Séraphine-Augustine-Joseph Plichon, son épouse, et auquel il a déclaré vouloir donner les prénoms de Pierre-Philippe. Les dites déclaration et présentation faites en présence de Pierre Goblet, membre de la Légion d'honneur et chevalier d'Empire, et de Pierre-Nicolas Lavefve Tissier, tous deux âgés de quarante-six ans et tous deux demeurant à Couvrot, et, ont les père et témoins signé avec nous le présent acte de naissance après qu'il leur en a été fait lecture.

Herbert, P. N. Lavefve, Goblet,

Duchesne-Courcy,
Maire.

(Greffe de Vitry-le-François, C. Registres de l'Etat-civil, Couvrot, 1792-1812).

d'une difficile obtention, de licencié ès lettres. Aux environs de 1842 (1), il rentra au Collége de Vitry en qualité de suppléant de M. Feillet aîné qui occupait dans cet établissement la chaire de seconde. Par la suite, il professa la troisième, la seconde ou la rhétorique dans les Collèges royaux de Limoges (1846-47) et de La Rochelle, dans les Lycées d'Avignon, de Bastia et d'Albi. Admis à faire valoir ses droits à la retraite le 30 septembre 1872, il revenait d'Albi à Vitry où il voulait fixer sa résidence. Il entrait le 14 novembre de cette même année comme malade à l'Hôpital général; et quelques jours après, le 21 novembre, à neuf heures du soir, il mourait (2),

(1) M. Donguy, professeur de rhétorique au collège de Vitry-le-François, affirmait dans le discours qu'il prononça sur la tombe de M. Herbert le 23 novembre 1872 et que nous reproduirons qu' « en 1838, M. Herbert rentra en qualité de professeur suppléant au Collège de Vitry où, trois ans plus tard, il fut nommé titulaire de la chaire de seconde (?) » L'*Annuaire de la Marne* (1842, p. 296) mentionne seulement M. Herbert comme suppléant de M. Feillet aîné en 1842 et n'en fait mention ni dans les années précédentes, ni dans les années suivantes.

(2) Nous reproduisons intégralement l'acte de décès d'Herbert :

HERBERT (Pierre-Philippe), célibataire. Le vingt-deux novembre mil huit cent soixante-douze, à neuf heures du matin, devant nous, Maire officier de l'Etat-civil de Vitry-le-François, département de la Marne, ont comparu les sieurs Nicolas-Théophile LUDOT, âgé de soixante-neuf ans, propriétaire, et Jacques-Augustin

âgé de soixante ans, presque subitement emporté par une hémorragie cérébrale(1). Nous avons vainement cherché au cimetière de l'Hôpital quelque trace de la tombe de ce vieux professeur qui, demeuré célibataire et tout consacré à l'étude et à la pensée, a dû être bien vite oublié. Ses compatriotes auraient peut-être dû mieux veiller sur cette tombe. Mais il est des réparations, et l'intelligence a des revanches sur les brutalités de la mort et les injustices de l'oubli. Ceux qui ont vécu toute leur existence de la vie austère, et consumante, et le plus souvent irrécompensée

ROUGELOT, âgé de soixante-cinq ans, ancien commis-greffier, tous deux domiciliés en cette ville et amis du défunt ci-après nommé, lesquels nous ont déclaré que hier, vingt-cinq novembre à neuf heures du soir, Pierre-Philippe Herbert, âgé de soixante ans, professeur en dernier lieu au Lycée d'Albi (Tarn), actuellement domicilié audit Vitry-le-François, natif de Couvrot (Marne), fils des défunts Jacques-Philippe Herbert, membre de la Légion d'Honneur, et de dame Séraphine-Augustine-Joseph Plichon, son épouse, est décédé en cette ville, ainsi que nous nous en sommes assuré par le certificat du médecin délegué qui a constaté le décès. De quoi nous avons dressé acte que les comparants ont signé avec nous après lecture.

ROUGELOT, LUDOT. CH. LAFFRIQUE.

(Arch. municip, Etat-Civil, Décès, 1872, f° 96.)

(1) M. Nicaud, économe de l'Hôpital général, a bien voulu me communiquer ces renseignements très précis, d'après les registres de l'hôpital : « M. Herbert... entré à l'Hôpital le 14 novembre 1872, y est décédé le 21 novembre 1872, à 9 heures du soir, d'une hémorragie cérébrale. »

de l'esprit, ne méritent-ils pas de vivre au moins de cette vie idéale vers laquelle s'efforcent les écrivains et les artistes et par laquelle notre pensée peut se mêler pendant longtemps à la pensée des autres hommes et notre personnalité, comme ressusciter dans le cerveau de générations très éloignées de nous ?

Le *curriculum* universitaire, incomplet, que nous détaillions à l'instant, laisse supposer bien des déplacements peu agréables. Herbert dit d'ailleurs, dans l'une de ses brochures, « qu'il n'a jamais quitté, de sa droite, le perpétuel bâton d'éternel voyage. » Il fait songer aussi à bien des occupations pénibles. A côté des soucis du métier, M. Herbert était passionné pour la science, l'érudition, l'antiquité. Il a été un travailleur et, ce qui fait au plus haut point son mérite, un travailleur isolé. Dans ces grandes universités d'Angleterre dont Oxford, la principale, a été si admirablement décrite par Taine, et avant lui par le Père Lacordaire, dans ces universités allemandes, au milieu des laboratoires et des séminaires philologiques multipliés, d'une prodigieuse activité et d'innombrables publications, il doit être doux et facile de travailler. Quel plaisir semble-t-il de se livrer aux spéculations désintéressées et de poursuivre les idées et les faits dans une petite ville comme Heidelberg, pour prendre un exemple ! Là, le chercheur, que ce soit un maître ou un étudiant, se trouve environné de ce majestueux décor naturel qui enveloppe la vieille cité des électeurs palatins ; il a devant les yeux des horizons magnifiques, des hauteurs couvertes de verdures admirables, au-dessus desquelles flotte je ne sais quoi de mystique et d'ensoleillé à la fois, et jusque dans le plus reculé des lointains vaporeux, les serpentements du Neckar, et la vue de cet admirable *Schloss* dans l'architecture duquel on retrouve ces éléments du Moyen-Age et de la Renaissance dont la combinaison a créé notre esprit moderne et déterminé ses luttes. Là, la vie est calme ; la ville, par les beaux temps toute pleine d'arbres embaumés, toute sonore de chants d'oiseaux, dans une délicieuse union de la poésie de la nature et de la poésie du passé, appartient à l'Université, aux professeurs et aux étudiants. Les étudiants peuvent longuement s'entretenir entre eux sur leur spécialité, que ce soit aux longues séances de la Bibliothèque de l'Université ou en dégustant, à la brasserie de Perkéo, des chopes de bière monumentales. Ils peuvent encore interroger facilement des maîtres illustres dont le nom remplit l'Allemagne et retentit par le monde savant tout entier. Il y a là une association, une solidarité intellectuelle qui doit pousser à la recherche, aux rivalités généreuses et fécondes dans la trouvaille et l'invention, à l'émulation dans la découverte et mettre au service de l'esprit toutes les ardeurs de la passion (1).

Nous avons, en France, essayé dans ces dernières années d'imiter tout cela. Nous n'avons peut-être oublié qu'une chose, — développer l'amour vrai, exclusif, désintéressé de l'étude. Mais à l'époque d'Herbert, il n'y avait presque pas chez nous de centres intellectuels. Les bibliothèques de province étaient mal fournies ; l'outillage scientifique était à peu près nul. Il lui fallait travailler seul, sans rien espérer que de lui-même, faire des efforts ignorés, inconnus, que l'encouragement d'un maître ou le sourire d'un condisciple ne venait jamais récompenser, avec cette énergie continue que peuvent seules avoir ces natures d'élite qui recherchent et veulent le savoir même, le savoir essentiel :

.... queis arte benigna
Et meliore luto finxit praecordia Titan.

Et ceci me permet d'amener ici une minime digression sur les mérites soit professionnels, soit scientifiques de notre ancienne Université de France, — secondaire et supérieure, — sur ce qu'elle a été en dépit des difficultés qui l'ont environnée de ses origines au ministère Duruy. Je ne veux ici porter sur

(1) Sur la vie universitaire et les études allemandes voyez un essai sur *Wolf*, dans Mark Pattison, *Essays*, Oxford, 1889, t. I, p. 337, essai dont j'ai lu en partie la traduction à notre *Société des Sciences et Arts de Vitry*.

la question qu'un jugement *en bloc*, sans distinguer avec une rigoureuse précision comme il conviendrait dans une étude développée, les différentes phases par lesquelles a passé l'esprit universitaire (1).

Après le bouleversement que les événements révolutionnaires avaient apporté dans l'enseignement public, l'Université, sous l'impulsion un peu trop centralisatrice, il est vrai, de Napoléon, chercha à rattacher les nouvelles générations aux traditions anciennes et à restaurer ces fortes études classiques qui avaient tant contribué à la splendeur du génie français.

Les études classiques, au commencement du siècle, n'étaient pas moins attaquées qu'aujourd'hui. Le dix-huitième siècle, l'école encyclopédique dans la spéculation et dans la pratique, la Révolution nourrissaient le dessein — qui n'est pas abandonné — d'affranchir l'humanité du joug de la langue latine considérée comme une complice de la tradition et une ennemie des lumières(2).

(1) Voir sur l'histoire de l'Université au commencement du siècle les très intéressants *Souvenirs universitaires* de M. Deschamps, censeur honoraire, dans les *Mémoires de l'Académie des Sciences, Inscriptions et Belles-Lettres de Toulouse*, 9e série, t. v. (1893), p. 31 et tomes suivants.

(2) Je trouve dans un article de la *Revue de France* de 874. t. IX, p 436, à propos des réformes de Jules Simon qui accentuèrent le mouvement provoqué par Duruy quelques

La Convention essaya d'appliquer ces théories. La tentative, avec les Ecoles centrales, échoua misérablement.

Avec la reconstitution de l'enseignement public sur le modèle des collèges de l'ancienne Université de Paris, de l'Oratoire, de la Compagnie de Jésus et des Pères de la Doctrine chrétienne, le premier consul voulut réagir contre les théories révolutionnaires qui lui paraissaient tendre directement à l'abaissement des esprits et à faire perdre à la France le rang qu'elle tenait dans le monde intellectuel. C'était là la vue d'un esprit supérieur, et M. Thiers l'entend fort bien :

« Dans un temps, dit l'éminent histo-

réflexions qui ne seraient pas sans application aux temps présents : « Il y a d'ailleurs une intention politique derrière cette affaire de l'enseignement secondaire. La démocratie doctrinaire reproche à l'éducation littéraire d'être un privilège... L'enseignement classique entretient l'esprit de caste dans les hautes régions de la société... Aussi est-il urgent d'aviser. C'est une nouvelle aristocratie à détruire Elle n'a ni terres ni forêts à prendre. Il n'importe, le peuple n'entend pas qu'on soit plus instruit que lui. Voilà le secret de la guerre soutenue depuis trois quarts de siècle par l'école révolutionnaire contre le haut enseignement littéraire. C'est que les lettrés méprisent le peuple .. On en veut à l'enseignement secondaire [classique] lui-même et on sert la haine qu'il inspire à ceux qu'il offusque. Il était réservé à notre âge de voir la haine que la supériorité provoque envahir même le domaine paisible de l'éducation. » (L. Derôme, *M. Jules Simon et la réforme de l'enseignement secondaire*). — Cf. aussi Etienne - Gallois, *Lettres d'un Champenois*, dans ses *Passim*, I.

rien, où les idées religieuses se sont affaiblies, si la connaissance de l'antiquité s'évanouissait aussi, nous ne formerions plus qu'une société sans lien moral avec le passé, uniquement instruite et occupée du présent, une société ignorante, abaissee, exclusivement propre aux arts mécaniques. »

Ce grand corps de l'Université dont les membres eurent tout d'abord des origines assez disparates et où devaient se manifester les tendances les plus opposées, avait une doctrine. Il avait recueilli, avec les débris des anciennes institutions et des anciennes corporations enseignantes. les idées pédagogiques de l'ancienne France. Il en avait tiré une tradition de ferme discipline et de labeur énergique qui lui était propre. Il s'était formé un certain idéal universitaire, un certain esprit universitaire qui semble avoir été définitivement ruiné, détruit par Victor Duruy et sa création de l'enseignement spécial. Les grands maîtres de l'Université, tous animés à peu près du même esprit, le Conseil de l'Instruction publique d'alors qui était comme un Sénat conservateur, composé de personnalités indépendantes et des plus hautes autorités sociales, veillaient jalousement sur le dépôt de ces traditions et protestaient, avec une libre énergie, contre les innovations téméraires et les systèmes hasardeux que l'expérience ne paraissait pas devoir confirmer.

Aprés toutes ces illustrations universitaires, Guizot, Villemain, Cousin, le mathématicien Poisson, le chimiste Thénard, Jouffroy, Saint-Marc Girardin, qui parvenaient aux honneurs de la députation ou de la pairie ou du ministère, venait un corps professoral laborieux, appliqué, sérieux, pénétré de la grandeur de sa mission. Il avait une foi. On a beaucoup médit des anciens universitaires. On les a accusés de pédantisme ; on leur a reproché de forcer les générations á « s'abrutir » sur le thême grec, les vers latins, le discours latin. Ceux qui connaissent les questions d'enseignement savent ce que valaient ces objections ; á ces travaux ni les bons ni les mauvais éléves n'ont pu s'abrutir, les premiers les ont aimés, les seconds les ont négligés. Avec tous ces exercices ces vieux professeurs ont préservé pendant quelques années encore le vieil esprit français. Malgré l'incohérence de leur recrutement, malgré les attaques qui leur venaient de toutes parts, malgré l'appui trés douteux des gouvernements qui se succédaient, ils ont exercé une influence incontestable (1). Que n'au-

(1) A partir de 1848, la bourgeoisie française qui, sous Louis-Philippe, s'était mirée dans l'Université, se tourne contre elle. Thiers, lui-même autrefois l'un de ses plus vigoureux défenseurs l'abandonne. « Le 8 mai 1848 il écrit à M. Madier de Montjaud : « ...Lorsque l'Université représentait la bonne et sage bourgeoisie française, enseignait nos enfants suivant la méthode de Rollin, donnait la préférence aux

raient-ils pas fait, avec leur culture, leur gravité, leur application, si les pouvoirs publics, tout en respectant la justice, avaient été plus décidément pour eux ?

Cet ancien corps universitaire était *national*; mais il n'estimait pas qu'il devait être *populaire*. Le regard fixé vers son idéal élevé des belles et bonnes lettres humanisantes, — *litteræ humaniores*, — il voulait représenter et parfaire le génie national; il voulait être en harmonie avec la *nation*, mais non avec la *foule*, avec le *mob*, comme disent les Anglais. Le temps qui aurait été étrange et « fertile en miracles » pour ces universitaires de jadis, n'était pas encore venu où l'on entendrait tous se mêler de pédagogie, d'éducation, d'instruction, où les derniers des folliculaires parisiens, la plupart du temps sans instruction et sans compétence, reprocheraient à tout instant, à l'Université, selon l'opportunité, ou la surchage ou la faiblesse de ses programmes, où les journaux, en exposant et en soutenant servilement les réclamations de l'innombrable légion des imbéciles et des ignorants, exerceraient sur les études une pression abaissante.

Cette vieille Université française qui, certes, n'était pas sans reproche, n'était

saines et vieilles études classiques sur les études physiques et toutes matérielles des prôneurs de l'enseignement professionnel, ah ! alors je lui voulais sacrifier la liberté d'enseignement. Aujourd'hui je n'en suis plus là. Et pourquoi ? Parce que rien n'est où il était.... »

pas non plus sans mérite : elle a rempli son rôle, ce qu'avec une manière de «pontifier» qui peut faire rire les jeunes si sceptiques, elle croyait « sa mission » — avec dignité et quelque grandeur.

Non seulement ce corps était d'une irréprochable dignité, non seulement il avait, malgré les difficultés et les luttes de l'époque, un tel ascendant que Charles X, à la veille de la révolution de 1830, allait confier au collège Sainte-Barbe-Nicolle l'instruction du duc de Bordeaux (1), — que les princes d'Orléans suivaient les cours du collège Henri IV (2), — que l'on voyait Louis-Philippe, en 1838, inviter les collèges de Paris à visiter le palais de Versailles, et le roi des Français se faire, avec le duc de Montpensier, le cicerone des élèves de l'Université, — mais encore au point de vue intellectuel, et notamment dans le domaine de l'antiquité classique, l'Université travaillait, produisait, se tenait au courant du mouvement scientifique qui se produisait soit chez nous, soit au dehors et,

(1) Le maître auquel on devait confier tout d'abord le jeune duc de Bordeaux à Sainte-Barbe-Nicolle, était M. Desanlis, professeur des classes élémentaires dans cet établissement. M. Desanlis était de Bignicourt sur-Saulx et un ancien élève du collège de Vitry-le-François. Cf. Etienne Gallois, *Passim*, V, p. 79.

(2) Le 6 août 1830, le lieutenant - général du royaume qui devait être élu roi des Français, disait à M. Bignon qui lui présentait le Conseil de l'Université : « Je m'enorgueillis d'avoir envoyé mes fils faire leurs études dans nos collèges et, ce qui vaut mieux, je m'en applaudis. »

bien que le pouvoir central ne lui multipliât pas les facilités d'études, les moyens d'information, les bibliothèques, elle était à la recherche de tout ce qui pouvait augmenter sa valeur professionnelle.

On peut le prouver par des exemples qui se rapportent à la nature même de l'œuvre que nous publions. On a fait grand bruit, il y a quelques années, de l'introduction, dans l'enseignement, des deux langues classiques, des méthodes de la critique allemande. des découvertes de cette Allemagne qui, dit-on, a reconstruit l'Antiquité comme pour réparer les méfaits d'Alaric et de Genseric. L'ancienne Université n'ignorait pas non plus les œuvres de l'érudition germanique (1). Seulement. elle était très prudente et tenait beaucoup à la parfaite unité dans l'enseignement ; elle ne faisait pas étalage de ce qu'elle empruntait ; elle était un peu pointilleuse sur la question de la prééminence française et n'était pas disposée à pousser jusqu'à de regrettables excès l'admiration d'une science étrangère qu'on semble se résigner gaiement à ne pouvoir surpasser. Dès le premier Empire les théories grammaticales de Gottfried

(1) « En Allemagne où vous savez que tout genre d'érudition fleurit... », écrit en 1819 Paul-Louis Courier, dans ses *Lettres à Messieurs de l'Académie des Inscriptions et Belles-Lettres* (P.-L. Courier, *Œuvres*, Garnier, 1866, p. 581.)

Hermann, la grammaire de Buttmann, sont connues dans les écoles françaises. Boissonade (1) qui était, par ailleurs, nourri de la lecture de Bentley et des écrits des savants de l'Ecole de Leyde, Hemsterhuys et Valckenaer, Ruhnkenius et Wittembach, était mis de bonne heure par Bast, le grand paléographe, au fait des travaux d'Outre-Rhin. J.Fr. Gail et Longueville traduisaient en 1842 la grammaire grecque de Matthiæ. Alexandre, dans la *Préface* de son Dictionnaire grec-français (1838), avouait qu'il avait constamment recouru aux travaux lexicographiques de Passow, et de Pape, de Jacobitz et de Seiler (2). L'éminent Burnouf qui était alors comme l'incarnation de la Grammaire, savait tout ce que produisait l'Allemagne en matière de philologie latine (3). On

(1) Sur Boissonade, voy. Sainte-Beuve, *Nouveaux lundis*, p. 114.

(2) Voir dans Rossignol, *Des services que peut rendre l'archéologie aux études classiques*, Paris, Adolphe Labitte, 1878, p. 414, un aimable « éreintement » d'Alexandre.

(3) « Tout n'a pas été dit en France sur la langue latine. Nous sommes même, il faut en convenir, restés à cet égard fort en arrière de l'Allemagne. Je n'ai rédigé cette Méthode qu'après une longue et sérieuse étude de toutes les grammaires publiées dans ce pays. L'exposition lumineuse et facile du Docteur Zumpt ; la riche collection d'exemples rassemblés par Brœder, G. F. Grotefend, Ramshorn ; la marche toute scientifique d'Aug. Grotefend, Billroth, Weissenborn ; les traités plus élémentaires de Blume et de Bischoff ; le cours si complet de

allait plus loin. Didot, voulant réimprimer le *Thesaurus* d'Henri Estienne, faisait appel à la bonne volonté des savants tudesques, et Hase, Sinner, Dübner (1) venaient s'établir en France et apportaient avec eux les doctrines exégétiques de leur pays. C'est encore à ce moment (1843) qu'Henri Weil, admis au doctorat ès lettres par la Faculté de Paris avec sa thèse célèbre « de l'ordre des mots dans les langues anciennes comparées aux langues modernes », se fixe dans notre pays où il exercera une influence qui dure encore. (2)

Reisig, commenté par Fr. Haase ; les Opuscules de Gernhard et de Wagner ; les savantes recherches de Schneider et de Struve ; la Théorie du style latin de Grysar ; les Particules de Hand, et tant d'autres ouvrages que je pourrais ajouter à cette liste, m'ont été, je me plais à le reconnaître, d'une grande utilité... » Burnouf, *Méthode pour étudier la langue latine*, Paris, Delalain, Préface de 1841.

(1) Sur Dübner, voy. Sainte-Beuve, *Nouveaux lundis*, p. 433.

(2) M. Dumas, dans ses *Souvenirs universitaires* que j'ai déjà cités (*Mémoires de l'Académie des sciences, inscriptions et belles-lettres de Toulouse*, 1894, neuvième série, tome VI, page 64), montre bien quelle fut alors l'activité des études universitaires vers 1830. Il rappelle, avec les publications de Guizot, de Cousin, de Michelet, — l'abbé Guillon, inspecteur de l'Académie de Paris en même temps que professeur d'éloquence sacrée à la Sorbonne et sa *Bibliothèque choisie des Pères de l'église grecque*, — Champollion qui, professeur d'histoire au collège de Grenoble, conçut la pensée d'expliquer les hiéroglyphes, — Gail, Gros, dont Herbert va nous donner une lettre, Artaud, Thurot, Courtaud-Diverneresse, etc.

Ainsi nos vieux universitaires avaient parfaitement compris qu'au milieu de la désorganisation profonde du monde intellectuel français qui, longtemps après la Révolution, ne s'était, et ne s'est pas encore ressaisi, il fallait profiter des résultats de la science ultra-rhénane : « *Fons ecce fluit eruditionis multiplicis, quo vel grammaticorum hortuli irrigentur, artis, antiquitatis, historiae cognitio mirifice promoveatur.* » (1)

Et si, appelés par le professorat de l'Etat lui-même qui désirait avoir dans ses rangs quelques représentants de cette « Méthodique » tant réputée, des savants allemands venaient chez nous, et s'installaient même, comme Hase, dans une chaire du Collège de France, — ils étaient moins rares que ne le croit la présente Université, ces universitaires d'autrefois qui, désireux d'apprendre et de se perfectionner, allaient, — presque toujours sur leurs propres fonds, — visiter non seulement l'Angleterre et l'Italie, mais bien aussi la « savante » Allemagne, s'asseoir sur les bancs des universités germaniques, s'y façonner soit à l'art des patientes reconstructions

(1) «... Voici que de ces découvertes coule une source variée qui pourra même servir à l'érudition, arroser les modestes jardins des grammairiens, et qui va faire merveilleusement avancer la connaissance de l'art, de l'antiquité, de l'histoire. » Ed. Gerhard, *Rapporto intorno i vasi Volcenti*, 1831, p. 113, cité par Rossignol, *Des services que peut rendre l'archéologie aux études classiques*, Paris, Labitte, 1878, p. 161.

historiques, soit à l'analyse des textes. soit aux recherches linguistiques, et y prendre quelque chose de cet esprit approfondissant.

Herbert était un de ces laborieux et de ces curieux. (1) Pour comparer des

(1) Il y a une foule de faits qui démontrent cette préoccupation dans l'Université de ce qui se passait à l'étranger. Viguier qui devint par la suite Inspecteur général de l'Université écrit le 27 novembre 1852 de Heidelberg : « Dès huit heures (du matin) on court à l'Université. C'est un bâtiment parfaitement accommodé pour une cinquantaine de cours de diverses facultés. — Je n'ai que l'embarras du choix, tous sont ouverts sans nulle façon. — Sur la même place est un grand bâtiment, dit *Museum*, qui est le casino des professeurs et des étudiants, des bourgeois et des étrangers, immense collection de journaux où règne le silence dans les salons de lecture, et qui contient une bibliothèque libéralement servie, des salles de conversation paisibles, un vaste salon de concerts, institution des plus honorables. J'omets la fameuse bibliothèque de Heidelberg qui est à la disposition du public. — Enfin je me trouve ici sollicité par une prodigieuse envie de tout lire, de tout entendre, de tout voir et de tout dire, — de m'emparer de la langue la plus familière, de tous les cours, de tous les professeurs, de tous les journaux, de tous les livres, de tous les paysages et de toutes les montagnes. Vous concevez combien je dois trouver la journée courte, surtout en cette saison, surtout en me donnant le plaisir d'entendre trois ou quatre cours de suite dans la matinée et deux ou trois dans l'après-midi jusqu'à sept heures. Je me suis trouvé une solidité à rester si longtemps sur les bancs, dont je ne me serais pas cru capable. La fatigue est plus que compensée par le plaisir d'accoutumer mon oreille à la parole la plus rapide, outre l'intérêt même des cours qui sont si bien faits et si bien écoutés. Vous seriez bien frappé et charmé de la tenue de ces

manuscrits grecs, il alla à Heidelberg et en Italie. Peut-être dans son assez longue carrière fit-il d'autres voyages, car il s'intitule lui-même, dans une brochure sur Homère, un « cosmopolite ami de

cours et de ces étudiants et de leur maintien et de leur ton et de leur mise, et des cahiers qu'ils tiennent à chaque cours avec tant d'ordre. C'est une civilisation inconnue malheureusement chez nous : il est vrai qu'ils ne sont à l'Université que six a sept cents, *et qu'ils n'ont point un Paris pour garnison.* » Cf. Sainte-Beuve, *Nouveaux lundis*, t. XI, p. 423.

— Je rencontre dans Gossin, *Vie de François Xavier Fougeroux, suivie de notices sur la vie edifiante de plusieurs personnes vertueuses mortes dans ces derniers temps*, Paris, Gaume, 1839, une notice sur M. Pierre-Martin Guyot, professeur de troisième au collège royal de Louis-le-Grand de 1816 à 1832 où se trouvent les détails suivants : « Toujours dans le même but, celui d'augmenter ses connaissances par la comparaison des méthodes de l'Université avec celles des institutions rivales, tant en France qu'à l'étranger, M. Guyot employait successivement ses vacances à visiter les plus célèbres établissements d'instruction publique, et à s'enquérir sur les lieux mêmes des divers systèmes d'enseignement qui y étaient pratiqués. Après avoir consacré ses loisirs d'une année à étudier en France le régime intérieur suivi dans les collèges de Saint-Acheul, Juilly et Tournon, il destina ceux que les années suivantes lui laissèrent à parcourir l'Angleterre, la Suisse et quelques parties de la Savoie. Oxford, Cambridge, Berne et Fribourg lui présentèrent de graves sujets de méditation et donnèrent un aliment nouveau à la passion qu'il avait de s'instruire de tout ce qui pouvait se rapporter à la noble mission d'élever la jeunesse. Partout accueilli, d'abord avec les égards commandés par son seul titre de professeur de l'Université de France, il ne tardait pas à faire succéder

l'érudition. » Il avait surtout voué sa vie à deux tâches principales qui l'ont préoccupé presque constamment, bien qu'il ait fait, comme l'y entraînait son tempérament, de nombreuses excursions à côté des deux sujets capitaux auxquels s'attachait avec prédilection sa pensée :

1° En **1848-49**, il publiait dans la *Bibliothèque latine-française* de Panckoucke les œuvres et la traduction de **Sulpice Sévère**. Il n'abandonna jamais complètement l'étude de cet auteur si important pour l'histoire du christianisme en Gaule, à l'époque de Saint Martin dont Sulpice Sévère a été le biographe (1). Parmi les livres imprimés

chez ses hôtes des sentiments de haute estime à la politesse, toujours un peu froide et un peu digne, d'une réception officielle. »

« Pour conserver le souvenir circonstancié de ses intéressantes excursions, M. Guyot déposait, tous les soirs, sur ses tablettes les observations de la journée : elles forment un mémorial plein de variété et de charmes, qui n'est pas destiné à voir le jour, mais qui, s'il était livré à l'impression, captiverait encore la curiosité et l'intérêt du lecteur, même après les itinéraires volumineux qui, dans ces temps derniers, nous ont si amplement décrit les paysages de la Suisse, les institutions de l'Angleterre, et ces palais de l'Italie qui sont plutôt des musées élevés au génie des arts que des édifices destinés à l'habitation des hommes. »

(1) L'intérêt de Sulpice Sévère pour l'histoire du christianisme gallo-romain se pourra voir d'après les travaux de M. Bulliot sur *La mission et le culte de Saint Martin d'après les légendes et les monuments populaires dans le pays Éduen*, dans les *Mémoires de la Société éduenne*, tome XVI et tomes suivants.

qu'a laissés Herbert, on remarque un exemplaire de sa traduction interfolié et chargé d'observations, de remarques et de variantes.

2° Quant à la **traduction de l'Anthologie grecque,** elle l'occupait dès son passage au collège de Vitry. En **1842,** M. Herbert avait commencé, à Vitry même, chez Farochon, la publication d'une **Version du recueil d'épigrammes grecques connu sous le nom d'Anthologie de Planude.** Mais il n'en fit imprimer que 108 pages. Il conçut le dessein de donner une traduction complète de l'Anthologie palatine. C'était se proposer un travail énorme. Il fut devancé par M. Dehèque, le beau-père d'Egger qui, en 1863, donna une traduction de ces très antiques « Morceaux choisis » qui n'était pas sans défauts (1). Herbert ne se découragea pas ; loin d'abandonner son travail, il le « polissait sans cesse et le repolissait » dans une série de traductions qui sont à la Bibliothèque de Vitry.

(1) Voy. Sainte-Beuve, *Nouveaux lundis*, t. VII, p. 7. — Si par la suite je recherche ce qu'il peut y avoir d'utile dans les travaux d'Herbert sur l'Anthologie grecque, j'aurai peut-être à donner la bibliographie de la question qui est considérable. Je me contente de citer ici un travail champenois, peu étendu, de M. Des Guerrois, *Note sur le supplément de l'Anthologie grecque* (Didot, 1890), dans les *Mémoires de la Société académique de l'Aube*, t. 56, Troyes, 1892, p. 117.

C'est ainsi que, pendant toute sa carrière, et en vue de cette publication, Herbert s'était amassé un fonds de science et d'érudition considérable dans tous les sens ; il avait sondé et fouillé les littératures anciennes, la littérature française du XVIe siécle, la littérature italienne, pour en rapporter des notions précises ; il s'était attaché à diversifier son goût par la connaissance des beaux-arts étudiés dans leurs chefs-d'œuvre, il n'avait négligé ni voyages, ni lectures sur place, ni vérifications de toute nature. Non content de connaître les travaux des philologues contemporains qui avaient cherché à « illustrer » l'Anthologie, de Chardon de la Rochette, de Jacobs, de Meineke, il était remonté jusqu'aux recherches critiques du XVIIIe siècle, et l'on voit figurer dans sa bibliothéque et d'Orville, et Brunck, et la *Grammaire grecque* de Weller, annotée par Fisher, et les *Miscellanea Lipsiensia*. C'était pour consulter le fameux manuscrit palatin de l'Anthologie de Constantin Céphalas qu'il était allé vers 1846 à Heidelberg, c'est pour collationner les manuscrits du Vatican qu'il entreprit en 1847 son voyage d'Italie. Pendant des années il s'était adonné à toutes les préparations, à toutes les études préliminaires, à tous les exercices gradués et à tous les préludes au moyen desquels on peut devenir un digne, un savant, un autorisé, un éloquent traducteur. Eloquent traducteur ! — oui, car la traduction connaît l'éloquence, quand le texte est pénétré jusque dans les recoins les plus discrets, et que de la profondeur de cette étude jaillissent des expressions d'une justesse irréprochable, d'une impeccable adéquation.

Et tout ce travail est demeuré là. non fini, du moins au gré de ce délicat et de ce difficile : *tralatio pendet interrupta!* Mais si la réputation n'est pas venue à Herbert, vivant, quels dédommagements ce travail acharné n'a-t-il pas dû lui offrir ! Il a passé sa vie au milieu de ces recueils où le goût des Hellènes avait fait une patiente sélection de ces poésies légères qui leur semblaient témoigner d'une plus particulière habileté. Il a passé sa vie à admirer cette mesure et ce tact infini de l'esprit antique qui savait faire sortir la beauté de la plus simple simplicité et animer ses œuvres d'une jeunesse qui ne sait pas mourir. Heureux Herbert qui a pu se consacrer si complètement à ces travaux qui souvent ne rapportent au travailleur que le dédain de ceux qui sont au-dessus de lui et un sourire de pitié de la part de ceux qui sont à côté ou au-dessous, et auxquels il faut encore pardonner, — parce qu'ils ne savent pas ! Heureux Herbert qui, alors que d'autres ne peuvent que les effleurer, a pu approfondir « ces choses de beauté » qui sont pour l'esprit humain des « joies à toujours » et qui, nuit et jour a habité, dans la double antiquité ! Vous n'avez eu peut-être, pauvre vieux « Maître », qu'une existence assez triste, toute esseulée, un peu abandonnée de tous, et secrètement moquée, sans grandes ressources aussi, car le journal que vous avez laissé de votre voyage en Italie, prouve que vous avez eu parfois un souci angoissé des questions pécuniaires. Mais, — par l'imagination, — vous avez habité joyeux, et la Hellade, et la Grande Grèce, et la Sicile, vous avez erré par les sentiers qu'ombragent les oliviers et les buissons de myrte, par les champs où sur les vignes bourgeonnantes les pommiers répandent leurs fleurs, où les chèvres broutent parmi le murmure des ruisseaux et des roseaux, et vous avez entendu, dans les vallées que borne la mer bleue, les chants des bergères et des bergers théocritéens immortellement retentissants !

Il est facile de montrer par un exemple quels auraient été et l'intérêt et la fidélité scrupuleuse et l'élégance de cette traduction, en citant la version qu'Herbert a donnée, dans l'une de ses plaquettes, d'une épigramme de l'Anthologie. Cette épigramme est de Christodore, de Thèbes d'Egypte. Cet auteur y décrit en quarante vers une statue d'Homère qu'il avait étudiée dans l'un des principaux édifices de Constantinople, le Zeuxippe, thermes magnifiques élevés près de l'Hippodrome et détruits en un incendie, l'an 532, sous Justinien, à la suite de la sédition *Nika*:

« Homère animait l'airain ; et ni la pensée, ni l'intelligence ne manquaient au bronze, qui seulement n'avait pas la voix. Il était aisé de voir que la science surhumaine d'une divinité a jeté le métal en moule, en a dessiné les contours : car, pour moi, intérieurement, je ne crois point qu'un fondeur ait modelé le cuivre ; mais l'industrieuse Minerve l'a façonné de ses propres mains, sachant fort bien comment il fallait représenter le poète, elle qui, habitant jadis en lui, chantait, cependant qu'Apollon l'accompagnait de la lyre, ces vers que nous admirons. Ainsi donc, j'avais devant moi mon maître, un homme égal aux immortels, le grand Homère. Il paraissait vieux ; et cette vieillesse aimable répandait sur lui mille attraits. Elle était agréable, noble, respectable ; et tout l'extérieur de ce mortel divin inspirait la vénération. Sur le cou penché se portaient et tombaient, derrière la tête, les touffes de la chevelure, qui, de ses boucles, couvrait les oreilles, en descendant. La barbe, au bas du menton, s'étendait, se développait, molle et souple ; laquelle ne finissait pas en pointe, mais s'épanouissait avec ampleur, embellissant la poitrine nue et le charmant visage. Le vieillard avait le front dégarni de cheveux ; or, sur ce front dénudé résidait l'honnêteté, la moralité. A l'endroit des sourcils, l'art intelligent a figuré deux proéminences, et pour bonnes raisons les yeux étaient privés de la vue. Toutefois, le chantre d'Hector ne semblait point aveugle, et son œil sans regard était plein de charmes : l'ouvrier, je pense, a voulu indiquer de la sorte, que l'inextinguible lumière du génie

« éclairait l'âme au dedans. Les outrages « du temps avaient un peu creusé et ridé « les joues, siège de la grâce et d'une « pudeur naïve. L'abeille du mont Piérus « voltigeait autour de la bouche, organe « du ciel, et y formait un doux rayon de « miel. L'interprète des Dieux, les mains « croisées, s'appuyait sur un bâton, ainsi « qu'en son vivant ; il inclinait l'oreille « droite, comme s'il écoutait Apollon, de « près, ou quelque Muse ; l'on aurait dit « qu'il méditait profondément, et l'idée, çà et « là, voyageait hors du sanctuaire de l'indus- « trieux esprit, et ourdissait l'œuvre mar- « tiale des sirènes du Parnasse. » (1).

Ces mots du poète de l'*Anthologie*, si bien rendus par Herbert : « Toutefois, le chantre d'Hector ne semblait point aveugle, et son œil sans regard était plein de charmes ; l'ouvrier, je pense, a voulu indiquer, de la sorte, que l'inextinguible lumière du génie éclairait l'âme au dedans », — me rappellent qu'un ancien professeur du Collège de Vitry-le-François, M. Bruyant, maintenant au Collège de Nogent-le-Rotrou, sans songer le moins du monde à imiter l'*Anthologie*, s'inspirait de la même pensée dans le sonnet suivant qui, je crois, est encore inédit :

(1) Voy. P. Herbert, *Portrait d'Homère*, etc, p. 8. Herbert, renvoie à Brunck *Analecta*, etc, t. II. p. 468, et *Anthol. graeca*, etc, Lipsiae, 1813, in-8°, t. I, p. 50. Cf. aussi *Anthologia palatina*, éd. Fréd. Dübner, Parisiis, Didot. 1864, p. 33.

Homère, aveugle et pauvre, une lyre à la main,
Parcourait à pas lents les bourgades d'Asie :
De ses lèvres volait la sainte poésie
Et la foule en extase encombrait son chemin.

Il chantait les combats, le Cyclope inhumain,
Les Immortels vidant les coupes d'ambroisie,
Le Tartare effrayant que rien ne rassasie,
Pénélope fidèle à son premier hymen.

Et la lyre d'ivoire, attendrie ou vibrante,
Chassait des cœurs blessés la peine déchirante,
Comme un rayon perçant les brumes du matin.

Le front du vieil aède, à la chaleur de l'âme,
Rayonnait tout à coup, et, dans son œil éteint,
On croyait par moments voir briller une flamme.

Herbert semble avoir été d'une nature indulgente et bénigne. exempte de tout sentiment d'envie, alors que tant de demi-savants se pavanent et triomphent. Il oubliait de se comparer et n'éprouvait aucune amertume de n'avoir jamais pu donner au public toute sa mesure. L'étude désintéressée et sans terme, — voilà proprement ce qui a été son caractère et sa devise. Flâneur intellectuel de la plus incurable vagabonderie, il aimait les courses buissonnières à travers tout le domaine de l'histoire et des lettres. Il a dû souvent ressentir qu'il se livrait trop au plaisir de voir et d'apprendre indéfiniment et qu'il embrassait trop à la fois. « Je suis resté, — dit cet excellent homme d'érudit, enfoui dans l'érudition, —je suis resté, toute ma vie, écolier, vieillissant sans doute, mais toujours coûte que coûte (or cela coûte quelquefois cher !) causeur et rieur ; et volontiers je badine autour de la question. C'est là mon défaut (1). » La liste de ses publications, en dehors de sa traduction de l'*Anthologie de Planude* et de son *Sulpice Sévère*, montre la variété de ses aptitudes et de ses goûts :

— *L'Inscription de l'Arc de triomphe d'Orange*, Paris, Dezobry, 1862, in-8° (2).

(1) Comparer ces mots de Paul-Louis dans sa *Lettre à Messieurs de l'Académie des Inscriptions et Belles-Lettres* : « Un jeune homme dans les lettres, avance, fait son chemin comme dans les sels ou les tabacs. Avec de la conduite, un caractère doux, une mise décente, il est sûr de parvenir et d'avoir à son tour des places, des traitements, des pensions, des logements. Pourvu qu'il n'aille pas faire autrement que tout le monde, se distinguer, étudier ! Les jeunes gens quelquefois se passionnent pour l'étude ; c'est la perte assurée de quiconque aspire aux emplois de la littérature:c'est la mort à tout avancement. L'étude rend paresseux ; on s'enterre dans ses livres, on devient rêveur, distrait, on oublie ses devoirs, visites, assemblées, repas, cérémonies... »

(2) Ce livre provoqua les opuscules suivants: Barjavel *Description raisonnée du livre que vient de publier M. Ph. Herbert sur l'inscription de l'arc antique d'Orange*, Carpentras, Ed. Rolland, 1862 ; L'Ayma. *Observations sur l'ouvrage intitulé : L'inscription de l'arc de triomphe d'Orange, par P. Herbert*, Toulon, Eug. Aurel 1865. — Voyez sur le même sujet : Artaud, membre de l'Institut, *L'arc d'Orange*, Orange, Raphael aîné, 1860 ; Barjavel, *Simple exposé touchant l'inscription récemment déchiffrée de l'Arc antique d'Orange*, Carpentras, Ed. Rolland, 1861.

— *Portrait d'Homère d'après une antique médaille de Smyrne*, Albi, Desrue, septembre 1869, in-8° ;

— *L'Inscription chrétienne de Beaucaire et quelques autres inscriptions expliquées*, Albi, Desrue, novembre 1869, in-8° ;

— *L'Inscription de la Haute-Borne à Fontaine-sur-Marne*, Albi, Desrue, janvier in-8° 1870.

— *Fléchier revu et corrigé par Le Pelletier ; — un autographe du Cardinal de Retz ; — le Comte de Bussy-Rabutin hagiographe*, Albi, Desrue. juillet 1871.

Au milieu de tous ces travaux(1), Herbert n'oubliait pas Vitry. Dès la fondation de la Société des Sciences et Arts, il se faisait inscrire parmi ses membres et, aussitôt qu'il fut admis à faire valoir ses droits à la retraite, il avait résolu de se fixer à Vitry. Il entrevoyait toujours la petite ville qui l'avait connu élève et professeur, comme l'endroit dernier et cher où il y aurait encore pour lui quelques parents et quelques vieux amis, les derniers tisons pour l'hiver et, au soleil ou à l'ombre, le dernier banc, avec quelque livre de Brunck

(1) On trouve encore des articles et des travaux d'Herbert dans l'*Aigle corse* (numéros du 5 avril 1868 au 5 avril 1869), dans la *Revue de Marseille et de Provence* (article sur l'avocat Chalvet), dans le *Bulletin de la Soc. d'Agric., Sciences et arts et du comice agric. de l'arrondissement d'Orange*, dans le *Journal du Tarn*, etc.

ou de Jacobs entre les mains. Mais ses compatriotes l'onten retour si bien oublié que je n'ai pu retrouver sa tombe, comme je l'ai dit déjà. Ne mériterait-il pas pourtant — dans ce collège de Vitry où nous voudrions voir consacrés ici et là par le marbre tant de souvenirs précieux, la mémoire de tant de maîtres et d'élèves distingués que les « jeunes » ne connaissent pas, — d'avoir en quelque place une inscription dans le genre de celle-ci :

PETRO. PHILIPPO. HERBERT.

OLIM. IN. HOCCE. COLLEGIO. VICTORIACENSI.

PROFESSORI.

DEVOTO. CHARITVM. SACERDOTI.

QVASI. PERPETVO.

ANTHOLOGIAE. GRAECAE. EXPLANATORI.

SACRVM.

L'idée—peu coûteuse—que je propose pour rappeler la mémoire d'Herbert aussi bien que de nos autres illustrations scolaires, n'est pas si mauvaise. Aussi ne se réalisera-t-elle probablement jamais. Nous sommes ou plutôt nous nous croyons aujourd'hui si détachés du passé qui n'apparaît guères aux «jeunes» que comme une assez jolie collection de grotesques retardataires ! De peur de s'encombrer l'esprit, sans doute, on fait si facilement banqueroute au passé de sa race, de son pays, de sa ville, de son milieu personnel ! Je n'entends pas louer ainsi le respect que le passé lui-même avait pour « son passé ». On fait aujourd'hui ce qu'on a fait autrefois. Dès le seizième siècle l'illustre Guillaume Budé disait, en commentant les Pandectes : « Le Français est toujours étranger dans son pays ; lui seul ignore les affaires et les intérêts de la France. Il est de toute éternité dans le génie de ce peuple de regarder tout monument, tout dépôt public comme étranger au gouvernement. » (1)

Une parente d'Herbert,—sa nièce, m'a-t-on dit,—a heureusement mieux compris les intérêts de la mémoire d'Herbert, en offrant à notre Bibliothèque municipale aussitôt après la mort du professeur, ses livres, parmi lesquels se trouvent de nombreuses et précieuses éditions de l'*Anthologie*, et ses manuscrits, témoins et confidents de ses travaux.

Parmi ces manuscrits se trouve la relation du voyage que fit Herbert (2) en

(1) *In patria sua Galli peregrinari videntur, soli hominum rerum suarum ignari... Sed hic est perpetuus hujus regni genius, ut rerum monumenta nihil pertinere ad rem publicam videantur.*

(2) Le passe-port délivré à Herbert par la Préfecture de la Haute-Vienne, le 27 juillet 1847, le décrit ainsi, — avec le vague ordinaire de ce genre de descriptions : «Agé de *35 ans* :— taille

Italie pour ses études « anthologiques », à l'époque où M. de Salvandy encourageait si fortement l'Université à se diriger vers Rome et la Grèce, fondait l'Ecole d'Athènes et y envoyait Gandar et tant d'autres.

C'est ce *Journal* que nous nous proposons de publier. Il contient d'intéressants détails sur l'état d'esprit d'un universitaire et de l'Université à cette époque, — et sur l'Italie, sur la « Rome » de 1847. On trouvera sur les choses et sur les gens des jugements pleins de sagacité dans ces lignes qui, sans apprêt, sans prétention aucune, se sont échappées du crayon ou de la plume d'Herbert, en diligence ou sur le pont d'un bateau, sur les marches des palais, dans les galeries des musées et parmi les trésors de la bibliothèque papaline. « Nous avons », — dit très plaisamment Paul-Louis Courier, — « des relations de voyages dont les auteurs sont soupçonnés de n'être jamais sortis de leur cabinet. » La relation d'Herbert n'est pas de celles-là.

E. JOVY.

d'un mètre 71 centimètres : cheveux *châtain*, : — front *rond* ; — sourcils *chatain* ; — yeux *gris roux* : — nez *bien fait* : — bouche *moyenne* : — barbe *châtaine* ; — menton *rond* : — visage *ovale* ; — teint *ordinaire*. »

L'*Echo de la Marne* et le *Messager de la Marne* du 26 novembre 1872 rendaient compte ainsi des obsèques de M. Herbert :

« M. Herbert, professeur de l'Université en retraite à Vitry-le-François, vient de succomber à la suite d'une attaque d'apoplexie. Il a fini sa vie comme pensionnaire dans l'hôpital de notre ville après quelques jours de lutte contre la mort. Les honneurs funèbres lui ont été rendus le samedi 23 novembre par ses amis, par les professeurs et les élèves du Collège et par une partie du personnel de l'hospice. La messe solennelle a été célébrée dans la chapelle de cet établissement trop petite pour contenir une aussi nombreuse assistance. C'était M. l'aumônier des pauvres et des malades qui officiait. L'absoute a été donnée par M. l'aumônier du Collège. Parmi les personnes qui ont honoré le cortège de M. Herbert, on remarquait M. Cosquin, ancien maire, M. Vast, docteur médecin, M. de Lafournière, l'un de ses anciens élèves, M. Feillet, M. Rougelot, anciens professeurs, le principal et les professeurs du collège, etc... Les cordons du poêle étaient tenus par MM. Olive, Hourdot, Gouverne et Dongny, professeurs.

La couronne était portée par M. Feillet.

Sur la tombe M. Dongny, professeur de rhétorique, a prononcé le discours suivant au nom de l'Université :

Messieurs,

Avant de quitter cette tombe qui va garder la dépouille mortelle de celui à qui la religion, l'amitié et l'Université rendent aujourd'hui les derniers devoirs, permettez-moi de vous dire ce qu'il a été et comment il a rempli sa carrière. Ces quelques paroles seront un tribut d'honneur rendu à sa mémoire.

Philippe Herbert eut pour père Jacques-Philippe Herbert, membre de la Légion d'honneur : il est né à Couvrot, près de Vitry-le-François, le 13 mars 1812. Il fit de bonnes études au Collège de cette ville et grâce à ses heureuses dispositions naturelles et à son travail, il parvint de bonne heure aux grades de bachelier et de licencié ès lettres. En 1838, il rentra en qualité de professeur suppléant au même Collège où, trois ans plus tard, il fut nommé titulaire de la chaire de seconde. Ceux qui l'ont connu alors savent qu'ils possédait à un très haut degré ces qualités d'esprit si communes aux habitants de ce pays, je veux dire la finesse et la pénétration avec lesquelles toutefois on ne se fait guère d'amis, surtout si on les applique à relever les travers ou les ridicules d'autrui. Mais Herbert s'était si heureusement distingué dans ses fonctions que l'Université, pour le récompenser et l'encourager l'appela en 3e au lycée de Saint-Etienne. A partir de cette époque, il n'a cessé de rendre en troisième, en seconde, en rhétorique de bons et intelligents services dans plusieurs lycées et en dernier lieu, au lycée d'Albi où il fut, le 30 septembre dernier admis à faire valoir ses droits à une pension de retraite.

Il lui était enfin permis de goûter les modestes loisirs que l'Université réserve aux hommes qui ont blanchi à son service : affranchi de ses préoccupations scolaires, il allait se livrer tout entier à l'achèvement d'un ouvrage depuis longtemps commencé, presque terminé, et en surveiller la publication. Pour le faire avec plus de liberté d'esprit, il avait adopté Vitry pour résidence, allant parfois à Couvrot, revoir ces mille riens qui émeuvent tant le cœur après trente ans d'absence.

Ce séjour, en le rapprochant des souvenirs de son enfance, devait rajeunir sa pensée et rendre à son corps sa vigueur d'autrefois. Il le pensait du moins, il l'espérait. Hélas ! Illusion de vieillard ! La mort a tout à coup frappé et il a terminé sa vie en bon chrétien.

Herbert ne fut pas seulement un professeur distingué. Les quelques instants que son devoir ne l'obligeait pas à consacrer à ses élèves, il ne les passait pas dans le désœuvrement. Il a donné pendant sa vie une traduction de Sulpice Sévère assez estimée pour avoir été admise dans la collection Panckouke, par quelques opuscules qui ont été publiés par l'Académie de Caen dont il était membre correspondant. Déjà, en 1842, il avait fait imprimer à Vitry une version de l'Anthologie de Planude, précédée d'un Essai sur l'épigramme grecque. Mais jugeant sans doute son œuvre imparfaite en voyant que Planude n'avait pas rassemblé tous les trésors que l'antiquité nous a laissés en poésies légères, il s'était remis à la besogne, s'était entouré des recueils anthologiques les plus rares, les plus curieux et les plus riches, et avait entrepris de nous en donner une traduction complète. On peut dire que ce fut là, en dehors de ses occupations classiques, le travail de toute sa vie. N'ayant ni les joies, ni les distractions de la famille, il vivait constamment en tête à tête avec les écrivains grecs du génie le plus délicat et le plus exquis. Il collationnait, ajustait et rétablissait leurs textes, puis les commentait, les analysait, les traduisait. Il me semble le voir absorbé dans ses recherches et faisant, malgré lui, bon accueil à l'indiscret visiteur qui venait troubler ses études et retarder, peut-être compromettre la solution d'un problème philologique. Toutefois son œuvre, si considérable déjà, n'est pas encore terminée. Le sera-t-elle jamais ? Quel est le mérite de ce qu'il en a accompli ? On peut soupçonner que son travail n'est pas sans valeur. Un esprit de cette trempe ne s'applique pas pendant trente ans à un ouvrage, fut-il une simple traduction, sans rien produire de bon. Heureusement, Messieurs, son unique héritière, personne très pieuse et fort intelligente, sait tout le prix que peut avoir son manuscrit : et on doit être assuré d'avance que ni la collection d'anthologies faite par M. Herbert, ni sa traduction ne seront perdues pour les amis des lettres grecques. Et s'il m'était permis d'émettre ici un vœu à ce sujet, je demanderais que tous ces livres qui ont été les amis intimes d'Herbert, que tous ces papiers auxquels il a confié sa pensée et peut-être sa réputation dans les siècles futurs, ne fussent ni séparés ni dispersés. Ce serait un dépôt sacré que sa ville natale serait très heureuse de conserver religieusement. Je suis certain aussi, Herbert, que, si les morts ont encore la connaissance de ce qui se fait parmi les vivants, ce respect de ce qui a fait une partie de vous-même, ne vous déplairait pas. Adieu donc, savant helléniste, très honoré collègue, adieu, éminent et religieux professeur, adieu surtout, enfant de Vitry ! »

Nous empruntons au *Catalogue des manuscrits de la bibliothèque de Vitry-le-François*, Paris, Menu, 1877, l'énumération des manuscrits d'Herbert :

91. — Nouvelle cause d'appel d'illustre seigneur Monsieur le Marquis de Ganges contre noble Gaspard-François de Guilhermis de Gigoniam... 1704.

[Volumineux dossier de 16 cahiers cousus ensemble, enfermés dans un carton. Provient de la Bibliothèque Herbert. — En outre une copie certifiée de l'incendie et du pillage des papiers du palais apostolique d'Avignon, 16 brumaire, an III; et le commencement (7 feuillets) de l' « Histoire de la Marquise de Ganges depuis son mariage jusqu'au mois de Mai 1667, » par M. Herbert. »

92. — Notes de M. Herbert sur Sulpice Sévère.

14 liasses enfermées dans un carton.

94. — Traduction de l'Anthologie grecque par M. Herbert.

[Soixante-cinq cahiers et liasses enfermés dans un grand carton.

1° Un cahier, qui contient un Essai sur l'épigramme grecque.

2° Cinq liasses de notes sur les éditions et les commentaires d'Obsopœus, de Brodeau, d'Henri Estienne ; sur le Manuscrit palatin ; sur les Epigrammatistes grecs.

3° Cinquante-neuf cahiers in folio. Copie de la Traduction de l'Anthologie mise au net pour l'impression ;

118. — Notes diverses sur l'Anthologie grecque, par M. Herbert.

[15 fascicules ou cahiers enfermés dans un carton.

1·4. Notes d'archéologie grecque et latine; copie d'une lettre de Villoison à F. Lécluse sur les accents grecs, etc.

5-15. Ouvrage de M. Herbert. « In epigrammata Anthologiae graecae palatinae a Friderico Jacobs desperata verisimilia critica ; quibus vetus gallica Remigii Bellaquei versio metrica Anacreontis et nova tusca ejusdem Anacreontis versio metrica ; nec non ad Anacreontem C. Salmasii notae ineditae, elenchusque codicum manuscriptorum graecorum epigrammatum Bibliothecae Vaticanae absolutissimus, et alia nonnulla sunt inserta. » Dedicace : « E. D. Franco-Gallo hunc libellum sacrum esse voluit auctor beneficii memor. » Une note annonce que M. Herbert a trouvé la traduction italienne « in versi toscani » dans un manuscrit petit in-folio, relié en parchemin, dont il a fait don au ministère de l'instruction publique en 1862 ; selon ce manuscrit, l'auteur de la traduction s'appelle « de Vecchi ».

119,120,121,122,123. – Traduction française de l'Anthologie grecque, par M. Herbert.

[Cinq gros cahiers in-8°, cartonnés. Quelques notes d'érudition]

124, 125, 126. — Traduction française de l'Anthologie grecque, par M. Herbert.

[Hauteur, 0m165 ; largeur, 0m120. Trois gros volumes reliés en chagrin noir. Quelques notes d'érudition. Le premier contient outre le texte manuscrit, tout ce qui a été imprimé du « Recueil d'Epigrammes grecques... à Vitry, Farochon, mars 1842] »

127 — Prosodie grecque de Wellerus. (1)

(1) Notons ici que les exemplaires de : Jacob Weller, *Grammatica graeca nova*, Fritsch, Leipzig, 1781 ; — Fisher, *Animadversiones ad*

[Petit cahier oblong ; 10 feuillets écrits par M. Herbert].

128, 129 et 130.— Carnets de notes recueillies par M. Herbert.

[128. Notes sur l'Anthologie ; quelques lettres intercalées dans le volume.

129. Notes sur les œuvres de Sulpice Sévère et autres.

130. Notes courantes à la plume et au crayon, sur divers sujets d'archéologie.]

131-132. — Journal de mon voyage d'Italie, par M. Herbert, 24 août-13 octobre 1847.

[Hauteur, 0m170 ; largeur, 0m110. Deux gros carnets brochés, dans un étui de cuir.]

133. — Troisième rédaction de la traduction française des Epigrammes grecques, par P. Herbert, 1856-1863.

[Cette traduction est écrite dans les marges de l'édition « Epigrammatum graecorum libri VII, Francofurti, apud Andreae Wecheli haeredes, 1600 », in-fol. Notes d'érudition ; quelques lettres et quelques imprimés collés dans le volume.]

134. — Quatrième version de l'Anthologie grecque par M. Herbert, 1863-1872.

[Ecrite comme la précédente sur les marges d'un exemplaire des épigrammes publiées « apud Andreae Wecheli haeredes,

Jacobi Welleri grammaticam, Fritsch, Leipzig, 1798-1801 ; — et Hoogeveen, *Doctrina particularum graecarum, recensuit C. G. Schütz*, Dessau Leipzig, 1782, qui avaient appartenu à Paul-Louis Courier étaient passés dans la bibliothèque d'un bibliophile vitryat, M. Jean Bertrand.

1600 » in-folio. Quelques notes d'érudition ; plusieurs lettres.]

135. — Notes de Villoison sur la Paléographie grecque de Montfaucon.

[Relié ; 168 pages sans les gardes. Au 2e feuillet de garde, verso : « Le présent manuscrit dans le catalogue de M. Phil. Lebas était inscrit sous le no 2214. Je l'ai acquis à cette vente. Herbert, professeur de rhétorique au Lycée d'Avignon. 7 janvier 1861. » Et sous le titre : « Cette copie des notes de Villoison est de M. Lebas, mon ancien maître de conférence à l'Ecole normale supérieure dont j'ai bien reconnu l'écriture. 6 janvier 1861. Cartets. »...]

136, — Liasse de notes archéologiques et littéraires.

ROME EN 1847

Journal de mon Voyage d'Italie

Vers le 15 juillet 1847 j'ai écrit à toutes les personnes de ma connaissance en France en affranchissant les lettres et j'ai pu dépenser 5 fr.

∴

Le 23 juillet, j'ai reçu par le canal de M. de Schonen, Pair de France, une lettre de recommandation de M. de Salvandy, notre ministre de l'Instruction publique, adressée à M. le Comte Rossi, (*sic*), Ambassadeur de France à Rome :

Paris, le 19 juillet 1847,

Monsieur le Comte,

M. Herbert, Professeur de seconde au Collège royal de Limoges, se propose de faire des recherches parmi les manuscrits de la Bibliothèque du Vatican et dans d'autres dépôts publics, à l'effet d'y retrouver un recueil inédit d'épigrammes grecques anciennes.

Je vous serai fort obligé, Monsieur le Comte, de vouloir bien user de votre haute influence, pour faciliter, s'il y a lieu, à ce jeune helléniste, l'accès des dépôts qu'il se propose d'explorer.

Recevez, Monsieur le Comte, l'assurance de ma haute considération.

Le Ministre de l'Instruction publique,

SALVANDY.

Le 27 juillet, j'ai rencontré M. Abria, ancien notaire, adjoint au Maire de Limoges M. Abria, s'appuyant sur mon bras, m'a conduit à la mairie et m'a fait délivrer un certificat *constatant* (sic) qu'il n'y a nul *inconvénient* à me délivrer un passe-port pour l'Italie. Vers 11 heures du matin, j'ai porté ce certificat à M, Senamaud, chef de bureau à la Préfecture. Vers trois ou quatre heures après-midi, le fils de M. Senamaud, mon ancien élève, est venu me demander par quelle ville je prétends entrer en Italie. J'ai désigné, non sans murmurer contre les exigences d'une ombrageuse diplomatie, Civita-Vecchia. J'attends mon passe-port.

⁂

Aujourd'hui, 29 juillet, le fils de M. Sénamaud m'apporte mon passe-port pour l'Italie. Ce passe-port ne porte que la signature du Préfet. Devrai-je l'envoyer à Paris, à la légation des Etats de l'Eglise ? Demain je le saurai. J'ai remis 10 fr. prix du passe-port, à M. Senamaud.

⁂

31 juillet — J'attends avec une véritable impatience le jour de mon départ. Peut-être trouverai-je dans les distractions du voyage quelque soulagement à mes chagrins qui sont plus poignants depuis quelques jours. Dieu avisera !

⁂

1er Août. — Je reçois une lettre fort aimable de M. Boissonade ; il n'a pas de connaissances en Italie. Cet illustre savant daigne me donner des conseils pour la lecture des manuscrits. C'est en collationnant des imprimés avec des manuscrits que l'on parvient à lire ces derniers. Il a raison. Que je serais heureux de lui rapporter des variantes pour son Anthologie! Peut-être cette circonstance le déterminerait-elle à donner enfin cette Anthologie.

∴

1er Août. — J'oublie de dire que M. Boissonade me dit dans sa lettre que les bibliothèques des couvents d'Italie ne sont pas cataloguées et que, sans nul doute, elles contiennent bien des richesses littéraires. Cet excellent homme ajoute: « Elles ne sont pas toutes aussi facilement accessibles que les nôtres. Il faudra vous concilier les bonnes grâces des bibliothécaires. » M. Boissonade dans sa lettre semble m'adresser à M. Le Clerc, Doyen de la Faculté des Lettres de Paris J'écrirai donc aujourd'hui à M. Le Clerc qui a fait le voyage d'Italie et qui doit avoir des connaissances dans ce pays, pour lui demander des lettres de recommandation...

∴

6 Août, Vendredi. — Aujourd'hui j'ai reçu,par l'intermédiaire de M. le Proviseur,une lettre fort aimable de M. Alexandre, Inspecteur général : « Allez, soyez heureux, je ne puis que vous accompagner de mes vœux. Retrouvez, si vous pouvez, quelque manuscrit inédit : soyez assez habile pour obtenir en peu de jours la confiance des bibliothécaires italiens et obtenir d'eux la permission de fouiller leurs trésors. »

«... Adieu, Monsieur, et bonne chance. Ménagez cependant vos forces ; n'abusez pas de votre tempérament de jeune homme jusqu'à entreprendre à pied de longues courses, vous imposer un régime trop sévère, ou vous consumer en travaux trop précipités pour être bien productifs. Contentez-vous pour un premier voyage de prendre langue, sauf à revenir, si vous en voyez la nécessité. »

Cette lettre de M. Alexandre me prouve toute l'affection de cet excellent homme pour moi, et certes je ne serai jamais ingrat. Et puis il est facile de voir que les savants français s'exagèrent un peu les difficultés des voyages littéraires. Pourtant il faut en finir avec la critique des auteurs anciens en revoyant encore les manuscrits. Qui sait si quelque bouleversement ne detruira pas les bibliothèques d'Italie ? *Quod Di omen avertant !*

*
* *

Le 14 juillet, j'ai reçu une lettre de Madame Royer-Collard : « Monsieur Royer-Collard est à Gênes, dans un mois il sera à Turin. Il n'a pas reçu votre lettre... »

*
* *

M. Saint-André m'écrivait le 5 juillet : « Conformément à votre désir, etc. » Il me promet une lettre de M. Salvandy (voy. plus haut) et une autre de M. Guizot, laquelle j'attends. Il paraît que Madame de Schonen, à laquelle je témoignerai, à l'occasion, toute ma reconnaissance, a travaillé de tout son pouvoir à me faire obtenir des lettres de recommandation. Je dois beaucoup à M. Saint-André et si, en Italie, je suis assez heureux pour retrouver le second Mss, Palatin de l'Anthologie grecque, cette découverte sera due bientôt plutôt à lui qu'à moi.

*
* *

12 Août. — Je reçois par l'entremise de M. Saint-André une lettre de M. Guizot, que me fait tenir M. le baron de Schonen.

Ministère des affaires ÉTRANGÈRES. — Paris, le 5 Août 1847.

—

Direction politique

Monsieur le Comte,

Cette lettre vous sera remise par M. Herbert, Professeur au Collège royal de Limoges. Il se rend à Rome pour rechercher dans la bibliothèque du Vatican un recueil manuscrit d'épigrammes grecques anciennes. Je vous prie de l'accueillir avec intérêt, de lui procurer toutes les facilités nécessaires pour les recherches auxquelles il a l'intention de se livrer et de lui rendre en général tous les bons offices qui dépendent de vous.

Agréez, Monsieur le Comte l'assurance de ma haute considération.

GUIZOT.

Monsieur le Comte Rossi,
Ambassadeur du Roi,

à Rome.

∴

M. Saint-André m'écrit : « Ayez soin, pendant votre voyage, de porter ces lettres (celles de MM. Guizot et Salvandy) sur vous tout ouvertes et non dans votre malle. Autrement vous vous exposeriez à l'amende avec les administrations des douanes ou des postes dans les différents pays que vous allez traverser... Si vous trouvez quelque chose, faites ce que nous avons fait à Heidelberg Respectez les bibliothéeaires et n'allez pas, comme Courier, verser l'encrier sur le texte, et faire ensuite des gorges chaudes de l'ignorance de ces pauvres diables... M. le Comte de Mortara que je ne connais nullement, vient de m'adresser un exemplaire fort joliment relié d'un charmant opuscule de format in-18 oblong, imprimé à Oxford cette année et qui contient 61 jolies épigrammes traduites par lui en vers toscans avec le texte. Je vais lui écrire un petit billet de remerciement et lui donner quelques renseignements qu'il me demande sur les traductions françaises qui ont été faites de l'*Anthologie*. Je vous citerai naturellement. »

Ces lettres m'ont fait grand plaisir et ont

redoublé le regret que j'éprouve de ne pouvoir emmener avec moi certaine personne dont je parlerai plus d'une fois dans ce journal Si jamais elle lit ces lignes, qu'elle sache bien qu'elle peut m'oublier, mais que je ne l'oublierai jamais.

*
* *

12 Août. — J'attends avec une vive impatience une lettre de M. Gros. Il semble m'oublier ! Quant à Sulpice Sévère, je suis fatigué des mauvais tours que me jouent les employés de Panckoucke : il est fort probable que j'aurai bien de la peine à compléter un seul exemplaire pour l'offrir à Notre Saint-Père le Pape.

*
* *

17 Août. — Mme et M. Ubertin [notre Proviseur], me remettent les lettres suivantes qu'ils ont reçues de leur fils, M. Ubertin, professeur de physique à Bastia, en Corse :

Bastia, le 29 juillet 1847.

Monsieur l'abbé Figarella,

M. Herbert, Professeur au Collège royal de Limoges, se rend à Rome pour obtenir l'autorisation de travailler à la Bibliothèque du Vatican, afin d'y compulser des manuscrits.

A cette occasion, permettez-moi de recommander ce professeur à vos bontés, et de vous prier de lui procurer les moyens possibles pour que son but soit rempli.

C'est une personne estimable, sous tous les rapports, et à laquelle M. Ubertin, ancien proviseur du Collège royal de cette ville, actuellement occupant la même place à Limoges, porte beaucoup d'intérêt Je dois à M. Ubertin cette marque de gratitude pour la bienveillance dont il m'a honoré pendant son séjour en cette ville.

Je vous serai très reconnaissant pour tout ce que vous pourrez faire pour mon recommandé.

Agréez, Monsieur l'abbé, les choses les plus amicales de mon fils Auguste et l'expression de mes sentiments bien distingués et de mon attachement.

Votre dévoué de cœur,

LIALÉ

Monsieur l'abbé Figarella, Aumônier de l'Ambassade de France, (Saint-Louis des Français), Rome,

Quel est ce M. Lialé? Je l'ignore et je le demanderai à l'occasion à M. Ubertin.

[*M. Ubertin m'a dit, ce matin, 18 Août, que M. Lialé est oncle de M. Prélat, médecin du Pape, et proche parent d'un nonce en Bavière.*]

Le 12 Août 1847.

J'ai appris avec bonheur votre nomination de chanoine titulaire de la basilique de Saint-Pierre, et je vous en félicite de tout mon cœur.

C'est là une bien belle position et une haute dignité. Cette place est d'autant plus honorable pour vous qu'elle vous a été accordée par l'immortel Pie IX, juste appréciateur des hommes et des choses.

Celui qui aura l'obligeance de vous remettre cette lettre, est un savant professeur du Collège royal de Limoges qui se rend à Rome pour faire des recherches littéraires dans la bibliothèque du Vatican ; je vous le recommande d'une manière toute particulière.

Daignez agréer, Monsieur le Chanoine, mes salutations les plus affectueuses.

Votre tout dévoué,

L. PANTALACCI.

A Monsieur l'abbé Casanova, Chanoine de la Basilique de Saint-Pierre.

Ce M. Pantalacci est aumônier du Collège royal de Bastia. La lettre suivante, écrite en italien, est aussi de lui :

Li 24 Juglio 1847.

Affettuosissimo parente,

Ti raccommando caldissimamente il Signor Herbert, *dotto Professore del Collegio reale de* Limoges, *il quale se reca a Roma per compulsare alcuni monumenti litterarii della biblioteca Vaticana.*

E quetti un compatriotta del Signor Ubertin, *professore di fisica e chimica al nostro liceo e genero dell' eggreggio signor Consiglière* Montera.

Fa pel mio reccomandato cio che faretti per me, e te ne saro sommamente grato.

Li signori de Cassan, Bergu (?), Doulter, Reine, *m'incaricano di salutarti respettosamente. Ita sano scrivimi di quando in quando.*

Il tu o affezzionatissimo parente.
Luciano Pantalacci.

A Monsieur l'abbé Puri (André), du clergé de Saint-Jean de Latran, à Rome.

J'ai reçu ces lettres avec un vif plaisir. Ce M. Ubertin est un excellent homme, officieux pour ses amis, et bon pour tout le monde. Dieu nous le conserve longtemps ! M. Ubertin, fils de notre proviseur et professeur de physique à Bastia, a envoyé à son père ces lettres pour moi.

∴

20 Août. - Hier, 19 août, j'ai reçu de M. Gros, Inspecteur de l'Académie de Paris, les lettres suivantes :

Monsieur,

Mes occupations ont été telles depuis notre retour à Paris qu'il ne m'a pas été possible de vous répondre plus tôt. J'espère que ma lettre parviendra à temps. Partez heureusement pour la Ville éternelle où vous accompagnent nos vœux les plus ardents et les plus sincères. Je vous envoie une lettre pour Monsignor Laureani, bibliothécaire en chef. Vous trouverez auprès de lui un savant de premier ordre, M. l'abbé Molzi, orientalistedistingué, qui, pendant mon séjour, fut pour moi d'une rare obligeance. Veuillez être assez bon pour lui offrir mes compliments ; il se fera un plaisir, j'en suis sûr, de faciliter vos travaux et vos recherches.

Si vous avez quelques moments à me sacrifier, soyez assez courageux pour jeter attentivement les yeux sur le manuscrit où M. Mai a trouvé les fragments de Dion Cassius Vous en lirez une description complète dans le II des *Scriptorum veterum nova collectio*, p. XXXI — XXXIII, Romæ,1827. La collection est au Vatican. Mes yeux fatigués ne me permirent pas de le déchiffrer, tant les mots y sont embrouillés et confondus.M. Mai m'assura d'ailleurs qu'une nouvelle collation produirait peu de résultats. Peut-être serez-vous plus clairvoyant et plus habile que moi. Si vous ne désespérez pas du succès, veuillez me rendre le service de co lationner ou de faire collationner les extraits de Dion Cassius seulement.

Au plaisir de vous revoir chargé d'une abondante moisson. J'ai lu votre introduction et votre traduction avec un rare plaisir. Tâchez de nous donner un bon texte. Ce sera un véritable service et un excellent titre à l'avancement.

Recevez, Monsieur, tous mes remerciements et l'assurance de mon dévouement.

GROS.

4

le 17 Août 1847.

P. S. — S'il ne vous est pas possible de déchiffrer le manuscrit précité, veuillez être assez bon pour collationner ou faire collationner les extraits de Dion recueillis par Planude. P. XXV — XXVIII du même ouvrage, vous trouverez la description des manuscrits qui les contiennent. Pour la collation, on pourra se servir du texte de Mai.

Je me ravise, pour vous prier de faire collationner, sous notre direction, les extraits de Planude, quoi qu'il advienne du manuscrit palimpseste.

Monseigneur,

Un de nos savants professeurs, M. Herbert, se rend à Rome pour continuer ses recherches sur l'Anthologie grecque. Il aura besoin de puiser aux sources inépuisables du Vatican. Veuillez, je vous prie, Monseigneur, faciliter ses travaux, en mettant à sa disposition les précieux manuscrits de votre bibliothèque.

Votre obligeance lui sera d'autant plus nécessaire qu'il ne peut guère consacrer à son voyage que le temps des vacances Grâce à vous, j'ai pu en trois mois faire ce qui aurait exigé plus d'une année Si vous avez pour mon savant confrère les mêmes bontés que pour moi, il fera plus encore en moins de temps.

J'aime toujours, Monseigneur, à me rappeler mon voyage et dans ce souvenir vous occupez la plus grande place. Depuis mon retour en France je n'ai point cessé de m'occuper de Dion Cassius. Le 2e volume est sous presse et paraîtra dans deux ou trois mois : ce sera la fin des fragments. J'aurai l'honneur d'en faire hommage à Sa Sainteté, en la suppliant de déposer dans sa bibliothèque un ouvrage qui tirera sa principale valeur des richesses du Vatican.

Je suis avec le plus profond respect,

Monseigneur,

Votre très humble et très obéissant serviteur,

GROS.

Paris, le 17 Août 1847.

∴

A *Monseigneur Lauréani, Bibliothécaire du Vatican, etc.*

Je reçois à l'instant une lettre de notre excellent Proviseur pour M. le Marquis Cuneo d'Ornano.

J'ai en argent dans ma malle :	400 fr.
sur moi	50 fr.
donné à l'avance à la poste hier 23 Août	30 fr.
en or sur moi	720 fr.
	1.200 fr.

plus une dizaine de francs.

∴

25 Août. — Je suis parti de Limoges vers quatre heures le mardi 24 Août par le courrier de Limoges à Toulouse. Il est vrai que, pour me faire admettre, j'ai recouru à la ruse, produisant les lettres de MM. Guizot et Salvandy et alléguant une *mission*. Je suis monté en voiture auprès du courrier, fort bon homme qui m'a amusé de ses récits. Il prétend que M. Conte a gagné deux millions et demi ; [il] était entré aux affaires avec 30.000 fr. de dettes. M. Conte avait 20.000 fr. d'appointements, mon courrier l'appelle concussionnaire ; l'inspecteur des postes de Limoges

dit qu'il s'est plus occupé du *matériel* que du *personnel*. J'ai payé de Limoges à Toulouse 55.40, à Limoges même.

A Brives-la-Gaillarde, patrie du Cardinal Dubois, j'ai pris un bouilli que j'ai payé 1 fr. J'ai dépensé 1 fr. pour du pain, du vin, et 0 fr. 50 c. pour les pauvres. J'ai malgré la pluie, fort bien dormi de minuit à six heures du matin.

La ville de Cahors m'a semblé fort jolie, ainsi que la petite ville de Brives. A Cahors, nous avons parcouru une longue rue plantée d'arbres. D'anciennes fortifications se remarquent à Cahors, et des tours carrées et crénelées. Le pays de Limoges est bon et beau, il est boisé. A Cahors j'ai remarqué les vignes sans échalas et taillées en arbustes au ras de terre. Elles sont, au dire du conducteur, productives et bonnes. A Cahors, on passe le Lot sur un très beau pont neuf et à quelque distance de ce pont, on voit les restes du vieux. Le conducteur m'engage adroitement à lui donner de l'argent pour arriver à Toulouse avant le départ de la malle-poste de Marseille. Je fais la sourde oreille. La nuit a été froide et pluvieuse ; le jour est sombre. J'ai pensé à Eugène, au voyage de Pâques que me rappelle la couverture que le conducteur me donne pour me réchauffer. A Pâques, quand Eugène vint à Limoges, le conducteur nous donna son manteau : car nous étions à l'impériale. Pauvre Eugène ! Je l'aime comme un frère. Son souvenir ne s'efface pas de mon esprit par la distraction d'un voyage de long cours !

11 heures du matin dans la voiture.

*
* *

25.... 11 3/4. Nous traversons Montauban où j'admire sur la place la belle petite église neuve avec ses deux tours carrées et ses statues. Au milieu de la place qui est fort belle, est une croix de mission, ornée de statues. Le conducteur me donne du pain et du raisin.

*
* *

De Montauban à Toulouse, j'ai trouvé hier une fort belle plaine, bien cultivée et fertile. La route est bonne. Rien de plus beau que l'entrée de Toulouse du côté de Montauban. Devant est une large avenue plantée d'arbres et de belles maisons ; au bout de cette avenue, la porte de Toulouse, formée de deux colonnes de pierre et de grilles de fer : à gauche, sur une colline, dans le lointain, une belle colonne blanche qui se perd dans la nue et se dessine dans un ciel bleu. C'est, dit-on, un monument commémoratif de la fameuse victoire de Toulouse ! *Magna parvis*. Les Anglais doivent bien rire en voyant de tels trophées... La porte de fer traversée, à droite et à gauche se déploient de belles et larges promenades plantées de beaux jeunes arbres à larges feuilles qui entourent la ville comme d'une ceinture. A l'intérieur est le vieux Toulouse, avec ses rues étroites, son Capitole beaucoup trop vanté et l'ancienne urbanité de l'Aquitaine. Arrivé à l'hôtel des postes, je donnai 1 fr. au conducteur. Mon souper avec le coucher et le pourboire du domestique, ne m'a coûté que 5 fr. Il est vrai que la foire de Saint-Barthélemy a été cause que j'ai été fort mal logé et fort mal couché.

Arrivé à Toulouse vers 2 h. 1/2 j'entrai dans la boutique d'un libraire où je fis connaisance avec M. G. Ch. Vert, maître de pension à Toulouse, homme poli et savant. Je l'entraînai à la Bibliothèque publique où il me fit voir le Platon de J. Racine, *H. Stephanus*, couvert de notes manuscrites françaises du prince nos tragiques. Ces notes sont fort insignifiantes. A grand'peine, par-ci et par-là, trouve-t-on quelque chose qui rappelle le grand homme. J'ai encore vu l'*Eschyle* d'Oxford (in-f.), couvert de notes manuscrites de notre Racine. Ces notes sont bienfaibles, j'ai remarqué un vers grec traduit par un assez mauvais vers français. Le nom seul de Racine peut donner de la valeur à ces exemplaires. M. Guichemerre, Inspecteur de l'Académie de Limoges, possède l'*Aristophane* de Racine, aussi annoté. Mon guide qui connaît fort bien les *Mélanges* de Chardon de la Rochette, m'a fait admirer un exemplaire de l'*Anacréon* de Rancé, qui a appartenu au cardinal de Richelieu. Cet exemplaire, relié en maroquin rouge, dessiné de riches et délicates arabesques, est digne du grand cardinal. Mon introducteur m'a avoué qu'il avait toujours convoité ce livre. Je lui ai fait observer que la dédicace, en grec, manque. Le feuillet a été coupé. La bibliothèque composée de différentes salles, bien éclairées, bien aérées, m'a semblé riche et de belle conservation ; mais je n'ai pas eu le temps de l'examiner avec soin.

M. Vert, en la compagnie d'un jeune hébraïsant, est venu me voir à mon Hôtel (Rue Gourmande, Hôtel de la Bourse), où je lui ai offert un exemplaire de ma traduction de l'Anthologie. C'est un grand amateur des traductions littérales Ces deux MM. semblent fort pieux, encore qu'ils soient jeunes, et surtout l'hébraïsant. M. Vert m'a ensuite conduit chez lui, et j'ai admiré une bibliothèque de 12000 volumes composée d'exemplaires de choix ! Que de richesses ! L'édition de l'*Anthologie* de Francfort porte sur son frontispice : *Menagii et amicorum*, mais pas une note manuscrite ! J'ai vu un exemplaire du livre rare : *Delectus epigrammatum* que j'ai déjà vu à Heidelberg.

avec le titre de *Omnium horarum obsonia.* De retour à l'hôtel, j'ai soupé à table d'hôte. Les marchands de draps, venus pour la foire, ont fait bon visage à un universitaire, en vantant la prééminence de la science ! C'est là la maladie ordinaire de cette classe qui possède l'argent. Elle voudrait encore la science qui la constituerait véritablement en aristocratie. *Quod omen avertant Di !* A cinq heures, je me rendis au canal et montai sur le bateau-poste, aux secondes places où j'écris ces lignes, en assez bonne compagnie. J'ai payé à l'avance 13 fr. pour Cette. J'écris ces lignes à 7 heures du matin.

∴

7 heures 1/2. — Une troupe de cigognes passe au-dessus de notre bateau. Signe d'un hiver prématuré ! Hier le conducteur me disait : « Je pronostique des froids prochains, je ne sais pourquoi. »

∴

10 heures. — J'ai conversé sur le pont du bateau avec 3 contre-maîtres de la marine royale. Ils sont bons et intelligents, et se plaignent d'avoir été mis à rançon par les cabaretiers et hôteliers de Toulouse. « A notre bord, disent-ils, nous donnons place à notre table aux passagers : sur terre nous ne trouvons que des loups-cerviers. » L'un d'eux revenait de Saint-Domingue où il a résidé un an. Il dit que rien n'est plus pitoyable que l'état actuel de notre ancienne colonie. Les nègres ne travaillent pas, ne cultivent pas et n'ont pour toute fortune que l'exploitation de l'acajou ! « De mauvais valets, dit-il, ne font jamais de bons maîtres. » Ces

MM. les marins vont à Marseille. Nous ferons route de compagnie. Comme de Toulouse le canal se dirige sur Carcassonne, un jeune prêtre des Pyrénées-Orientales me vient parler sur le bateau. Il m'a entendu dire aux marins que je vais à Rome,et il échange avec moi quelques vœux pour le Souverain Pontife. Les paysans, grâce aux bons prêtres, sont *sobres*, *chastes* et *humains* ; notez ces trois points-là dans les montagnes ! Lui a succédé à son oncle, à la demande de ses paroissiens. Il a une petite bibliothèque d'un millier de volumes, provenant de ses ancêtres, curés du lieu d'oncle à neveu. Il me dit que le clergé espagnol est bien accueilli chez nous. Les savants sont employés selon leur science : le bas clergé étudie d'abord le français au séminaire, puis est placé dans des emplois de vicaires, etc. Du reste il ajoute que les Espagnols, en 92, n'ont pas été aussi hospitaliers pour les nôtres, et que l'evêque d'Alais dont il a oublié le nom, est mort de misère en Espagne. J'oublie de dire que nos marins se plaignent de l'indiscipline et de l'insuffisance des châtiments permis par la loi.

*
* *

Midi. — A une lieu de Castelnaudary, j'ai vu sur une éminence, à gauche du canal, la colonne élevée en l'honneur de Pierre Riquet. Voici deux vers faits en son honneur :

Tant qué lé mondé durara,
Tun nun, Riquet, braunzinara (1).

2 heures. — Cette colonne est en forme d'obé-

(1) « Cette métaphore est tirée du bruit que fait l'abeille. » — met en note Herbert. Ces vers signifient : « Tant que le monde durera, ton nom, Riquet, retentira. »

lisque et domine le réservoir qui alimente le canal à une heure de Castelnaudary où nous devons dîner. Une belle allée d'arbres sépare cette colonne du canal. Nous avons aux secondes places des religieuses de la Présentation de Marie qui vont de Bordeaux à Beaucaire, pour y faire une retraite, à la maison-mère ! Il faut avouer que les distractions du voyage préparent assez mal au recueillement redoublé de la retraite. Un homme de 30 ans nous raconte, en marchant sur le bord du canal (les écluses sont si multipliées qu'un bon marcheur suivrait facilement le prétendu bateau-poste), la mésaventure d'un pauvre diable de paysan qui poursuivit dans une cave un lièvre fugitif. L'animal au jarret vigoureux laboura la poitrine du maladroit empoignant et, le premier de sa race, se tira d'affaire grâce à la vigueur de son poignet et reconquit glorieusement sa liberté. Tout en riant de l'aventure, j'admirais le beau pays qui borde le canal, pays riche et boisé comme la Lorraine ou la Normandie. Le canal, fort bien entretenu, est bordé de deux rangées de petits joncs, plantés à l'intérieur, à deux pieds de la rive, avec la régularité des verges d'une brosse à dents L'écume et la vase poussées par les mouvements que les bateaux impriment à l'eau, traversent violemment ce rempart de joncs et ne peuvent revenir dans le canal J'ai vu des hommes occupés à curer cette lisière extérieure du canal avec des pelles en fer. Jusqu'à la colonne de Riquet les écluses sont ascendantes, à partir de cette colonne, elles sont dscendantes...

∴

27, Vendredi. — Hier nous avons dîné à Castelnaudary assez bien pour 3 fr, Le reste de la journée s'est passé sans incidents remarquables. A 10 heures nous avons traversé Carcassonne. Ce matin, au lever du soleil, nous voyons les oliviers et les figuiers.

A midi, nous dînons à Béziers, belle ville sur une montagne, à gauche. L'Eglise, composée d'un vaisseau haut, grand et large, est flanquée de trois tours carrées dont une deux fois plus grosse que les deux autres. Quelques tourelles rondes couronnées de créneaux, défendent encore cette église. La ville semble assez bien bâtie. Je dépensai 3 fr. pour le déjeuner et le dîner. Avant d'arriver à Béziers, j'admirai la be le église d'un village appelé Cabestar. A Béziers nous changeâmes de bateau pour éviter quatre ou cinq écluses. A quatre heures du soir, nous allons encore changer de bateau et prendre un vapeur pour traverser l'étang salé qui nous conduira à Cette. Quel beau pays ! Quel riche pays que ce bassin du canal du Midi ! Mais nous avons beaucoup de vent.

A cinq heures, nous arrivons à Agde où nous nous arrêtons à cause du bateau qui, de ce petit port, nous conduira directement à Marseille. Ainsi je ne verrai Cette que ce soir. Un maître-carpentier et deux contre-maîtres de la marine royale m'accompagnent ; je donne 1 fr. pour le transport de ma malle. Arrivés à Agde, nous arrêtons nos places et je prends pour 13 fr. un billet de seconde Cela fait, j'entame une petite discussion avec les douaniers, race insolente qui prend ombrage de mes vieux livres (H. Estienne, Anthol. grecque, etc, etc.) que j'emporte avec moi. Enfin, j'embarque ma malle. Je trouve merveilleux notre petit bâtiment à vapeur et je m'installe aux premières, résolu à payer l'excédent, pour avoir une petite chambre avec un lit. Ces petites chambres sont disposées autour de la salle à manger des officiers, à l'arrière du bâtiment, en forme de *triclinium* antique, c'est-à-dire que la petite salle à manger est flanquée des trois côtés d'un rang de cellules, dont les portes s'ouvrent dans cette salle. Un lit étroit,.... une cuvette, une carafe d'eau, un miroir, voilà le mobilier de ces chambrettes. Cela me va.

∴

Dimanche 29 Août. — Hier samedi, je n'ai rien écrit, tant j'étais fatigué ! Vendredi soir, des bœufs et des moutons furent entassés sur notre bateau, et, comme je m'étais placé aux premières je passai la nuit sans trop de fatigues. Vers le matin, en entrant dans le golfe de Lion, une brise fraîche, au lever du soleil, rendit la mer houleuse, et je fus pris par le mal de mer. Heureusement pour moi, la mer redevint bientôt paisible, et nous abordâmes, à midi, à Marseille. Le sommeil avait réparé mes forces ; pourtant je me sentais bien faible. je descendis après avoir fait 6 fr. de dépense dans mon bateau, à l'hôtel *des Empereurs* où, l'avant-veille, M. de Lamartine, dont le buste brille à la table d'hôte, a donné un banquet. Après le bain, je me couchai et je dormis d'un profond somme, un bouillon et une bouteille de vin sur l'estomac. A cinq heures, je trouvai le dîner fort propre et bien composé. Mon hôtel est à la Cannebière, belle et large rue qui est au sommet du port et qui a vue sur le magnifique bassin. Le soir je me promenai dans la ville en voiture, j'allai au Collège royal, où je laissai deux lettres et un petit paquet, le tout à l'adresse de M. Cahusac, Professeur d'histoire, et le déposai entre les mains du portier du Collège, gros homme de cinquante ans. M. Sangle, mon collègue de Limoges, m'avait remis ces objets.

Du collège, j'allai au domicile de M. Cahusac

où j'appris qu'il était parti, la veille, pour une vingtaine de jours. Je visitai, en voiture, le Prado, promenade sans verdure et étroite qui semble se diriger vers le port. Le cours *Buonaparte* est assez beau. Rentré à l'hôtel,je dormis profondément.

Post mediam noctem, hora secunda, surrexi ; et, cum per fenestras plena se funderet luna vividoque taedarum lumine splenderent late viae, egressus hospitio, ire cœpi per viam vulgo dictam la Cannebière, *nocturnos meditatus amores. Hic cum duobus horis deambulassem, nullaque contigisset venus, mures coepi attentis oculis mirari. Qui, e cloacis ubi posuere penates, noctu exsilientes, victum per strata quaerunt, semesa panis vel laridi frusta Nocturni praecones, singulis horis, alta voce proclamant : « Tertia, quarta, etc. » Ad quartam, cubiculum regressus, dormivi ad septimam, neglecta venere, Massiliam, plus aequo pudicam, diris, submissa voce, devovens.* Je déjeunai à l'hôtel, etc.,et mon compte, dépense totale à Marseille, fut de 20 fr. A 11 h , Dimanche, aujourd'hui, je m'embarque sur le *Castor*, beau bateau à vapeur sarde. Je suis aux secondes, où je donnerai 80 fr., nourriture comprise, pour me rendre à Civita Vecchia. On me réclame. en outre, 7 fr. pour prétendues (?) signatures sardes et romaines à apposer à mon passe-port Le bas-peuple de Marseille est grossier, trompeur et menteur, mais bon. Plus d'une fois je fus forcé de faire assaut d'énergie sur le port avec les bateliers et toujours je me tirai d'affaire assez honorablement. sorte de triomphe qui ne fut pas sans me flatter. On dit que l'Italie est en feu, hier j'ai lu une proclamation des patriotes toscans affichée à Marseille sous forme d'extrait de journal. Nous verrons. A l'instant de mettre à la voile,j'ai dépensé,le prix de traversée jusqu'à Civita Vecchia y compris, depuis mon départ de Limoges 218 et je n'ai plus que 700 fr. or, 280 argent, 12 argent=992. L'argent va vite et pourtant je n'ai dépensé rien de trop.

∴

11 heures 1/2. — En vérité Marseille est une bien belle ville ! Toutes les rues sont droites, larges et belles ; mais voici l'heure du départ qui approche et j'apprends que le coquin d'Italien, notre capitaine, se propose de nous laisser deux jours à Gênes. Que j'ai bien fait de ne pas me mettre aux premières où j'aurais payé près de 140 fr. Du reste le bateau français de l'État qui partira le 1er, prend le même prix.

∴

Dimanche, 2 heures. — Nous avons quitté Marseille par un fort beau temps. Notre capitaine est un vieillard, grand et fort, de belles manières ; il a déjà fait connaissance avec moi. A notre bord est une troupe de comédiens, engagés pour le roi de Naples, 20 personnes, tant hommes que femmes. Deux filles sont assez jolies. Tout le reste est de la pacotille. Le directeur, vieillard vert et décidé, doit avoir vu bien des choses dans sa vie ! Il a l'œil vif et les traits grands et virils. Le roi de Naples donne 10.000 fr. par mois à ladite troupe. Un jeune comédien, ex-séminariste, jeune homme de 22 ans, cause avec moi et je me fais ami des comédiens. Nous sommes, en tout, à peu près 100 personnes. Les premières sont élégantes, les secondes sont passables. Les secondes placées comme les premières sous le pont, se composent d'un salon à la proue, entouré de lits sur trois étages, à peu près comme les tiroirs d'un caveau funèbre. L'air et le jour viennent d'en haut. Installé dans ma nouvelle habitation, je monte sur le pont qui est vaste et beau, et où tous les passagers, abrités par des toiles, demeurent ordinairement. Du pont je monte sur les tambours qui couvrent les roues, et, de là, je passe sur un petit pont suspendu qui va, au-dessus du pont, d'un tambour à l'autre. Là. quel beau spectacle ! La mer, embellie par un beau et doux soleil d'automne ; le bassin du port de Marseille qui disparaît : la baie, enveloppée de deux grands bras de rochers battus par les flots, qui se développe à nos regards, couverte d'embarcations chargées de blé (depuis huit mois, au dire des marins, il est impossible de curer le port, toujours rempli de vaisseaux chargés de blé : aussi quelle infection exhale ce port ! infection qui est semblable à celle des fosses d'aisance et qui pourtant dit-on, n'est point malsaine) : et les forts qui placés à distances inégales, sont disséminés dans le port et dans la baie ! Je remonte sur mon tambour, pour jouir de nouveau de la vue de la mer.

*
* *

4 heures 1/2. — J'ai causé avec le Directeur de la troupe, homme intelligent. Il habite Naples depuis vingt ans, Il me dit que le Roi actuel, gouverné par la Reine, fille du prince Charles, est aussi économe et aussi sage que son père et son aïeul l'étaient peu. Il est même avare : « Quand nous allons à Caserte, nous n'avons point de gratification. » Le théatre de Naples sur lequel ce directeur a vu manœuvrer 400 cavaliers, 600 fantassins avec les acteurs, les danseurs, etc. a été diminué de moitié, pour donner des développements au palais.

Maintenant ce n'est que de côté qu'on aperçoit la mer de ce théâtre autrefois tant vanté. Mon interlocuteur me parle du Souverain Pontife qui, d'un mot, dit-il, soulèverait l'Italie ! Cet homme est religieux et monarchique !

A trois heures, nous avons vu à gauche la Ciotat ; à quatre heures on a signalé des dauphins sautant autour de notre navire ; à 4 heures 1/2, nous avons vu Toulon que je n'ai pu guère voir à cause de l'éloignement. Les montagnes de Marseille à Toulon sont nues et arides, composées tout entières de crêtes de rochers sans cesse battues des flots. Pourtant, avant d'entrer à Toulon, la montagne qui borde la mer est couverte d'arbustes verts qui m'ont paru être des pins. Des oiseaux aquatiques, aux longues ailes, gros comme des pigeons, voltigent sur les flots, et nagent comme des canards.

∴

Lundi 9 heures. — Nous arrivons à Gênes et nous descendons à la *Pension Suisse*, ancien palais où la misère brille à côté des marbres et des bustes, débris d'une opulence qui n'est plus. [La *Pension Suisse* n'est rien moins que le Palais Grimaldi] J'ai passé une fort bonne nuit, dans le bateau, contre mon attente. Gênes que je n'ai point encore visitée, s'est montrée à nos regards dans toute sa magnificence, grâce à un beau soleil d'automne. La cathédrale, avec sa grosse tour ; les innombrables palais ; l'élégance des jardins suspendus et plantés, par enchantement, au milieu des crêtes de rochers calcinés, le port et ses innombrables fortifications, ont d'abord saisi nos regards, et je me suis reporté involontairement au temps passé de la grandeur génoise. Mais, en voyant la solitude du bassin, et l'ignoble figure des goujats et valets, j'ai dit en soupirant : « *Sic transit gloria mundi* ». M. Edouard Barry, professeur d'histoire à la Faculté de Toulouse, fit *comes, Francorum longe doctissimus*.

Les jésuites habitent le Palais Doria Tursi qui est sans contredit un des plus beaux de Gênes. [J'ai ecrit ces lignes à la porte du palais.]

Dans l'église de Saint-Ambroise, bâtie aux frais de la famille Palavicini dont j'ai admiré le palais dans la *Strada nova*, est une Assomption du Guido. Au maître-autel est la *Circoncision* de Rubens dont les personnages n'ont pas été dessinés assez grands par l'artiste qui peignait de loin. Dans la même église j'ai vu un *Christ* de van Dick et *Saint-Ignace guérissant un démoniaque* par Rubens. St-Ambroise est l'église des Jésuites. Sa coupole (*la Vierge sur son trône*) est de Carlone, artiste de Gênes, plus connu dans sa patrie que partout ailleurs.

⁂

4 heures du soir. — Il est quatre heures et depuis dix heures du matin, M. Barry et moi parcourons la ville de Gênes. Dans la *Strada novissima*, nous avons admiré l'extérieur de plusieurs palais et surtout l'admirable architecture du palais Doria, occupé par les Jésuites. Le palais Palavicini m'a semblé digne de la curiosité des voyageurs. Ces palais sont textuellement bâtis de marbre ! Quelle richesse ! La cathédrale qu'a beaucoup admirée mon compagnon, est construite en marbre blanc et noir : l'architecture appartient à plusieurs époques. Les colonnes, d'ordre ionien, m'ont bien la mine d'être antiques. A l'extérieur des murs sont incrustés d'anciens tombeaux et d'anciennes

inscriptions latines. Le palais du Doge et celui du Sénat qui est contigu au premier, sont dignes de la magnifique capitale des Liguriens. La salle d'audience est immense. A l'extrémité de cette salle était le trône du Doge. Le tout est décoré de peintures et de statues de plâtre dont les originaux ont été brisés à la révolution populaire de 1797. Dans la cour d'honneur deux statues gigantesques des Doges ont également été détruites ; on en voit les bases. Une grosse tour carrée, prison d'Etat jadis, assombrit ce palais déjà bien sombre, entouré de murs, flanqué de tours, percé de fenêtres grillées, prison perpétuelle des Doges pendant les deux ans que durait leur puissance. Au Palais du Sénat, dans une colonne moderne de marbre blanc, sont des lettres originales de Christoforo Colombo,lesquelles prouvent, dit l'inscription de la colonne, qu'il était Génois. La *Compera* ou *Banco di San Georgio* contient les statues en marbre de tous les bienfaiteurs de Gênes, les Doria, etc, qui, tous sont célébrés dans les inscriptions comme ayant allégé, par leurs bienfaits, les charges de la République au petit peuple, etc. Le patriciat génois était libéral et magnifique ! J'ai vu chez un bouquiniste une collection presque complète des Aldes ; quant à la Bibliothèque publique, elle ne contient rien qui vaille. La ville est pleine de moines, moines gris, moines noirs, de toute couleur. L'un d'eux, nous aborda et s'offrit à nous servir de *cicerone* ; nous le remerciâmes. Mon compagnon de voyage se propose de passer six mois en Italie pour acheter des antiquités et rechercher des documents relatifs au pape Gerbert, ancien archevêque de Reims. Il va traverser l'Italie dans toute sa longueur : il ira en Sicile Les rues sont admirablement pavées de pierres équarries et cimentées. Nous avons déjeuné fort économiquement de raisins et de pain blanc, en plein air.

En vérité il faisait beau voir un Professeur de Facu té déjeunant en lazzarone ! avec son très humble serviteur ! Le peuple de Gênes est assez peu favorisé en fait de beauté. Les traits sont lourds et grossiers comme ceux des Marseillais. La ville est un cadavre ; nulle vie, nul mouvement, point de commerce.

Fuit Ilion !

Rien de plus prosaïque que la domination sarde, avec les lourdes inscriptions qu'elle prodigue çà et là. Les armes de la ville sont deux griffons, portant un ecusson au milieu duquel est une croix rouge. J'ai dépensé 1 fr. 50.

∴

4 heures 1 2. — Je descends dans le salon du palais Grimaldi. Quel spectacle ! Au milieu des statues de marbre du plus grand prix et des magnificences patriciennes, quelle misère réelle ! D'un côté une chétive table d'hôte : de l'autre, un atelier d'ouvrière en linge ! Les murs sont placardés d'annonces de bateaux à vapeur, etc. L'hôtelier loue tout le palais 4,000 fr. par an!

∴

Mardi, 6 h. du matin. — Hier nous sommes allés voir après le dîner, *extra muros*, le palais *Doria-Pamphili* construit par Charles V, pour André Doria, le fameux amiral. Ce palais, bâti assez irrégulièrement, décèle un travail précipité. Il est assis sur le versant de la montagne, et communique avec la mer par des galeries, des portiques et une belle porte couverte. C'est la plus belle issue sur la mer que l'on puisse voir ! Le palais est orné, sur les jardins qui le séparent de la mer, par de magnifiques terrasses à portiques. Autrefois, ce palais était, en remontant la montagne, réuni à un second palais, orné de jardins aériens. Un pont avait été jeté sur la *strada* qui sépare ces deux palais. Dans le second palais, aujourd'hui fermé au public, est enterré un chien, *il gran Soldano*, donné par Charles V à André Doria. Un Jupiter gigantesque protège les mânes de l'animal et veille sur son tombeau. Voilà une jolie citation pour commenter certaines épigrammes sépulcrales de l'*Anthologie*, faites en l'honneur d'animaux. Aujourd'hui la famille Doria séparée, *au moins*, en deux branches s'est partagé le double palais, que deux propriétaires possèdent : et le pont de communication a été enlevé. Là, comme partout à Gênes, magnificence et misère. De grossiers crampons de fer rattachent au corps une belle tête de cheval qui fait partie d'un jet d'eau des jardins, entre le palais et la mer Au milieu de ce jet d'eau est la statue d'André Doria, équipé, *in naturalibus*, en Neptune. André Doria, représenté ici au naturel, ressemble à un gros Marseillais. Les marbres sont dégradés ; les jardins incultes ; les fontaines, abandonnées, déversent leurs eaux à l'aventure ; la mousse couvre les marbres (car tout le palais est en marbre blanc !). Les eaux, bien que négligées, vont arroser le pied des arbres séculaires qui ont vu André Doria ? Tout annonce de modestes propriétaires. On dit que les Doria, aujourd'hui, habitent Rome ; pourtant le palais est habité. Hier en revenant du palais Doria, j'ai vu dans la *Strada Balbi*, l'une des trois belles rues (qui sont la *Strada nova*, la *Strada novissima*, la *Strada Balbi*), le palais royal, autrefois palais Marcello Dunazzo. Quel monument ! Le Louvre est à peine comparable à ce magnifique monument. Et que dire des autres palais de la *Strada Balbi* ! de l'Athénée et de ses jardins aériens ! Le voyageur s'arrête involontairement de porte en porte.

Les soldats du roi de Sardaigne, enfants de 14 à 18 ans, nous ont donné beaucoup à rire. Commandés par des officiers qui ressemblent aux épiciers porte-épée de notre garde civique, ils seraient tous désarmés et jetés au port par 200 dragons français. L'un de ces enfants, faisant sentinelle à la porte de la bibliothèque publique, interrogé par nous : « *Ci e la Bibliotheca publica ?* », nous répondit : « Moi,je suis Savoyard : on m'a mis ici pour chasser les gamins : je ne sais ceque c'est qu'une bibliothèque publique. »

A Gênes en me promenant le soir je n'ai rencontré nul étranger, nul équipage, nul trace de luxe : partout le silence du tombeau. Les palais croulent et les habitants désertent ! Dépensé, 1 franc.

*
* *

10 heures. — Nous sommes au Palais Rosso qui appartient au marquis Brignola Sale qui est ambassadeur de Sardaigne à Paris (1).

[Quosdam huius « Itineris Italici » locos in lucem edere non mihi placet. Duos Herbertos conflictantes, — Herbertum Virtutis christianae sectatorem et Herbertum Pulcritudinis paganae cultorem, interdum, more Winckelmanni, nimis devotum, — in nimio lumine collocant aliquot huius codicis paginae.

E J.

*
* *

1 heure. — Je suis assis sur un des lions du parvis de l'Eglise Santo-Lorenzo, cathédrale de

(1) Ici une énumération de tableaux que nous passons.

Gênes, en attendant mon compagnon en visite chez le consul de France. A Gênes, on ferme les églises de 1 heure à 3 heures pour la méridienne. Nous sommes allés vers 9 heures dans la rue Balbi, malgré la pluie, au palais Durazzo, aujourd'hui Pallazzo reale Ce palais, pour lequel les Durazzi, ont dépensé plus de douze millions, a été vendu trois millions au roi de Sardaigne qui, chaque année, vient y passer le mois de novembre. Le jardin est petit et ne répond pas à la magnifique façade. Les Durazzi avaient auprès de ce palais le palais des Cadets plus petit de beaucoup que le premier. Les tableaux du *palazzo reale*, ont été portés à Turin. Un officier du palais a conversé avec nous et nous a donné les détails consignés ci-dessus. Je lui ai demandé, à l'étourdie, si la noblesse génoise s'était rapprochée du gouvernement. Il m'a répondu : « C'était une république ». Réponse pleine de convenance et de vérité. De là nous sommes allés au Palais Rosso qui appartient à l'ambassadeur sarde à Paris, le marquis Brignole Sale. Il est situé vis-à-vis le Palais Doria : occupé aujourd'hui par les jésuites, dans la *Strada nova*. Les pièces des deux ou trois premiers étages sont louées et n'ont, dit-on, rien de remarquable. Un escalier en marbre noir, de toute magnificence, conduit à l'étage supérieur, où sont les appartements, vraiment royaux, de l'opulent propriétaire. Quelle richesse ! Tout est or, marbre et peintures précieuses. On fait le tour du palais de salon en salon. La plume ne peut dépeindre tant de magnificence, jointe au goût le plus exquis. De là, nous sommes allés déjeuner. 15 sous nous ont donné deux tasses de café au lait, etc, ce qui en France aurait coûté 2 fr. Les marchands génois démentent à mon avis, le proverbe :

Terra senza frutti,
Acqua senza pesce,
Huomini senza fede.

Dans leurs comptes toujours très modérés entrent des *centesimi* qu'ils exigent de bonne grâce. Nous avons trouvé la *Presse* ou la *Patrie*, j'ai oublié, journal français, et la *Gazetta di Torino*. Il est bon de noter ici que l'usage fréquent du citron (*limone*) m'a guéri de coliques qui me faisaient beaucoup souffrir. Dans la rue Carlo Alberto est le palais Palavicini dont l'entrée, refaite pour la nouvelle rue, n'a rien de beau.

Le palais habité par la maison Palavicini qui passe pour l'une des plus riches de Gênes, est à la fois simple et riche. Remarquons, en passant, que les plus grandes fortunes des nobles, aujourd'hui, ne dépassent guère 300.000 fr. de rente. C'est la fortune qu'on donne à l'Ambassadeur sarde à Paris. Cet ambassadeur a tiré du palais Rosso plusieurs tableaux pour orner l'Ambassade à Paris. Revenons au palais Palavicini où j'ai tant admiré la *Vierge à la colonne*. La Vierge, sous un rideau qui laisse voir dans le lointain deux pics de montagnes et un ciel sombre, regarde, pensive, son jeune enfant, dont le regard semble l'encourager. Mon Dieu, quel homme que Raphael ! Je ne suis qu'un barbare, mais tant que je vivrai, j'aurai souvenir d'avoir, au moins un jour en ma vie joui des délices de l'art. Dans le palais Palavicini, on nous a introduits dans les appartements habités. Sur les tables étaient des livres, tous fort médiocres, des lettres, des paquets adressés « *alla nobilissima donna contese Palavicini*. » Que de confiance ! que d'abandon ! Après Raphaël, le peintre que j'ai le plus admiré est Van Dyck. Van Dyck est grand, noble, magnifique. C'est le véritable peintre de l'aristocratie.

Au moment où j'écris ces lignes, des petits garçons m'entourent, mais ils sont polis et pleins de convenance. Ils sont accoutumés à la visite des étrangers de qualité et se gardent de paraître même indiscrets. Les voilà qui s'éloignent. Un des plus petits s'approchait trop près de moi ; un plus grand l'a rappelé au respect d'un geste de la main, et puis tous se sont éloignés. Ici la civilisation est vieille : elle a pénétré les dernières couches de la société. Mon guide, ce matin, a payé pour moi. Dix ou quinze sous rendent fort satisfaits les gardiens des collections. C'est bien peu de chose ! Le peuple, dans les rues, est courtois, et indique poliment les diverses rues et les palais. Les marchands offrent des parapluies, « *que vous nous renverrez demain.* » Mais mon compagnon se fait bien longtemps attendre. Je retourne à l'hôtel.

∴

2 heures. — En attendant mon compagnon, je viens de visiter le port entouré de terrasses en marbre, soutenues par de lourds portiques intérieurs qui, du côté de la mer, servent de fortifications. Ces terrasses peuvent porter des canons. Le tout est lourd, et lourdement célébré dans une inscription emphatique, où il est dit que *VIII* ans ont suffi à l'ouvrage. Ces terrasses forment le fond du port qui est en fer à cheval. Les deux ailes sont défendues par des forts spéciaux. Du reste tout le haut de la montagne de Gênes est couronné de fortifications. Gênes est bâtie sur le versant d'un amphithéâtre de montagnes qui entourent le port et l'embrassent comme d'une ceinture. Les jardins qui couvrent ce versant sont plantés d'arbres, *quod est contra naturam loci, ubi omnia arentia, admota solis ardoribus*. Cette ville doit être extrêmement forte ! A Gênes chaque maison porte au-dessus de la porte d'entrée, un petit bas-relief en marbre, quelques-uns sont de la plus grande beauté. J'ai encore remarqué, au-dessous

de ces bas-reliefs, et au-dessous des armoiries, dans les palais, des devises latines fort bien tournées, [comme celle-ci] sur une maison modeste :

Non Domo Dominus,
Sed Domus Domino.

En général les anciennes inscriotions du temps de la république sont sensées, justes, et en latin exquis. Une chose nous a ravis, nous autres accoutumés au vandalisme des Welches ; c'est la belle conservation de toutes les sculptures. Du reste le peuple ici comprend l'art, et le respecte.

∴

3 heures. — Je remarque avec plaisir que les distractions et l'exercice du voyage fortifient ma santé Les traits de mon visage ne sont plus fatigués. J'oublie un peu les idées fixes... Mes regards se reportent bien souvent chaque jour involontairement vers le Velay. Les montagnes, je les compare aux montagnes du Velay : les rochers, aux rochers du Velay ; l'air et le ciel, au ciel des montagnes que j'ai tant aimées ! Dépensé, 1 fr. 50, déjeuner et *ciceroni* payés.

∴

6 heures du soir. — Je suis à bord du *Castor* où tout se dispose pour un prochain départ. M. Barry m'a reconduit jusqu'au port, après avoir dîné à la *Pension suisse* où j'ai dépensé 2 fr. 50 J'ai donné 5 fr. pour ma dépense d'hier. Il me reste 880 fr en or et 97 fr. en argent. Depuis Limoges j'ai donc dépensé (880+97 = 977), à peu près 235 fr. en tout.

En quittant Gênes, j'ai presque versé des larmes. Cette ville de Gênes est bonne ! Puis je m'étais déjà attaché à M. Barry, homme de mœurs élégantes et d'un savoir varié. A bord du bateau je vois avec plaisir qu'on a pris les dispositions de telle sorte qu'après avoir payé notre nourriture, nous ne mangerons pas. C'est adroit ! Si j'étais maître, je ferais pendre le capitaine. Demain, dit *il secondo capitano*, nous serons à Livourne, à 2 heures du matin. Nous partirons de Livourne, à 4 heures du soir, et nous arriverons jeudi, à midi, à Civita-Vecchia, d'où l'on peut aller à Rome en huit heures.

∴

6 heures 1/2. — J'ai soupé à l'hôtel, sans le savoir, avec un chanoine de Verceil, garde des Archives. C'est à ces MM. les chanoines de Verçeil que le Président de Grégori, mort il y a un an, a légué le fameux manuscrit *degli Avocati*, avec toute ses éditions de l'Imitation. Ce chanoine, interrogé par moi, m'a confirmé, sur sa foi, la vérité de tout ce qui a été écrit par le savant Président. Ce chanoine venait à notre bateau faire la conduite à un de ses amis qui vient à Rome ; c'est le professeur de physique du séminaire de Verceil.

∴

7 heures. — Nous sommes encore en rade. A notre bord est M. Salvi, fameux ténor italien qui court de Londres à Saint-Pétersbourg. Nos acteurs n'en parlent que chapeau bas. Lundi et dimanche, j'ai causé avec M. Salvi, sans le connaître, et j'ai admiré à son doigt un camée antique représentant Jupiter Ammon. Sa montre est pure renaissance Sa femme qu'il va revoir,

est à Bologne. Lundi, il a chanté à bord, et j'ai eu le malheur de ne pas l'entendre.

.˙.

8 heures.—*Chi non e passagiero, in terra !* (1) C'est le signal du départ.

.˙.

8 heures 1/2. — M. Salvi, homme de 37 ans, fort, robuste, vigoureux, bravant la pluie sur le pont, a chanté pour moi, ou plutôt fredonné quelques airs, avec une intention pleine de délicatesse. L'idée qu'il chantait pour moi seul, était, je l'avoue, de nature à me flatter. Il m'a parlé de l'art en homme consommé : « Après les dons de la nature, vient l'art. Depuis l'âge de six ans jusqu'à 19 ans, j'ai étudié. Arrivé à 20 ans, au lieu d'imiter les vulgaires artistes, à qui il suffit de connaître quelques opéras, j'ai continué à étudier. Au théâtre j'étais à la fois auditeur et acteur, je cherchais à connaître comment tel soutenait, arrêtait, reprenait sa voix, etc. » Il me dit que le premier conservatoire de l'Italie est Naples, le second, Milan, le troisième, Trieste. Il est, lui, de Bologne, où vit en prince le célèbre Rossini. Cette ville de Bologne est heureuse ! M. Salvi aime beaucoup les hommages : il avoue son faible pour la gloire. Je lui ai parlé des triomphes des véritables artistes, triomphes avoués par leurs rivaux et dignes des grandes âmes ! Il m'a serré la main. Il connaît bien le cœur humain, est homme, et il a une belle âme ! Sa femme, ses enfants sont le sujet perpétuel de ses préoccupations. Il m'a beaucoup parlé de religion : il est pieux, et croit que sans croyance il n'y a point d'art. Il a raison. « Qu'il est doux,

(1) « Qui n'est pas passager, à terre ! »

ajoutait-il, de gagner autant et plus qu'un premier ministre ! »

∴

8 h. — Il est 8 heures. Je parcours à pied les rues de Livourne en la compagnie du professeur de physique de Verceil, en Piémont, et d'un autre Piémontais. La famille des Ubertini est éteinte à Verceil.

8 heures 1/2. — Nous attendons une voiture pour Pise. Livourne est, sinon une ville magnifique, au moins une belle ville. Ses rues sont droites et bien tenues. J'ai payé 2 fr. pour le visa du passe-port, en murmurant, et en disant tout haut : « *I principi italiani sono rubatori* (1). » L'employé m'a répondu, assez poliment, et sans s'émouvoir : « Quand on ne veut pas payer, on reste chez soi. » Du reste j'ai bien passé la nuit, et j'ai faim de bonne heure, ce qui est bon signe. Le petit peuple de Livourne est poli et confiant. Un sot était à notre bord ; il donna 5 fr. à un goujat pour boire sans s'en apercevoir. Le goujat rendit la pièce à une demi-heure de là, et cela sans murmurer.

∴

9 heures. — Nous allons à Pise en mauvaise voiture.... A quelques milles de Livourne, j'ai vu des vignes sur des peupliers, contrairement au dire d'Horace : « *Populusque coelebs evincit ulmos* (2) . » Le temps est humide : c'est un ciel limousin.

1 heure. — Nous revenons à Livourne... Nous sommes trois et pour le voyage, nous n'avons

(1) « Les princes italiens sont des voleurs. »

(2) Citation faite de mémoire et erronée : « *Platanusque coelebs evincet ulmos* », dit Horace.

guère dépensé que 6 fr. chacun. J'ai parcouru les boutiques des libraires sans rien trouver qui ait trait à l'Anthologie grecque. Mon Dieu ! quelle merveille que la cathédrale de Pise, la tour penchée, le baptistère, et le cimetière, de terre de Jérusalem, entouré de galeries . J'ai vu dans ces galeries une sculpture admirable du rival de Canova dont j'oublie le nom. C'est un Allemand.

Les vents de mer ont gâté les fresques des galeries, où j'ai rencontré deux jeunes enfants, le crayon à la main. Dans la cathédrale, que j'ai admiré le sacrifice d'Abraham et la figure d'Isaac ! Le baptistère est séparé de la cathédrale, ainsi que la tour penchée, où sont les cloches. Plusieurs morceaux grecs, en marbre de Paros, décorent le baptistère. Quel ciseau délicat ! Mais j'ai surtout admiré les portes de bronze de la cathédrale, les colonnes sculptées grecques et la chaire du baptistère sculptée par un Italien. Des têtes et des bras ont été brisés dans cette chaire durant la guerre des Guelfes et des Gibelins. Le tout est en marbre blanc. Nous avons trouvé à Pise le pain exquis. Le vin est bon, la cuisine passable.

∴

3 heures après-midi, à bord du *Castor*. — J'ai dépensé, depuis que je suis descendu 11 fr. 50 et il me reste en or : 888 fr. ; en argent 85 fr. 50: total, 965 fr. 50.. J'ai vu les forçats toscans, curant le port sur un bateau en faisant mouvoir une grande roue. Dans les rues de Livourne, ils marchent par bandes de huit hommes, traînant leurs fers qui retentissent sur le pavé et tendant aux passants une main suppliante. Je n'avais point de monnaie à mon grand regret ! Chaque bande est accompagnée par un gardien.

armé d'une carabine. Grand Dieu, que la justice humaine est impitoyable ! Ils sont habillés de rouge. En Italie, les pauvres assiègent les étrangers et surtout les prêtres. Notre professeur de Verceil qui est prêtre, était sans cesse arraché du milieu de nous ! Quant au café, on sert le sucre pilé, et en petite quantité !

* * *

3 heures 1/2.— Nous avons à bord deux capucins auxquels leurs confrères sont venus faire la conduite. L'un d'eux a habité Lyon et Saint-Etienne. En France, il y a plusieurs maisons de capucins protégés, comme citoyens, par la loi. Seulement, ils ont la précaution de ne jamais dépasser le nombre de 20 dans chaque maison. Les Capucins gardent, sans modification, la règle de Saint-François d'Assise qui vivait au douzième siècle. Les Cordeliers, etc, sont aussi enfants de Saint-François ; mais ils ont modifié sa règle. Les capucins se consacrent à la prédication, aux missions étrangères, et, au besoin, au service des hôpitaux. C'est ainsi qu'ils ont un hôpital à Gênes. Le Père général, centre de tout l'ordre, réside à Rome. Il est nommé pour six ans ; ce terme expiré, il redevient simple religieux, soumis, comme le moindre, à toutes les exigences de la règle. Mais il est d'usage que le Souverain Pontife fasse prélats les généraux sortant de charge. Alors, le nouveau prélat, sans être soumis à l'obéissance de ses anciens supérieurs, doit garder autant que possible l'habit, la règle et l'esprit de Saint-François. Ces capucins vivent d'aumônes ; et leurs provisions ne dépassent guères deux ou trois mois à l'avance. Leur habit consiste en une petite chemise de laine, une robe de bure tannée, avec le capuchon, le cordon de laine blanche, et des sandales. Une

calotte couvre leur tête. — J'écris sous la dictée de mon compagnon le capucin.

⁂

4 heures. — Nous partons : mon compagnon a dit : « Au nom de Dieu » avec onction, et croyant ne point être remarqué : puis il a béni le bateau. Il est *visiteur* et vient de la Corse, dont il n'est pas content. Les Corses s'assassinent toujours, et ne fréquentent pas les sacrements. Un curé, une année, n'a pas eu une seule confession au temps pascal. Ce bon père qui a habité Lyon et Saint-Etienne, a conservé bon souvenir des Français dont il vante le bon cœur, tout en déplorant leur égarement. Il m'a parlé de la règle à laquelle, à Rome, le général est soumis, comme le moindre frère. Coucher, à 9 heures 1/2, en été ; à 7 ou 8 heures, en hiver : lever, à minuit ; coucher, à 1 heure 1/2 en hiver : 2 heures, en été : lever, à 6 heures, en hiver, 5 heures 1/2, en été. Il m'a dit que rien n'est plus pénible que le réveil de minuit. Chaque jour il faut faire à nouveau ce cruel sacrifice ! On ne saurait s'accoutumer à ce réveil intempestif. Les repas se composent du produit de la quête, haricots, viande, etc., Tandis que les généraux des ordres religieux riches vivent splendidement à Rome, le général des capucins ne se distingue en rien du plus pauvre novice ! Mon compagnon, homme de bonne foi, vante la régularité, l'instruction et les bonnes mœurs du clergé de France qu'il élève beaucoup au-dessus du clergé d'Italie, endormi dans les langueurs d'une longue paix. Cet homme m'a gagné le cœur. Je lui donnerai 2 francs pour son couvent. Le général des capucins est à la veille de venir en France.

⁂

Theodor Golz, studente della jurisprudenza a Berlino : ces lignes ont été écrites par un jeune Silésien.

Jeudi, 6 heures du soir. — Nous arrivons au port de Civita-Vecchia. J'ai donné 1 fr. au camerier et 2 fr. au père capucin qui faisait difficulté d'accepter,ce que je ne comprends pas,d'après ce qu'il m'a dit hier. Le jeune Silésien qui a écrit ces lignes, est un étudiant en droit, de 20 ans, qui vient passer les vacances en Italie. Il est catholique,et pourtant regrette peu la domination de la maison d'Autriche : mais il soupire après une constitution libérale ; le pauvre enfant ! Il prétend bien que le roi de Prusse la donnera l'an prochain.Il va à Naples et vient de Milan. Il connaît M. Weiss, etc., d'Heidelberg.

Civita-Vecchia est un petit port de mer, défendu par trois vieux canons sans affûts,posés sur un pâté de maçonnerie. Ce n'est pas du reste que le port me semble trop mal défendu.Les fortifications paraissent bonnes. J'ai bien passé la nuit ; pourtant, hier soir, j'avais peur d'être malade ; mais, grâce à Dieu, je n'ai été malade que dans le trajet d'Agde à Marseille, et me voilà aguerri sur la mer.Nous avons,de Livourne jusqu'ici, toujours côtoyé la mer de Toscane, que j'ai moins admirée que je ne l'aurais fait, si je ne m'étais point attendu à voir des merveilles. Rien, en effet, n'est plus délicieux que ces collines couvertes d'arbres, de troupeaux et de moissons et baignées par la mer. Mon jeune Silésien admirait hier, au soleil couchant, la teinte bleue des montagnes, prétendant n'avoir jamais rien vu de tel ; mais moi, je sais fort bien que j'ai déjà trouvé cette teinte en Velay où l'air est si pur,et même, par de beaux jours, en Limousin.

∴

8 heures 1/2. — J'ai payé 1 fr. 50 à la douane pour le bateau, etc., et 13 fr. pour ma place de Civita-Vecchia à Rome. Nous avons déjà parcouru la ville et j'écris en marchant. J'ai visité la petite cathédrale que le cardinal *Lambruschini* a visitée un peu tard. Les armes, à l'huile, du nouveau Pape sont à la porte principale de la cathédrale et celles du cardinal à gauche. Le palais archiépiscopal est petit et modeste comme la cathédrale. Partout pour les moindres masures, dans la ville, sont de longues inscriptions latines de six pieds de long. A la Douane, on voulait me voler quinze sous ; mais j'ai réclamé, et vivement, et j'ai gagné avec honneur ma cause par devant le maître-douanier. Ces bons inspecteurs de livres ont regardé dans mes yeux ce que pouvaient être mes livres et les ont aprouvés sur ma bonne mine. Nous avons le café au lait, sucre, etc., tout comme en France, pour cinq sous ! C'est pour rien. J'ai remarqué dans les armes du cardinal Lambruschini 3 raisins et une croix. Derrière l'écu sont les croix dont il est décoré, qui sont comme cachées par l'écu, et dont les extrémités seulement sont visibles. Les armes du nouveau Pape n'ont rien de remarquable. Les marbres de la façade de la cathédrale ont été badigeonnés. Ce qui m'a bien étonné dans le pays des beaux-arts !

⁂

J'ai en mains le *Diario di Roma* (1), grand comme nos petits journaux de départements. A Rome, par trimestre, le prix est 8 fr. à peu près (un *scudo* et 60 *baiocci*) Ce journal est absolument insignifiant. A la rubrique de Paris, il donne l'histoire de l'assassinat de la Duchesse

(1) *Journal de Rome.*

de Praslin, qui a eu lieu le 18 Août,et nous sommes aujourd'hui le 2 septembre. Il copie et traduit les *Débats !* Plus loin il donne les nouvelles de Paris du 21 août.

∴

En Italie, à Civita-Vecchia, je suis obligé de payer, pour aller à Rome, 2 fr. 50. Il paraît que je paierai encore à Rome et que de ville en ville je paierai ainsi de lourds tributs. Grand Dieu ! Il en coûte plus en visas qu'en nourriture.

∴

10 heures. — J'ai, depuis mon entrée à Civita-Vecchia, déboursé 25 fr. Il faut payer les visiteurs, les sceaux des malles, etc., etc. Mon père capucin qui vient à Rome par la même voiture que moi et les deux compagnons de Pise, me parle de la mauvaise administration des Etats romains, de l'arbitraire, de la misère et de l'abjection du pays, et tout cela est encore au-dessous de la vérité. Civita-Vecchia est l'idéal de l'abjection, de la misère, et du vol. Un des administrateurs s'entendait avec le *facchino* pour me tromper sur la monnaie ! Il paraît que les étrangers, qui sont la seule pâture du pays, manquent depuis les troubles de l'Etat romain : aussi l'on pressure ceux que l'on tient !

∴

Je fais connaissance, en montant en voiture, avec un jeune bénéficier (de 60 écus), dont je parlerai tout à l'heure. Je paie 1 fr. pour un homme qui a mis simplement ma valise sur la voiture, la prenant sur le pas de la porte de la Douane où la voiture est venue la chercher. Le père capucin a été rançonné comme moi(1). Les milices, les commissaires sont là pour prêter mains fortes aux *facchini.* Je ne puis voir de telles choses sans le plus profond mépris! J'ai donné trois francs depuis le bateau jusqu'à la diligence, pour ma malle seule : je ne parle plus du passe-port, ni des frais du commissionnaire qui a porté mon passe-port de la police au consulat, et du consulat à la police ! Quel affreux désordre ! De mes 25 fr. tirés ce matin de la bourse, il ne me reste que 3 fr. ! Et mon déjeuner ne coûte que cinq sous ! Je reviens à notre jeune bénéficier de seize ans, habillé en chanoine, obligé d'assister a l'office de la cathédrale du cardinal Lambruschini, et dispensé du « chœur » à cause de ses études. Son bénéfice, sans résignation, est à vie. Il va à Rome terminer ses études. Son petit costume, sur un minois de seize ans, est assez curieux : une culotte courte et un gilet de soie noire, une redingote, un chapeau à trois cornes et un petit collet blanc. Son père l'accompagne à Rome. Son bénéfice est celui de chantre, etc...

∴

... Je viens encore de payer six baiocci à la poste. On a vérifié les plombs qui ferment ma malle car il est bon de dire que ma malle, à mes frais, a été scellée et plombée.

∴

11 heures 1/4. — Nous roulons vers Rome ; la voiture est assez bonne.

∴

Midi. - Nous cheminons doucement le long

(1) Herbert inscrit ainsi le nom, et l'adresse à Rome, de ce capucin : Le Père Valentin, au couvent des Capucins, à Rome, Place Barbarini.

de la mer. La campagne est toute couverte de genêts et de myrtes. Partout la terre est excellente! Au dire du Père visiteur, les ordonnances qui déclarent Civita-Vecchia port franc, ordonnances qui vont enrichir le peuple, ont été salies par la populace. La mer, de couleur vert d'eau, est calme et belle, sous un doux soleil d'automne. Le ciel a quelques nuages qui l'embellissent. De distance en distance, la côte est defendue par des tours carrées d'un aspect misérable. Mais nulle trace de culture ! Encore que de la pleine mer l'œil soit trompé par l'aspect verdoyant des collines, doucement inclinées vers la mer. Je vois maintenant pourquoi le myrte est consacré à Vénus. Quels mystérieux petits bosquets ! Mais il paraît que ces solitudes nourrissent de superbes troupeaux, à juger par les dix ou douze génisses que j'aperçois ruminant paisiblement l'herbe, auprès d'une belle fontaine, — sur le rivage. Tout le bagage des capucins est contenu dans un petit panier couvert qu'ils portent au bras et qui est fermé avec une clef. Du reste, ils ont une petite bouteille de rhum dont ils nous ont fait les honneurs. Les paysans de la première ferme que je rencontre, à deux lieues du départ, ont pour tout vêtement uue chemise et des caleçons qui descendent jusqu'aux genoux, avec un chapeau de paille.

Enfin je trouve quelque trace de culture grossière. Mais quelle culture ! Voici encore un autre petit troupeau, de belles vaches. Nous sommes revenus au temps d'Evandre. Mais ces troupeaux semblent rares. [Ils sont dans les montagnes].

J'oubliais de dire que, sur notre bateau sarde, nous n'avons fait que deux repas !

⁂

2 heures. — Toujours la même solitude ! De Civita-Vecchia à Rome, il y a quatre postes et,

à chaque poste, il faut donner sous le couteau, 0 fr . 50, pour la *buon mano*, par personne.

∴

On parle toujours d'assassins. Les soldats que nous venons de voir à la poste, et qui attendent le *delegato*, ont arrêté, ces jours derniers, trois assassins. Le gouvernement papal manque de moyens pour se faire obéir. « Pour raviver ces états, il faut, dit le Capucin, de la liberté », et peut-être a-t-il raison. Les nobles romains possesseurs de ces terres, sont contents d'un revenu faible, mais sûr et exempt de peine. A partir de la première poste, nous montons dans le pays, et les champs sont cultivés tant bien que mal... Non, nous sommes toujours sur le rivage de la mer...

Voici deux beaux troupeaux de vaches, couleur café au lait. Elles paissent dans des champs couverts d'herbes et non cultivés. Nous côtoyons toujours la mer. Dans le pays que nous parcourons, l'Hôpital du Saint-Esprit, à Rome, possède [des biens considérables.] Le long des ravins, quelle belle végétation ! A la 2e poste, nous trouvons le petit château de San-Severo, fortifié, sur la mer, lequel appartient au prince Colonna. Il est en ruines. Cinq à six soldats le gardent. Quelle principauté ! De poste en poste, comme je suis *forcé* de donner de bonne grâce un *paolo*, c'est-à-dire 0 fr. 10 de France, les postillons cherchent à me voler. Mais je les conduis au tribunal du père capucin qui leur fait rendre gorge. Le pays est toujours aussi négligé. Les arbres des bouquets de bois ne sont pas même coupés ; ils meurent de vieillesse ! Quelle désolation ! Quelle misère !

∴

Nous approchons sans rencontrer ni ferme, ni

village... Grand Dieu,quelle désolation ! Arrivés à une heure de Rome,on nous prévient que,pour un *paolo* (0,50), nous serons dispensés de la visite à la Douane. Or, la visite à la Douane nous coûterait, en menus frais, trois ou quatre *paoli*. Remarquez toutefois que la visite à la douane ne serait qu'une vexation, puisque les plombs sont sur nos malles. Mais si nous nous refusons à la capitation, on nous poussera à la Douane. Mon Dieu ! Quelle honte ! C'est tout comme en Turquie. Oh ! oui, c'est une avance à la turque. Dieu rappelle Sixte V ! Je vois la coupole de Saint-Pierre.

∴

9 h. du soir. — Enfin, je suis arrivé à Rome, après une journée de luttes bien fatigantes. Les deux capucins sont à leur couvent. Je suis, moi, avec mes deux habitants de Verceil, mes compagnons à Pise, dans un hôtel garni, où nous avons pris des chambres. Mon souper, à Rome, m'a coûté 35 sous, mes effets, pour le facchino, 35 sous. Depuis mon lever aujourd'hui, j'ai dépensé 25 fr. dont il ne me reste environ 2 fr. Je ne me plains pas trop de mon souper. Vaille que vaille,il était passable.

Mon Dieu, que Rome m'a paru pauvre ! En passant dans notre misérable voiture, j'ai vu le Château Saint-Ange et une partie de la colonnade de Saint-Pierre, sans pouvoir juger de l'effet de ces bâtiments. Je crois aussi avoir vu la colonne Trajane qui m'a semblé bien petite. Mon compagnon, le capucin *visiteur*, homme capable, m'avait prévenu : « Tout vous semblera d'abord petit, mais approchez, mesurez les colonnes, calculez, examinez et tout grandira. » C'est précisément ce qui m'est arrivé jadis à Paris. Que dirai-je de la misérable entrée de Rome du côté de la Toscane. Il n'est pas de village qui n'ait meilleure apparence. J'attends à demain pour admirer. Mais ma première visite sera pour les Saints Apôtres. Avant tout, je me propose d'aller à Saint-Pierre et à Saint-Paul. Dieu me garde, cette nuit, en attendant !

∴

Il me reste 57 fr. en argent, 880 fr. or = 937 fr. — J'ai mal compté, c'est 30 fr. que j'ai dépensés, moins 2 fr. qui me restent. Car, dans le jour, j'ai tiré 25 fr. de la poche et je viens, pour souper de tirer 5 fr.

∴

Vendredi 3 septembre 6 h. du matin. -- Je me lève, après une bonne nuit, et me dispose à visiter Saint-Pierre: mais, avant tout, j'ai besoin de dire qu'hier, notre hôte s'entendait avec les *facchini*, qui peuvent lui amener ou lui faire perdre des voyageurs, et cherchait à nous tromper. Nous pensions, en arrivant à Rome, être quittes de la Dogana (Douane), pour quelques *paoli* ; mais un des voyageurs n'ayant pas voulu payer la capitation, le petit postillon nous a conduits à la *Dogana*. Le commis de la poste disait, d'un accent hypocrite, en nous envoyant à la Douane : « *E impossibile* !!!. » Au fait, il n'est pas payé et, s'il l'eût été, il ne demandait pas mieux que de vendre publiquement la loi. Du reste, rien de plus absurde que cette loi. Nos malles à Civita-Vecchia avaient été non seulement visitées, mais encore plombées ! Quel moyen de frauder ? A la Douane, un employé supérieur, vieillard de 60 ans, vert encore, a procédé à un nouvel examen de nos malles ou plutôt à un contrôle de ses confrères de Civita-Vecchia, et a fait rompre les plombs pour inspecter nos effets ! Il prenait un air digne et grave,et pourtant il était visiblement maussade. Sans nul doute, il est d'accord avec les employés des postes et complice de toutes ces exactions. Grand Dieu, quel peuple !

∴

L'Ambassadeur de France demeure à la *piazza degli Santi Apostoli* ; mais le secrétariat de l'ambassade est à l'Arche(?)de Pilota,près de l'ambassade.

Je refuse de parler français à l'hôte, et je fais bien : ce serait de l'intimité.Du reste,il se laisse traiter de haut en bas : je lui ai déclaré que j'ai de l'argent, et qu'au besoin, je ferais intervenir notre ambassadeur.

∴

Huit heures sonnent au Vatican, et je suis assis sur la base d'une des colonnes de la place Saint-Pierre. Devant moi est l'horloge du Vatican,et à ma gauche, une fontaine, où un pauvre muletier vient désaltérer sans façon sa monture. Grandeur et misère ! Enfin,j'ai prié au tombeau de Saint-Pierre ! C'est une des plus grandes grâces dont je puisse remercier le Bon Dieu. Je lui ai demandé la réunion à l'Eglise de l'Allemagne et de l'Angleterre. Puisse-t-il accorder un tel bonheur à Pie IX ! Je ne chercherai point à reproduire les merveilles de Saint-Pierre. Dieu a visiblement inspiré les artistes. Je dirai seulement que j'ai prié à genoux sur les degrés extérieurs, dans le vestibule, à la porte du jubilé, et au tombeau de Saint-Pierre, sous le dôme et à l'autel du fond. Au milieu de mon admiration, une pensée m'assiégeait malgré moi: «*Mortalia facta peribunt !* » Les marbres laissent déjà apercevoir, par-ci par-là, quelques fissures. Viendra un temps que ce beau monument ne sera plus que poussière : mais l'inscription intérieure de la coupole sera éternellement vraie : *Tu es Petrus et super hanc petram aedificabo Ecclesiam meam* : Puisse-t-il la garder, son Eglise, exempte de tribulations et de douleurs, au milieu du vertige des passions humaines qui menacent l'Italie ! Puisse-t-il accorder à Pie IX son esprit de conseil et de force ! La liberté, peut-être nécessaire aux Etats Romains, me fait trembler ! Que Dieu rende vaines ces terreurs qui me poursuivent ! Cent lampes, allumées nuit et jour, brillent à l'entrée du tombeau de Saint-Pierre, sous la coupole, au centre de l'Eglise. J'ai mouillé de l'huile d'une de ces lampes une enveloppe de lettre que je place dans ce livre : je la garderai pour moi. Mais ces jours-ci je mouillerai d'autres enveloppes pour mes amis, et notamment pour M. Garnier, curé de Vitry-le-François. A l'instant où j'écris, en levant les yeux, qui se mouillent de larmes, j'aperçois un petit arc-en-ciel formé par la fontaine jaillissante : *Arcus meus apparebit in nubibus*. C'est signe de paix avec la terre ! Pie IX a fait ériger deux statues colossales de Saint-Pierre et de Saint-Paul, à l'extrémité des escaliers extérieurs, sur la place, à droite, Saint-Paul, à gauche, en montant à l'église, Saint-Pierre. Je voudrais que le nom des Souverains Pontifes, et surtout celui du bon Pie IX, ne brillât pas partout. Ainsi, en m'approchant de ces statues, je lis, de front : PIUS IX ; et pour savoir le nom du saint, il me faut passer derrière la statue ! Partout, dans Rome, je remarque pareille inconvenance ! J'ai vu et admiré, à droite et à gauche du vestibule, à l'intérieur, les statues colossales de Constantin et de Charlemagne. A droite, dans l'église, j'ai admiré le tombeau de bronze de Sixte V.

L'image de son cadavre inspire encore la terreur. Quel terrible justicier ! Je comprends qu'on soit tombé en faiblesse en sa présence et que le cavalière Fontani, qui érigea l'obélisque, ait fait préparer des chevaux de poste, en cas de non réussite, lorsqu'il éleva l'obélisque. Oh ! que le baldaquin est beau ! que la place est belle ! Le Vatican qui est devant moi, me semble un peu épais : on croirait voir un pâté de maisons lyonnaises ou parisiennes. L'herbe croît autour des fontaines jaillissantes où le pauvre peuple va puiser de l'eau. Je quitte Saint-Pierre pour y revenir tous les jours, et en parler tous les jours. Mon petit arc-en-ciel, jaune, vert et violet, part du jet et va se réunir à la verdure tendre de l'herbe, où il se fond : *Arcus meus apparebit in nubibus*. Cette parole de l'Ecriture m'a toujours profondément ému, ainsi que cette autre : *Credo in remissionem peccatorum*. J'oubliais de dire que j'ai prié le Bon Dieu de m'utiliser ici-bas, tandis que je suis encore jeune. Je suis parti, avec l'intention de revenir déjeuner avec mes compagnons ; mais je n'ai plus faim.

∴

9 h. — Je suis à la bibliothèque du Vatican. Les peintures sont de Zuccari et de son école. Une coupe de 4 pieds de haut... a été donnée à Grégoire XVI par le fils de l'Empereur de Russie. Elle est faite de petites pièces rapportées d'un marbre précieux qui ne se trouve qu'en petites parties et qui se nomme *malaghita*. Cette belle pièce a été faite en Sibérie par des Italiens J'ai vu à la bibliothèque des fragments de la fameuse toile d'amiante ; elle est grossière, comme la plus grossière toile d'emballage.

∴

2 h. — Nous sommes à table. De fortune, et

contre mon espérance, j'ai trouvé chez notre traiteur mes deux compagnons de Pise. Avant le dessert, je note l'emploi de ma matinée. Au sortir de l'Eglise Saint-Pierre, je suis entré au Vatican, et ma bonne étoile m'a fait incontinent rencontrer un garçon fort honnête. L'abbé Molza est arrivé, je lui ai montré mes lettres. Il m'a aussitôt et de bonne grâce, montré les catalogues publics du Vatican. Dans le volume qui contient les manuscrits grecs de la Palatine, je n'ai pas trouvé mon deuxième manuscrit de l'Anthologie, et je désespère même de le trouver. Mais les autres catalogues contiennent un grand nombre de manuscrits de l'Anthologie ou des Anthologies. Nous verrons. En attendant, j'ai vu le manuscrit de l'Anthologie de Planude signalé par Saumaise. A demain l'Anthologie. Car l'abbé Molza sera demain à ma disposition, grâce à Monsignor Lauréani, professeur de latin à la Sapience, et premier Bibliothécaire. L'abbé Molza est, à la Sapience, professeur de syriaque et d'hébreu ; il est second Bibliothécaire, et sans ces messieurs, rien ne peut se voir ; ou plutôt, rien ne peut se voir sans Monsignor Lauréani. J'ai donc vu Monsignor Lauréani chez qui j'ai été conduit par le garçon, qui est en même temps relieur. Monsignor Lauréani qui porte l'habit violet, tandis que M. Molza n'a que le collet, s'est souvenu de la note de M. Guizot de 1843 ; il m'a dit que l'affaire du manuscrit lui avait été, dans le temps, chaudement recommandée par M. Lambruschini et que j'étais bien digne de tout voir, ayant fait le voyage : « J'avais dit : qu'il vienne ! et vous êtes venu. » En conséquence, il a fait dire à M. Molza, par le garçon qui m'accompagnait, de me faire voir demain tout ce que je voudrais voir, catalogues, livres, manuscrits. Une chose m'a étonné, c'est le baisement des mains en Italie. Du reste, je m'y habitue de bonne grâce. Ces prélats sont si bons, si paternels ! J'ai visité la Bibliothèque du Vatican qui contient, dit-on, 130.000 imprimés et 20.000 manuscrits. Quelle merveille ! Comme tous ces livres sont de belle conservation ! Mais ce que j'ai admiré dans cette bibliothèque, c'est la vie en tableaux, de Pie VI et de Pie VII. Quelques peintures sont touchantes. J'ai donné 5 fr. au garçon pour l'encourager à me bien seconder. J'ai vu, au Vatican, des fresques antiques. Je les ai trouvées médiocres. Les anciens appartements d'Alexandre VI servent à la Bibliothèque. J'ai vu son portrait, dans une fresque, sur un plafond. Il ressemble à un scélérat. Son nez est fort, et plutôt recourbé qu'aquilin.

∴

9 h. du soir. — Ma journée a été assez bien employée. Après avoir dîné, je suis allé dormir. A 3 heures, je me suis rendu à la place de l'Ambassade. Un garçon italien a pris mes lettres et les a portées à l'Ambassadeur qui m'a fait donner rendez-vous, demain, samedi, à midi : mais je n'aurai guère le temps de le voir. Je serai au Vatican. De là je suis allé *al Campidoglio* dont je ne parlerai pas ici, en ayant le souvenir gravé dans la mémoire, comme sur l'airain. Je dis la même chose de l'arc de Septime Sévère, de celui de Titus, et de celui de Constantin. Il est certain que les Barbares, vainqueurs des Romains, ont brisé, à plaisir, les bas-reliefs par esprit de vengeance. La justice de Dieu a passé par là ! Au Capitole, on lit sur les monuments anciens qui sont en bien petit nombre, et en affreux état, des parties d'inscription d'une cruelle ironie : *instauravit; reaedificandum curavit; incendio dirutum restituit*, etc. Deux ou trois colonnes debout, voilà ce qui reste de ces édifices si pompeusement rebâtis ! Une chose digne de

remarque, c'est le faste des inscriptions des papes, sur le moindre pan de mur rebâti autour de ces ruines. Hier, j'ai pris la colonne Antonine pour la colonne Trajane. La colonne Antonine est fort bien conservée. Mais la colonne Trajane, dans quel misérable aspect elle se présente, encore qu'elle soit bien conservée !

Auprès de la colonne Trajane, j'ai admiré des colonnes brisées, et dont la partie inférieure est encore debout... Quels beaux morceaux de marbre ! Le monument le mieux conservé, à mon avis, est l'amphithéâtre de Vespasien où j'ai prié de bon cœur, au champ d'honneur des martyrs ! En général, tous ces monuments de Rome, ou plutôt ces squelettes de monuments, sont, à mes yeux, plutôt des marques de la puissance et de la faiblesse humaine qui s'épuise vainement, et par la destruction et par la mort, en édifices qui périssent si tôt, qu'une marque de la grandeur et de la puissante majesté des grands peuples de l'Antiquité : *Vanitas vanitatum, praeter amare Deum et illi soli servire...*

∴

J'arrive, à 10 heures, à la Bibliothèque, après avoir employé ma matinée à voir les catacombes et le dôme de Saint-Pierre, en la compagnie de quelques ecclésiastiques français. Monsignor Lauréani a donné ordre de me donner tout ce que je demanderai. J'ai entre les mains le catalogue des manuscrits grecs du vieux fonds du Vatican. Voici le titre du catalogue, divisé en trois tomes in-folio, relié en maroquin rouge : *Auctorum et materiarum index librorum graecorum manuscriptorum Bibliothecae veteris Vaticanae alphabetico ordine digestus et tribus tomis distinctus, confectus ab Illustrissimo Domino Leone Allaccio, scriptus a Laurentio*

Portio, ejusdem Bibliothecae scriptore graeco.

*
* *

2 heures. -- Je quitte l'Ambassade de France, *piazza degli Santi Apostoli,* où j'ai eu une audience d'une heure de M. Rossi. C'est un homme grêle, vêtu très simplement, habit noir, pantalon de nankin, aux traits bien dessinés à l'antique, maigre et pourtant agréable. Il parle français lentement, en cherchant les mots,mais correctement. L'unique garçon de salle me fit traverser plusieurs salons magnifiques, et m'introduisit enfin dans un salon assez grand où il me pria d'attendre Monsieur l'Ambassadeur qui vint après dix minutes,en silence,et se dirigeant vers un fauteuil où il s'assit, sans rien dire. « Je suis Français,Monsieur l'Ambassadeur.»— « Je le sais, » et cependant,sans plus de façons,je m'assis sur un fauteuil à ses côtés. Tout d'abord, nous avons parlé épigrammes grecques, et M. Rossi a eu l'obligeance de me dire que mon zèle pour l'Anthologie ne devait pas être tel que je négligeasse, pour des vers grecs, de voir la capitale du monde.Je répondais par des inclinations de tête. Je lui ai demandé sa protection pour être admis à travailler pendant les vacances. Il a objecté l'impossibilité d'emporter les livres hors de la Bibliothèque et la direction toute particulière de la Vaticane « *qui ne se gouverne pas comme nos bibliothèques.* » Pourtant, il a ajouté : « Je crois que Monsignor Molz a ne quitte pas Rome ; je vais lui écrire,ayant eu l'honneur d'être son condisciple au collège. » J'ai demandé ensuite d'être admis à l'honneur de baiser la main du pape. M. Rossi m'a répondu avec amabilité : « Il ne s'agit pas de la Reine d'Espagne, et vous ne prétendez pas au privilège réservé aux Ambassadeurs, de baiser l'anneau du Saint

Père. Vous baiserez sa chaussure. » Je répondis qu'heureusement, M. l'Ambassadeur de France avait,à Rome,de plus beaux privilèges :« Non pas pour moi,répondit M.Rossi,mais pour le représentant du Roi. » Puis il m'a dit que j'eusse à m'adresser à sa chancellerie. Comme je voulais le jeter dans la politique, je lui dis : « Ces jours derniers, le bruit courait à Gênes que M. l'Ambassadeur était à Paris ».— « Je le sais ; mais c'est un de ces mille contes qui se font tous les jours sur Rome et ceux qui l'habitent. Je n'ai jamais songé, un seul instant,à aller à Paris.» Battu de ce côté, je repris : « J'aurais apporté à M. l'Ambassadeur une lettre de M. Paul Royer-Collard, mais les circonstances ne m'ont pas permis de le faire. » ..... Alors M. l'Ambassadeur me demanda des nouvelles de Limoges, du commerce, des habitants, et de M. Saint-Marc Girardin.Je saisis l'occasion de lui dire: « Votre nom et celui de M. Saint-Marc Girardin ont été, depuis quelques mois, bien souvent joints ensemble. » Et, sur son interrogation, je lui dis que je voulais parler du ministère de l'Instruction publique : « Oh ! je le lui cède, je n'en veux point.»—«M.l'Ambassadeur a raison : aujourd'hui, dans ce ministère,on ne peut point faire de bien.Le gouvernement du reste est assez décrié pour les derniers scandales ».A cette occasion, M. Rossi a défendu la France de fort bonne grâce.« Il en est des nations comme des individus. Jamais je ne croirai qu'un homme brave et franc soit un plat coquin : or, la France est brave,etc,.Quant à M. Teste, c'est un fait particulier. La corruption de lord Bacon prouvait-elle que l'Angleterre fût corrompue ? » — « M. l'Ambassadeur, M. Teste, n'est pas lord Bacon », et je citai le vers de Racine où Hippolyte dit qu'il n'a pas le droit de pécher comme Thésée. Ce me fut une transition pour passer à la corruption électorale. Il nous défendit bien, disant que des élections populaires ne peuvent amener qu'un peu de corruption, etc,. C'est l'argument de Pélisson en faveur de Fouquet : « Un certain désordre est inévitable, etc. » Puis il me dit qu'il ne connaissait pas bien nos usages en fait d'élections, qu'il avait pourtant été à la veille de solliciter la députation, mais que, certainement, il n'aurait jamais, en supposant une première réussite, été élu une seconde fois, parce qu'il n'aurait voulu entrer dans aucune intrigue, en faveur de ses commettants, etc: « J'avais pris mes petites mesures, relativement au cens, je songeais à me présenter, lorsque M. Masta, aujourd'hui préfet de..., lors secrétaire du ministre de l'Intérieur du 12 Mai, lequel est précisément M. Duchâtel, entra un matin dans mon cabinet d'un air solennel et me dit que dans le conseil qui finissait, le Roi m'avait honoré de la dignité de Pair de France. Je restai interdit, sans répondre, presque fâché, comme un homme qui a une direction d'idées, et qui voit avec peine qu'on la rompe. Je ne répondais pas, ne sachant si l'on voulait m'honorer ou m'écarter de la députation. L'envoyé ministériel était singulièrement étonné de mon silence, comme il me le dit à quelques jours de là, quand, de mon côté, je lui dis franchement ma pensée. » Voyant les confidences en assez bonne marche, je félicitai, au nom des Français, M. l'Ambassadeur de la part qu'il avait eue à la dernière élection du Pape Pie IX. Il se défendit d'abord, puis causant et causant, il me dit : « Il y a du bonheur dans les affaires ! J'ai celui d'avoir d'abord senti ce qui convenait à la position, et j'ai parlé franchement. J'ai dit : Vous n'avez pas le temps d'attendre, ni de faire un essai. Et dans les dépêches que j'ai envoyées à M. Guizot, en lui annonçant la mort du feu Pape, je lui écrivis trois noms qui avaient chance de réunir les suffrages, et notre Pape était le second ! Ici, dans ce salon, je passai une nuit entière, l'Almanach à la main, étudiant, comme le peut faire un homme qui connaît Rome, les raisons qui pouvaient déterminer au choix. Je passais en revue sur l'Almanach le nom de chaque Cardinal : « Celui-ci, *no*, [il éprouvera difficulté] pour telle ou telle raison : celui-ci, *no*, etc. Et ainsi, en procédant par exclusion, je parvins à trouver le nombre de trois. Du reste, notre Pape est plein de bonne volonté, mais il a été un peu lentement : il a été heureux d'être à la fois Pape et Roi ! Le respect et l'amour dûs au pape, ont modéré l'exaltation. Mais que faire ? La temporisation est la politique de la cour romaine, même lorsqu'elle peut lui être funeste. Le pape est adoré de son peuple, etc. » Je lui dis que l'appui de la France soutiendra le Pape, et il me dit : « Que la France lui était toute *dévouée* », et cela avec un accent de vérité auquel on ne pouvait refuser confiance et foi. Je lui dis que la France, dans la circonstance, était convenablement représentée par un homme à la fois fils spirituel du Pape et enfant des Etats Pontificaux. « Mais je ne suis pas né sujet du Pape. Je suis de Massa-Carrara. On a été trompé sur mon origine : on m'a cru de Bologne, parce que j'y ai été avocat et professeur de droit. » Puis nous revenons à l'Anthologie, à l'abbé Molza, et M. Rossi me demanda mon adresse. Comme je lui dis que je voulais me loger dans le voisinage du Vatican, il m'en détourne à cause des fièvres, cette année plus cruelles qu'à l'ordinaire et tuant en trois accès ! « A Rome, logez-vous où la population est nombreuse. Je ne sais si le défaut de population amène le mauvais air, ou si le mauvais air chasse la population, mais la règle que je vous donne, sans en rechercher les causes, est excellente. Votre rue de *Borgognone* est dans un quartier sain, etc. » Cette petite digression était une suite du discours qu'il m'avait tenu quelques minutes auparavant, au sujet de la campagne de Rome qui est, dit-il, cultivée avec intelligence et aussi bien qu'il est possible de le faire, vu l'insalubrité. «Savez-vous bien qu'on recrute à grand' peine des paysans dans les montagnes pour cultiver un sol furtivement, comme les Arabes cultivent la terre ? Savez-vous bien que l'Hôpital du Saint-Esprit (c'est cet hôpital qui possède de si grandes terres de Rome à Civita-Vecchia) compte tantôt 300 malades, et tantôt, grâce aux fièvres, 3.000 ! L'ignorance fait faire bien des déclamations aux étrangers à propos de *l'agro romano*.» (1). Voilà ce qu'il m'avait dit quelques minutes auparavant. Comme donc nous parlions des quartiers de Rome plus ou moins salubres, un valet entra et, sans que M. Rossi semblât fatigué, je me levai ; il me reconduisit gracieusement jusqu'à la porte du salon, appela un garçon de salle, et lui commanda de me conduire à sa chancellerie où il me renvoyait pour ma visite au Pape. Ce garçon obéit, et à la chancellerie, on me donna la lettre suivante, dont je dois tirer parti, de mon mieux, a-t-on ajouté, en pressant le *maître de chambre* (traduction assez heureuse de *camerière*) :

M. Pierre Herbert, Professeur au Collège royal de Limoges, désire être admis à l'honneur de baiser les pieds de Sa Sainteté.

Recommandé par l'Ambassade de France aux soins obligeants de Monsignor Maestro di camera.

Rome, le 4 septembre 1847.

Pour l'ambassadeur et par son ordre,
Le Consul Chancelier de l'Ambassade,
Ch. Defly.

M. Herbert demeure via Borgognona, 72.

(1) *Note d'Herbert* : «J'oublie de dire que M. Rossi trouve *l'agro romano* fort poétique.»

J'ai donné en sortant quarante sous au garçon qui a paru content : car,en revenant de la Chancellerie, j'ai traversé de nouveau les salons de l'Ambassade. J'écris ces lignes, à la hâte, dans un café, pour n'oublier que le moins possible.

*
* *

J'ai changé de traiteur, car je me défiais du mien, et je suis entré *en maître* chéz le traiteur de la *Piazza di Spagna*, près de la fontaine.

*
* *

J'ai oublié de dire que,pour M. Rossi, le grand mérite du Cardinal Mastaï-Ferretti était de n'être point connu.

*
* *

10 h. du soir. — La journée s'est passée à ma satisfaction. Il y a à Rome deux libraires qui ont de vieux livres, l'un demeure *al Corso*, vis-à-vis le Café *Nuovo*,l'autre,M.*de Romanis*,près la place *dei Carri*,plus loin que la place *Colonna*. J'ai trouvé chez le premier le Père de Prato (1), provenant de la Bibliothèque Colonna, vendue à l'extinction de la maison. Il le fait 35 fr ; je l'aurai pour 30 ; dois-je le prendre ? A huit heures, je recueille certaines paroles, pleines de cette élégance romaine, que les anciens appelaient *urbanité* : « *Tu sei amico del Papa* ? « — « *Non sono tanta persona, che sia il suo amico, ma sono il suo figlio, com'ella* ! ». Quelle gracieuse et simple réponse. Ce peuple romain a bien du bon dans son abjection : Dieu garde Pie IX !

*
* *

(1) Le Père de Prato, de l'Oratoire, a publié une édition estimée des œuvres de Sulpice Sévère (Vérone, 1741-1754).

5 septembre. — Dimanche 8 h. du matin. — Je suis au Panthéon que l'on appelle *la Rotonda*. Comme il n'est pas possible de trouver à acheter ici de lunettes le dimanche, et que les miennes sont rompues, je me sers de mes yeux comme je puis. A Rome, ville toute artistique, on me laisse écrire à mon aise, sur une table, prés d'un autel, à la gauche duquel est enterré Raphaël.

Voici l'épitaphe de Raphaël, écrite sur le mur en belles lettres :

D. O. M.

Raphaeli Sanctio, Ioann.F. Urbinati Pictori, eminentiss. Veterumque aemulo cujus spirantes prope imagines si contemplere, naturae atque artis foedus facile inspexeris. Julii II *et Leonis* X. *Pontt. maxx. Picturae et Architec. operibus gloriam auxit. Vixit annos* XXXVII *integer integros, quo die natus est, eo esse desiit.*

VIII *Id. Apriles.* M.D.XX.

Ille hic est Raphael, timuit quo sospite vinci
Rerum magna parens, et moriente mori.

De l'autre côté, à droite de l'autel, est le tombeau d'Annibal Carrache, mort en 1674 :

Arte mas vivit natura et vivit in arte
Mens, decus et nomen ; cetera mori erant.

Décrire le Panthéon, c'est dire que c'est la coupole de Saint-Pierre descendue du trône où la main de Michel-Ange l'a suspendue. C'est avec joie que je vois qu'un des plus grands monuments de Rome païenne est une des moindres parties de notre Saint-Pierre, sans parler de l'immense difficulté vaincue. Rien de plus doux, de plus fait pour le recueillement, que le jour venant d'en haut par une percée circulaire au sommet d'un édifice. Sous ce rapport, les temples païens étaient plus majestueux et plus dignes que les nôtres. Le Panthéon n'est pas fort orné, mais c'est la plus belle antiquité conservée que l'on puisse voir. Je remarque au Panthéon beaucoup de tombeaux de peintres et d'architectes célèbres. Notre Panthéon est-il en cela une imitation de celui d'Agrippa? C'est une bien malheureuse idée d'avoir enlevé les portes de bronze de cette église! Pourtant, la beauté du baldaquin du tombeau de Saint-Pierre, la pensée que l'airain enlevé au temple des Démons, est un trophée élevé sur le tombeau des Saints Apôtres, console un peu l'antiquaire chrétien.

Au-dessous de l'ouverture supérieure par où vient le jour et tombe la pluie, est un marbre percé par où l'eau s'écoule et, tout à l'entour, les marbres du pavé sont inclinés vers l'écoulement. Combien l'intérieur des temples païens, grâce à ce système de jour, et à l'air qui circule, sont plus sains que les nôtres!

*
* *

Hier samedi, 4 septembre, je n'ai vu que la Trinité du Mont, église française. Comme les inscriptions italiennes sont généralement un peu fastueuses et égoïstes, le Cardinal de Polignac, lorsqu'il fit construire, sans doute aux frais du Roi, le magnifique escalier de marbre qui conduit de la *Piazza di Spagna* à l'église de la Trinité du Mont, devant laquelle Pie VII a fait élever l'obélisque du jardin de Salluste, le Cardinal de Polignac, dis-je, Ambassadeur, fit faire une inscription pleine de pruderie, laquelle parle de Louis XV, de lui, Cardinal, etc., sans rien dire de précis, mais en laissant deviner que le Roi de France a payé. Cette inscription qui joint la pruderie à la vanité, m'a [causé plus de déplaisir] que les plus verbeuses inscriptions de feu Grégoire XVI, lesquelles sont bien mauvaises. Louis XVIII a fait rétablir par M. de Blacas, son ambassadeur, l'église de la Trinité du Mont, comme l'inscription l'indique. Les Français avaient ils dégradé cette église ? Ils en sont bien capables. J'écris ces lignes, assis sur une des bornes de la façade du Panthéon.

* * *

Le Panthéon est en briques revêtues de marbre à l'intérieur, jusqu'à la hauteur de quarante pieds.

Cette brique quoique un peu pâle, est excellente. J'ai toutes les peines du monde à en rompre quelques petits fragments avec une clef de fer. Je m'avance dans une ouverture creusée dans le mur par le temps. On m'apporte un marteau. Le mur n'est de briques qu'à l'extérieur : l'intérieur est composé de morceaux de marbre, etc., et de divers fragments de pierre réunis par un ciment gris qui semble fait de chaux et de poussière de pierres dures. Cela ressemble singulièrement à nos vieux murs moyen-âge de France, composés de pierrailles réunies par la chaux vive. Toutefois, le mortier du Panthéon cède assez facilement sous les efforts du marteau. J'admire la belle conservation de la couche de briques indestructible à l'air depuis 1880 ans ! Et en Flandre, j'ai vu les briques des places construites par Louis XIV tomber en poussière après 150 ans !

* * *

Je rencontre deux évêques français dont l'un est l'évêque de Fréjus. Ils sont à pied comme moi, et cherchent des églises. Ils ont des gants violets, l'anneau pastoral, des glands d'or au chapeau, mais ils sont vêtus de noir. Je regrette vivement de ne pouvoir les accompagner, en leur indiquant l'église de Saint-André qu'ils demandent. J'écris ceci à quelques pas du Panthéon, en marchant.

* * *

Mr Icard, évêque de Fréjus, encore jeune, et l'autre, M. Croisier, évêque de Rhodez, sont venus à Rome, avec le paquebot d'Etat, en la compagnie de M. le Cardinal Giraud, de Cambrai, et du Cardinal Dupont, de Bourges, qui sont venus chercher le chapeau, et de M. Bourrel, chanoine d'Arras, etc., missionnaire.

* * *

10 h. — Je suis dans l'église des Chartreux, faite avec l'une des salles des Thermes de Dioclétien dont l'architecte a tiré admirable parti en y ajoutant deux corps de bâtiments pour faire la croix latine. J'entends des chants psalmodiés qui partent du couvent et j'écris dans cette église solitaire, assis sur la base d'une colonne antique.

M. l'abbé Bourrel que j'ai rencontré quelques moments après les évêques français, m'a donné les détails écrits au crayon. Il accompagne les prélats français. Comme je lui demandais mon chemin en mauvais italien, et qu'il me répondait dans le même langage (il est curieux de voir deux Français dans une telle circonstance !), nous reconnûmes notre erreur commune, et nous fîmes bientôt connaissance. En le conduisant à Saint-Pierre, nous parlâmes de M. Buisson, évêque de Limoges, dont il ne dit pas grand bien, « qu'il n'a point, cette année, osé venir à Toulouse, etc. » M. Martin (du Nord) a dit de cet évêque : « Il n'a point de savoir, mais il a du savoir-faire ! »

Quel éloge pour un évêque ! J'ai, pour rendre confidence pour confidence, lu le récit de ma visite à l'Ambassadeur de France, ce qui a vivement frappé M. Bourrel. Il m'a demandé mon adresse et m'a donné la sienne. Il habite, avec les prélats, hôtel de la Minerve, place de la Minerve. C'est un hôtel français.

En écrivant mon adresse sur une feuille de papier enlevée à ce petit livre, j'ai ajouté : « désire avoir l'honneur de faire visite à Nosseigneurs les Evêques français. » D'après ce que m'a dit M. Bourrel, les cardinaux ne reçoivent dans les pays qu'ils habitent, que la barrette (le bonnet). Quant au chapeau, il le faut venir chercher à Rome. C'est ainsi que Louis XIV ne voulait employer que les nobles qu'il voyait à sa cour : « Tel ? je ne l'ai jamais vu ! » Du reste, je trouve bon que le Saint-Père connaisse personnellement ses cardinaux. Je n'ai point dissimulé les duretés de M. Buisson, pour l'Université, ni la trivialité de son langage, en causant avec M. Bourrel. Je désirerais bien voir nos prélats français. Nous verrons ce qu'ils me répondront.

∴

11 h. — J'examine les ruines des Thermes de Dioclétien que je ne cherche pas à décrire. Il suffira de dire qu'on en a tiré parti, tant bien que mal, pour faire des écuries, des maisons, etc. J'étudie le mortier qui unit les briques (tout est de brique) et je trouve, je crois, de la pouzzolane semblable à celle du Puy-en-Velay, mêlée *grosso modo* à la chaux. Ce mortier cède assez facilement. Du reste, celui du Panthéon ne me semble guère plus dur. Un jeune Romain me voit, a l'obligeance de me conduire dans le couvent que je visite et qui est fort grand. Toutes les ruines sont propriété des Chartreux. Je crains d'avoir calomnié le mortier. Il me

semble plus solide que je ne l'ai dit. La brique se casse comme notre verre, et coupe les doigts. Ici, comme au Panthéon, dans l'intérieur des murs, je trouve des matériaux de toute espèce, unis par le ciment, mais ces matériaux sont des pierres dures. Le tout forme des masses compactes, tant est grande la force de cohésion ! J'apprends que les Capucins ne possèdent pas toutes ces ruines, et, dans ces ruines, je trouve logées, comme dans des antres, de pauvres, de bien pauvres gens ! La couche régulière de briques est à l'extérieur, et pour le plaisir de la vue, et aussi, sans doute, pour braver les intempéries de l'air. Dans l'intérieur des ruines, je remarque des débris de briques et de pierres volcaniques, le tout uni par la pouzzolane et la chaux.

∴

L'évêque de Fréjus est froid et jeune encore, celui de Rhodez est un gros et grand vieillard.

∴

Midi. — Des Thermes de Dioclétien, je vais au Quirinal avec mon jeune Romain que je retrouve. C'est un étudiant en droit. Il est pieux comme un ange ! Il m'a dit que les Romains, ou plutôt, qu'il aime, lui, Pie IX, *piu qu'un padre*, et du reste, qu'on dit à Rome, *Padre IX*. Que d'amour dans le cœur de ces Italiens ! Je finirai par les aimer comme ils aiment le Pape ! Arrivé au Quirinal, j'admire la simplicité du palais, tout bourgeois, du Souverain Pontife. Mais Pie IX, à Imola, était accoutumé à un bon air. Il lui faut l'air vif du Quirinal. Combien le Vatican est plus magnifique ! Mon jeune étudiant m'a montré la chambre du Pape ; elle est à l'extrémité des ailes du bâtiment et semble fort modeste.

∴

Je suis à ou près de San Pietro di Montorio, et j'ai passé le Tibre, sur une assez bonne barque pour deux liards de France. A Rome, tous les prix des premiers besoins sont très modiques, vu la pauvreté du peuple. Le Tibre a des eaux troubles, tirant sur le gris plutôt que sur le jaune, à mon avis. Les bateliers ont habilement disposé des cordes, pour passer le fleuve sans ramer, et sans autre force que le courant même. Les bords du fleuve sont infects et misérables. Vers trois heures, après mon dîner et mon sommeil, mon hôte m'avait conseillé d'aller à la place Navona, voir une loterie ou une tombola, disant que tout le peuple y serait. Comme je m'acheminais vers cette place, je rencontrai un *omnibus* qui m'appela ; je montai dans cette voiture ; elle allait à Saint-Paul. J'abandonnai donc la loterie pour Saint-Paul. Mais comme elle recrutait, ça et là, des passagers, allant et venant, je perdis patience et descendis. Or, le hasard me conduisit à la place Navona que j'avais oubliée pour Saint-Paul, et je m'y arrêtai. Le peuple couvrait la place ; des *lazzaroni* dormaient sur le pavé ; les balcons, pavoisés de tapis de soie rouge, couronnaient d'une guirlande de femmes, cette belle place, grande et ornée d'une fontaine, avec des statues colossales, et un obélisque et des cavaliers ; et des fantassins veillaient au bon ordre dans la place même et dans les rues adjacentes. Des sièges, à trois sous, étaient disposés ; des marchands de fruits et de limonade vendaient au peuple et aux soldats des noisettes tout en amandes (50 amandes pour un sou), des mûres, des figues, etc. Car il est bon de savoir que les soldats du Pape se servent de parapluies, prennent, le matin, le café au lait, et mangent des noisettes. Des abbés, des chanoines, étaient mêlés au peuple. Trois ou quatre grands échafauds élevés sur la place attiraient mes regards. Sur deux de ces échafauds étaient des musiciens. Pour 11 sous, j'achetai, comme tout le monde, un billet, et en me promenant, j'attendis cinq heures. Cependant, j'observais le peuple. Le sang romain est beau, mais appauvri, sans vigueur et sans force. Les hommes sont petits, les visages réguliers, mais sans physionomie, sans âme. C'est un peuple de petits enfants Les gens de la dernière classe,seuls, ont de la grossièreté qui ressemble. de loin, à l'énergie, mais qui n'en est pas. Généralement, ce peuple est pauvre, fort pauvre, mais paraît heureux. Les physionomies, parfaitement insignifiantes. sont si candides ! Nulle part, sur cette vaste place. je n'ai vu de ces figures de jeunes hommes fortes, belles et accentuées comme en France ! Nulle part cette *ferocia juventutis* ou plutôt *adolescentiae*,qui embellit le front de nos collégiens ! Nulle part ce regard fier et noble de l'Apollon du Belvédère, lequel n'est pas rare en France ! Ah ! pauvres Romains, qu'ils ont besoin du prestige de la tiare ! Voici un trait de caractère de ce peuple. Un artisan, courant à l'étourdie, heurta lourdement un gros marchand qui se retourna et frappa d'un vigoureux coup de poing dans l'estomac, l'imprudent coureur qui cependant criait : « *Scusate, non ho veduto,* » (1) (et notez qu'il était le battu !) Or, les passants lui donnaient tort ; la femme du gros marchand lui faisait un discours; le marchand *gridava,* (2) et, pour finir, un spectateur prit,par les épaules, le malencontreux artisan, qui tenait son bonnet à la main, criant toujours : « *Scusate* », et le dirigea vers un autre endroit. L'artisan obéit, et, en criant : « *Scusate* », s'en allait. Cependant, le terrain restait au gros marchand brutal ! Tant ce pauvre peuple est disposé à se ranger du

(1) « Excusez, je n'ai pas vu. »

(2) « Criait »

parti de celui qui crie le plus haut. Je donnai alors, publiquement, dix sous à l'artisan, qui les accepta, cependant que les assistants semblaient satisfaits ; mais eux, ils n'avaient pas même plaint le pauvre opprimé. Enfin, après plusieurs salves de musique, les échafauds firent connaître les numéros sortants, au moyen de planchettes à bascules qui bigarraient d'un damier de chiffres les faces des échafauds. Le peuple était heureux ! Chacun notait sur son billet les numéros sortants ! Je m'étais assis, et auprès de moi, un bon père de famille, bien vêtu, avec un jeune abbé, son fils, adolescent de 17 ans, en culotte et gilet noir, bas noirs, souliers à boucles d'argent, redingote noire, chapeau à trois cornes, comme tous les abbés romains. Nous fîmes connaissance. Le petit abbé, à l'œil vif et mutin, était des montagnes de la Sabine ! A la bonne heure, je revoyais un visage à physionomie ! Il parlait, le petit abbé, avec la fierté d'un Français et la réserve d'un enfant bien né, cherchant de temps en temps, dans les regards de son père, une approbation. J'ai remarqué, en général, un grand respect filial en Italie, dans les fils de famille ! Ennuyé du spectacle, si doux pour le peuple qui aime encore, comme ses pères, *panem et circenses*, je donnai mon billet, fort compromis, à un enfant du peuple qui bondit de joie, et heureux d'avoir trouvé trace d'âme sur un visage humain, à Rome, je vins ici où j'écris ces lignes.

∴

Dimanche, 5 septembre, 8 heures.— Je suis chez mon traiteur, *piazza di Spagna*. De San Piétro di Montorio à l'hôpital du Saint-Esprit, j'ai trouvé une rue assez large, mais peuplée de petit peuple. Là j'ai vu le *planctus* antique dans toute sa vérité. Des cris aigus et rauques, tour à tour, m'attirèrent. Je m'approchai d'un groupe de gens du peuple, paisibles spectateurs d'un combat acharné, entre deux ou trois femmes. Les athlètes, les cheveux épars, la voix altérée, la poitrine haletante, tantôt se frappaient, tantôt s'adressaient aux spectateurs, tantot s'injuriaient, puis s'asseyaient sur le même marbre, puis recommençaient le combat, se roulant sur la terre, et hurlant. Les spectateurs, sans rire insultant, jouissaient du spectacle, relevant charitablement les athlètes tombées à terre, et les ramenant doucement sur le champ de bataille, le tout sans insulte et avec un doux rire de satisfaction Une de ces femmes, dans un moment de repos, se frappa, à plusieurs reprises, le sein avec une vigueur qui me fit frémir, la tête rejetée en arrière, comme une bacchante et hurlant des paroles aux spectateurs toujours impassibles. Je m'informai de la cause des débats. Il s'agissait de quatre sous ! Tout est spectacle pour ce peuple ! Il lui faut des spectacles !

*
* *

L'hôpital du Saint-Esprit est aussi vaste que ses possessions dans l'*agro romano* sont immenses ! Les fièvres de l'*agro romano* peuplent le Saint-Esprit. En soupant, des voisins de la table où je suis, parlent en français, de Naples, des belles femmes, etc., qui ont servi de modèles à Horace Vernet. J'entends citer le lieu où il a habité deux ans, copiant des Napolitains, et composant son tableau des *Brigands*. Les personnes qui parlent de Naples, disent aussi avoir vu les originaux des personnages du tableau de ce peintre.

*
* *

Lundi 6. — 9 h. 1/2. — Je suis à la bibliothèque

du Vatican. J'ai donné à relier des livres pour le Pape... (1).

∴

10 h. du soir. — Je ne sais comment diable la journée s'est passée, sans rien voir. Ce matin, à sept heures, j'étais à Saint-Pierre où j'ai vu le tombeau [des Stuarts], de Jacques III, de Charles-Edouard et du Cardinal Henri IX, mort vieux et infirme, et prenant le titre modeste d'*Altezza reale*. Ce tombeau, magnifique mais froid, est de Canova. Le tombeau de Pie VII est de Thorwaldsen ; il est raide et sans physionomie. Une assez belle allégorie est la Religion, je pense, qui a sous son pied gauche une massue qu'elle semble fouler. Le feu Pape Grégoire XVI est dans un mur avec une modeste inscription. Il attend que son successeur lui ouvre les caveaux qui sont sous le dôme. Car à Saint-Pierre, comme autrefois nos rois à Saint-Denis, un Pape mort attend la mort de son successeur pour entrer définitivement dans sa tombe. Quant aux tombeaux magnifiques des Papes qui décorent Saint-Pierre, ils sont payés par les familles, si elles sont riches, sinon, par les cardinaux créés par le défunt Pape. C'est ce qui explique l'épitaphe de Pie VII : *Pio VII Consalvi, Cardinalis ab eo creatus*. Belle et touchante inscription digne de Pie VII et de son ami ! Pendant qu'on célébrait une messe à la chapelle Sixtine, je me suis roulé sur le tombeau de bronze de Sixte V, pour considérer sa face, et les bons Italiens ne m'ont point dérangé. Les étrangers sont tant aimés à Rome ! Le trésor, les lampes d'argent de la Confession de Saint-Pierre, tout a été converti en monnaie par les Français, et le maître de la sacristie me le disait,

(1) Ici de nombreuses, notes prises à la Vaticane, sur des manuscrits grecs.

sans haine pour nous, et avec un accent d'amour ! Ces Italiens ne savent qu'aimer !

Comme je sortais, un petit étudiant, assez mal en point, m'a demandé quelque chose. Comme il m'a fort bien décliné : *cœlum, i. cœli, cœlorum*, qu'il semblait pieux et honnête, et je lui ai donné vingt sous.

Vers trois heures, j'ai acheté près de la place Colonne (Antonine) un lorgnon fort beau, 40 sous. Après dîner, j'ai dormi longtemps. Ce soir, promenade au *Corso*, souper, rien de nouveau. Le libraire voisin du café *Nuovo*, m'a montré des livres ; je vois le seigneur *de Romanis* qui est de garde. Je parlerai, un autre jour, de la garde nationale romaine, dont le seigneur *de Romanis* est déjà bien las... (1).

∴

Je donne 5 fr. au troisième garçon [de la Bibliothèque Vaticane]. On avait pris quelque ombrage de mon travail : *Facitote vobis amicos*.

∴

Il est trois heures, je suis chez mon traiteur, *Piazza di Spagna*. J'ai appris que mes recherches pouvaient faire supposer à monsignor Lauréani que je m'occupais de choses étrangères à l'Anthologie : incontinent, je lui ai écrit, offrant de lui remettre mes notes, et même d'interrompre mon travail. Je compte sur sa bonté et sur son amour pour les lettres. Ce matin, j'ai couru les boutiques de libraires avec un jeune amateur italien, Comte, par succession, de l'Empire de Napoléon, mais riche, du reste. J'ai eu, grâce à lui, pour quinze sous, *Sulpice Sévère* de L de

(1) Ici nouvelles notes sur des manuscrits de la Vaticane.

Bologne, 1581, un fort bel exemplaire. J'ai aussi acheté 5 fr. une bonne petite édition de l'*Arioste*. J'ai vu un beau Tiraboschi. L'achéterai-je ? Tous les livres français et allemands sont hors de prix à Rome. Aussi n'achéterai-je que des livres italiens Après ma séance à la Bibliothèque, je suis allé voir le Musée du Vatican, les loges de Raphaël, et les salles habitées autrefois par Jules II. Que de merveilles ! C'est le cas de dire des Romains ou de Rome comme le poète grec : « Tu habites sur la terre de l'Olympe. »

*
* *

J'ai à noter l'exaltation de mon nouvel ami l'amateur de livres, sa haine contre les prêtres. Je lui ai raconté les horreurs d'une révolution, narrant les bibliothèques mises au pillage, etc. Il a été ébranlé, mais non pas convaincu. Il m'a raconté que, je ne sais dans quelle ville d'Italie, on a rôti un prêtre. Il serait bon de se méfier des patriotes italiens ! Au Vatican, j'ai lu cette inscription : « *Morte ai Tedeschi* ! *Viva Pio IX* ! ». Du reste, c'est une barbare manie de barbouiller de noms obscurs et de phrases triviales les monuments antiques ! Et pourtant, pour ma part, j'ai écrit, mais au crayon seulement, et sur deux ou trois colonnes de porphyre, à Saint-Pierre, derrière le tombeau, un nom, mais un nom que je ne puis même tracer sans frissonnement, et dont peut-être j'ai troublé les beaux jours !

*
* *

3 heures. — L'Inquisition se refroidit ; elle laisse les libraires et les amateurs en toute liberté. En d'autres temps, elle a inspection jusque dans les cabinets des bibliophiles qui n'ont pas de permission. Anssi mon compagnon me mon-

trait-il avec étonnement, chez les libraires, des livres défendus, traitant d'imprudents les bibliopoles...

∴

10 h. du soir. — Je viens de me promener *nel Corso*, où tout le beau monde du tiers-état semblait s'être donné rendez-vous. Demain, Pie IX va, de son palais du Quirinal, entendre la messe à la *piazza del Popolo*. Rome est illuminée ! Et demain, du reste, c'est grande fête De petites lanternes en papier, aux armes du Pape, suspendues comme de petits seaux, déversent une douce et timide clarté sur les *strade*. Des marchands vendent en plein air ces lanternes avec de petits drapeaux blancs, de calicot, à la devise : « *Viva Pio IX* », et en bas : *Amnistia*. Grand Dieu, que l'air est doux à Rome ! Comment ferai-je quand je serai en Limousin ! Le petit peuple est sans doute couché. Ce soir, il n'était pas de la fête, fête, du reste, populeuse et silencieuse. Une boutique de chapeaux à galons, d'officiers et de laquais, attirait tous les regards au *Corso*. Du reste, aucun signe de vie ! Une joie douce et sans expression. Nous verrons demain.

J'ai vu deux lettres du Pape Pie VII, datées de 1792 ou 1798 et signées : *Cardinal Chiaramonte*.

∴

Mercredi matin, 8 septembre. — (1). J'ai vu le Pape ! C'est une nature forte, réfléchie et intelligente, mais bonne. La force domine, elle se trahit par certains mouvements, légèrement,

(1) Ici une note comme on en rencontre souvent dans ce journal, si ingénument sincère et vécu d'un bout à l'autre, de linge remis à la blanchisseuse. Je ne reproduis pas ces notes.

non pas brusques, mais accentués, au milieu d'un recueillement angélique de sa personne. Ainsi, sur son trône, il affermit sa mitre, en s'appuyant, par un mouvement prononcé, sur le mur. Le Pape est méditatif et semble vivre d'une vie tout intérieure et intellectuelle au milieu même des pompes qu'il paraît apprécier à leur juste valeur, et, si j'ose le dire, l'homme paraît supérieur à la dignité dont il n'est nullement ébloui. Sa bonté se fait voir par un sourire mélancolique, à peine perceptible, qui effleure ses lèvres. Il doit être bon, nullement par tempérament, mais par raison et par dévouement : car, ici-bas, la bonté, jointe à l'intelligence et à la force, m'a toujours semblé du dévouement ! Notre Pape est pieux, nullement par nature, mais par conviction. Il prie, sinon avec onction, du moins avec force : ses lèvres s'agitent vivement et rapidement : il sent toute l'étendue de sa terrible responsabilité et l'immensité de sa mission ! La nature l'a fait fort, intelligent, porté à la méditation, le reste est l'ouvrage de la religion et de la volonté. Sa voix est forte et mâle, ses mouvements sont tous aristocratiques ; sa pose est noble et digne. Vous souvient-il du mot de Racine : « *Bisogna d'infarinarsi di teologia et di si far un fundo di politica.* » (1) Eh bien, je pense que Pie IX est bon théologien, mais en même temps qu'il est bon politique. Il semble écouter de loin, du fond de son recueillement, ces mouvements du monde, les juger pour les diriger, mais nullement pour les oublier. En un mot, Pie IX est, pour moi, un grand politique, fort, intelligent et bon !

∴

Aujourd'hui tout le *Corso romano* était

(1) « Il faut s'enfariner de théologie et se faire un fond de politique. Racine (*Fragments historiques*) attribue ce propos au nonce Roberti.

pavoisé depuis l'Ambassade de France jusqu'à la *Piazza del Popolo*. A l'Ambassade de France le garçon m'a promis de remettre ma dépêche à M. Rossi qui la mettra, ce soir, dans son paquet, et la fera parvenir, sous son couvert, à M. de Schonen.

C'est ma première dépêche : je parle d'un congé de quinze jours J'ai bien fait de me faire ami de ce garçon ! Ma bonne fortune m'a fait rencontrer au Corso le père Valentin, avec son compagnon, le capucin corse. Ils m'ont conduit à l'église de la Madonna de la *Piazza del Popolo*, au milieu de tout le beau monde du tiers état, réuni au Corso. A l'église, peu remplie, contre mon attente, j'ai pu me placer vis-à-vis le modeste trône pontifical. J'étais au côté droit de l'église, droit pour celui qui entre dans l'église Vers 10 heures, le Pape est entré (notez que je ne puis rien dire de la suite du Pape, ni de la cavalcade ne l'ayant point vue) et, placé sur un trône portatif, il a été porté lentement à son siège, au côté gauche du chœur, vis-à-vis de moi qui le voyais toutefois un peu obliquement. Le Pape est entré par la porte latérale de droite, à quelques pas de moi, et j'ai bien dû le voir, tout à mon aise, pendant près de deux heures ! Les Cardinaux étaient devant moi. Le Cardinal Brignole est un ange de piété ; le Cardinal Lambruschini, je ne l'ai pas su voir : le Cardinal Bianchi, Camaldule, portant l'habit blanc de son ordre et la calotte rouge, est un bon religieux : le Cardinal Angelo Maï est beau, malgré sa maigreur et ses cheveux blancs, comme une Minerve antique ; il semble déchiffrer un palimpseste.. Après avoir été un peu coudoyé par le peuple, un peu refoulé et froissé par la garde nationale, j'ai regagné l'Eglise d'où les Cardinaux sortaient les uns après les autres : et cela a duré près de trois quarts d'heure. Les simples Cardinaux ont deux voitures, les Cardinaux princes, trois. Que d'élégance ! que de magnificence ! Ah ! il n'y a que Rome au monde pour rappeler les pompes des anciens maîtres du monde ! Les Romains aiment encore aujourd'hui les spectacles, les cérémonies, et y mettent un goût, une intelligence que vainement nous voulons imiter, nous autres barbares ! Dieu garde Pie IX. Il m'a gagné le cœur. [Tout ceci est du 8 septembre].

∴

.... J'ai rencontré au Corso l'abbé Vieux, de Toulon. Voici son adresse : *Straaa papale*, n° 9, près Saint-Philippe de Néri (*Chiesa nova*).

Aujourd'hui, vers deux heures, j'ai eu la hardiesse, pour lever tous les scrupules de monsignor Lauréani, de lui remettre ce journal même, sous cachets, avec une note, dans laquelle je lui disais que je ne reprendrai mon travail que sur son invitation. A cinq heures je suis retourné chez le Prélat où j'ai trouvé les cachets du manuscrit respectés et monsignore m'a fait prier de reprendre demain mon travail. J'ai réussi !

Chemin faisant, j'ai fait connaissance avec l'abbé Vieux, universitaire. Nous avons visité les promenades du Pincio, où nous avons vu l'Ecole française, modeste bâtiment. Il m'a dit que le feu Pape, Grégoire XVI était exécré, qu'on le disait père de deux enfants de son domestique, dont la femme couchait non loin de la chambre pontificale, que certains croient qu'il a été tué par son médecin, lequel le fit, disait-il, mourir de faim sous ombre de diète ; que, s'il n'était pas mort, une conjuration allait éclater ; qu'il était ivrogne, faisant venir des vins de France et y versant, en guise d'eau, du vin d'Italie ! Il m'a dit encore qu'à Rome, dans un grand nombre de communautés, et notamment chez les Bernardins, chacun vit à sa guise, mange dans sa chambre, etc. Ce prêtre est venu à pied, à travers l'Italie. Est-ce pauvreté ? Il est plus universitaire que moi, plus tolérant que moi : pourquoi ?... Il se plaint de l'orgueil, de la tyrannie de nos évêques. A-t-il raison ? Il parle beaucoup de l'orgueil de l'évêque de Fréjus; serait-ce vrai ? Il ne fait pas grand cas de l'évêque de Limoges, qui, du reste, dit il, est fort bien en cour. Mais il dit beaucoup de bien de Mr de Prilly, évêque de Châlons. Il prétend que l'évêque de Limoges espère devenir Archevêque de Toulouse, et qu'il a son parti dans le clergé de Toulouse, mais qu'un parti nombreux le déteste, et qu'il a peu de chances de réussir. Et puis, c'est le fils d'un boulanger ! Les Français ont beau faire ; ils sont toujours aristocrates! Le Clergé français ne peut s'habituer à la manière libre des ecclésiastiques italiens : [ce qui] me rappelle à chaque instant l'*Iter italicum* de Mabillon. Il me semble entendre déclamer mon Sulpice Sévère ! En revenant de ma promenade, je trouve le *Corso* illuminé. Devant une chapelle de ma rue *Borgognona*, de jeunes garçons et de jeunes filles, partagés en deux chœurs, chantent les louanges de la Vierge, comme au temps d'Horace. Mais las ! ce sont de pauvres petits gamins mal vêtus et de pauvres filles. Du reste, leur chant est simple, touchant, plein de conviction et de grâce. Mais entre ces chants et le *Carmen seculare*, il y a autant de distance qu'entre Rome moderne et Rome antique !

*
* *

Jeudi, 9 septembre. — Hier, après souper, je suis allé de nouveau au Corso. L'affluence était immense, surtout devant le café *Nuovo*, vaste palais du prince Rospigliosi, celui que j'ai vu, vêtu costume moyen-âge, au milieu des cardinaux, à la messe,—converti en une longue suite de salles où l'on prend le café noir pour deux sous, le café au-lait pour trois ! A Rome, même dans les plus brillant quartiers, tout est fait pour le petit peuple, qui n'est, certes, pas riche. Dans le Corso, on criait, en lisant les emblèmes, les sonnets, les versets des Saintes Ecritures détournés à un sens politique : *Viva l'Italia* ! *Viva Pio IX* ! ; on criait même : *Viva la liberta* ! Le tout devant le buste du Pape. Le peuple était heureux ! Mais l'ordre, la décence, la convenance, étaient mieux observés que dans nos salons de France ! En me promenant, j'ai suivi un petit rassemblement qui chantait, en bons vers italiens, dit-on, les louanges de Pie IX. Comme, dans les repos, le cri de : *Viva la Liberta* revenait parfois, involontairement, les spectateurs qui suivaient [le chant] comme moi, avertissaient : *Chut ! Chut !*...

∴

7 heures. — Je vais au Vatican... (1).

∴

7 heures. — Le seigneur Petrucci qui m'a vendu Sulpice Sévère, me permet de travailler dans sa boutique. J'ai entre les mains la première édition de H. Estienne, Paris, 1554 : *Anakreontos Téiou ta mélè*. Thomas Aldobrandini, Florentin, a été possesseur de l'exemplaire de l'édition *princeps* d'Anacréon que j'ai sous les yeux .

J'ai sous les yeux deux exemplaires de la troisième [édition] Aldine (de l'Anthologie): *Anthologia diaphorôn epigrammatôn*... *Florilegium diversorum epigrammatum in septem libros distinctum diligenti castiga-*

(1) Ici encore des notes prises, à la Vaticane sur les manuscrits grecs de cette bibliothèque, que nous passons. Elles sont par trop techniques.

tione emendatum. Cui nonnulla nuper inventa epigrammata in fine adjecta sunt. una cum indice tam rerum quam auctorum copiosissimo. Aldi [l'ancre aldine] *filii, Venetiis, apud Aldi filios*, M. D. L. Et à la fin: *Apud Aldi Filios, Venetiis*, M.D.L.I (1).

Dois-je acheter un de ces deux exemplaires? Pétrucci vend si cher! Nous verrons.

En comparant cette édition avec celle de Badius, je trouve que les pièces ajoutées sont : 1° l'ode de Sappho à Vénus ; 2° d'Anacréon, *Pôlé*, etc. Les fils d'Alde ont négligé les trois épigrammes de Lascaris données par Badius. J'ai trouvé, comme je l'ai dit, (2), dans les épigrammes de Lascaris, au Vatican cette pièce de Sappho ; et j'ai remarqué aussi qu'Ange Politien avait connaissance des corrections à l'ode d'Anacréon : *ou ma melei*, ode mutilée par Planude. Il faudrait ici examiner l'origine de cette ode : *Pôlé, etc.* Henri Estienne avoue avoir pris, çà et là, un certain nombre de pièces d'Anacréon, du nombre desquelles est celle-ci, du reste. Sa phrase est peu claire et on pourrait croire, qu'il l'a trouvée dans ses manuscrits.

*
* *

(1) Voy. sur cette édition Brunet, *Manuel du libraire*.

(2) Dans les notes sur les manuscrits grecs du Vatican que nous avons passées, Herbert disait à propos du manuscrit 1414 du catalogue d'Alaccius : « 1414, [à la] p. 45, est une espèce de compliment d'un Grec, moderne, sans doute, à un prince italien La page 44 contient les deux petites odes de Sappho. La page 45 précède un traité italien de Jean Lascaris, sur l'origine des Turcs, dédié au Pape Clément VII. A la page 107, je trouve des épigrammes grecques et latines de Jean Lascaris, sans doute, à Clément VII, et ces épigrammes sont en assez grand nombre : elles sont bonnes. J'en vois pour Alexandre Farnèse, je vois une épitaphe d'Horace Farnèse, pour toute la maison Farnèse, pour Pie IV, etc. Ce volume est extrêmement curieux. C'est, je crois, une minute de Jean Lascaris, et il contient, entre autres choses, la liste des manuscrits de Lascaris Ce manuscrit, autographe, je pense, contient deux épigrammes latines en l'honneur du roi de France. »

8 heures. — J'ai acheté aujourd'hui chez Petrucci, vis-à-vis du Café Nuovo, un exemplaire de l'édition de Badius, 6 fr. J'ai reçu, à 4 heures, une invitation de faire visite à NN. SS. les Prélats français, de onze heures à midi, au Cardinal archevêque de Cambrai, aux évêques de Fréjus et de Rodez. Il est probable que je verrai aussi le cardinal archevêque de Bourges. C'est M. l'abbé Bourrel qui m'écrit.

∴

10 septembre, 6 heures du matin. — Je viens d'écrire une lettre au Professeur de Physique de Verceil, pour le prier de chercher pour moi, à Naples, quelques livres de l'Anthologie. C'est un brave homme.

∴

Je viens de compter mon argent. Il me reste 800 fr. L'argent va vite à Rome ! J'ai dépensé plus de 400 fr. en 17 jours. Aujourd'hui, je m'occuperai de réformes économiques. Je dépense tous les jours, pour mon logement et ma table, 4 fr. 10 sous. C'est trop.

∴

M. Casa-Nova, via de l'Anima, presto (?) San Aniese (?), n° 17. L'abbé Casa-Nova, chanoine de Saint-Pierre, est un homme de 45 ans, petit, haut en couleur, qui semble bon : il m'a promis de parler en ma faveur au Prélat Lauréani. Je le verrai à sa demeure. Cet abbé me disait : « Je suis Français » : je répondis : « Vous êtes Corse : il reprit vivement, et avec émotion : « La Corse est France. »

∴

Le baldaquin de Saint-Pierre est si beau, que je doute fort qu'au Ciel le Prince des Apôtres en ait un pareil. Plus je vois Saint-Pierre, plus je l'admire.

∴

Tombeau de la reine Christine, à Saint-Pierre, avec son portrait sur cuivre : *Christianae, Suecorum Reginae, ob orthodoxam religionem, abdicato regno, abdicata haeresi, pie susceptam ac, delecta Romae sede, eximie cultam, monumentum ab Innocentio XII inchoatum Clemens XI, Pontifex maximus, absolvit anno Salutis MDCC.II.* — Cette reine, au visage mâle, au nez aquilin, a des traits masculins énergiquement prononcés. Je me rappelle le mauvais vers de Brienne, secrétaire d'Etat :

Desinit in virum (1) *mulier formosa superne.*

Son portrait que j'ai sous les yeux, justifie tout ce qu'on dit d'elle ; sa fierté, son intelligence, etc., ses passions vives, son énergie, sa brusquerie, ses inclinations viriles, etc.

∴

Mais à l'ordinaire, je m'oublie à Saint-Pierre ; allons au Vatican.

∴

Vis-à-vis le tombeau de la reine de Suède est celui de Léon XII. Que sa statue est pathétique... C'est, sans contredit, le plus beau tombeau moderne. [Ah ! je m'entends donc en sculpture : il est de Canova !]. *Memoriae Leonis XII. P. M. Gregorius. XVI. P. M.* : très bien.

∴

(1). Ce vers est faux : dans *virum*, *i* est bref.

9 heures, au Vatican. — Je m'occupe de la Palatine. J'ai entre les mains un manuscrit sans nom d'auteur C. 1948 (Biblioth. Palat.) C'est un catalogue que je crois être de la main d'Allatius. Ce doit être la note rapide des livres par lui enlevés d'Heidelberg. C'est une note bien rapide, écrite en volant ! C'est bien là l'Allazio qui écrivait tout le *Martyrologe* en une nuit.

[Il paraît que je me trompe. L'éditeur de la vie d'Allazio doit connaître mieux que moi l'écriture du maître et du disciple] (1).

∴

Pietro Matranga, 13, rue Grégoriana, (2) employé au Vatican, Professeur de langue grecque, me dit que le Catalogue que j'ai entre les mains, est écrit par Stefano Gradi, disciple, ou 2e *scriptor* à la Bibliothèque Vaticane, d'Allatius, lequel a écrit la vie d'Allatius, manuscrite, qui sera bientôt publiée par l'abbé Matranga, de Palerme, Grec d'origine, lequel dit grand bien d'Allazzo, et est disposé à m'obliger .. (3).

∴

5 heures.—J'ai visité avec un Anglais et sa femme les appartements du Vatican habités par le feu Pape Grégoire XVI. Le libraire Petrucci me communique, comme je passe devant sa librairie : *Carmina novem illustrium feminarum* de Fulvio Orsini, Antuerpiae, 1568. Orsini semble n'avoir pas connu les épigrammes de Céphalas. Il

(1). Le passage entre [ ] est écrit en surcharge sur les lignes qui précèdent. Les lignes suivantes l'expliquent.

(2) Ces mots ont été mis par l'abbé Matranga sur le carnet d'Herbert.

(3) Nouvelles notes sur les manuscrits grecs du Vatican que nous omettons.

cite l'epigramme 92 d'après Planude, mais il avait à lui un manuscrit de Planude.

.:.

En rentrant à ma demeure, je trouve mes effets changés de chambre ! D'un coup de pied, je fais tomber la porte de ma nouvelle chambre, et je traite l'hôtelier comme il le mérite, et il a avoué sa faute.

.:.

P. Efrem Gamsarian, Armeno Monaco Mechitarista di Venezia, S. Giuseppe capo le cose, nº 95 : c'est l'adresse d'un moine arménien quiétudie un manuscrit à la Bibliothèque.

— L'abbé Matranga va publier une vie d'Allazzi, écrite par Stefano Gradi : elle contient des choses bien curieuses Ce même abbé, qui m'a traité avec beaucoup de bonté, prépare une édition de scholies d'Homère, inédites, de Tzetzès, etc. Il s'occupe peu ou point du texte. Il m'a dit avoir trouvé, çà et là, de quoi faire une seconde Anthologie ! Comme il connaît beaucoup le Cardinal Angelo Maï, il me présentera à ce prélat. Je ferai en sorte de tirer de ce bon abbé des lumières sur l'objet de mes recherches. Il a fort bonne opinion de Leone Allacci, et se refuse à tout soupçon de dol.

.:.

Samedi 11, 6 h. du matin. — J'ai oublié de dire, ces jours derniers, que certaines personnes, à Rome, comptent que l'hiver débarrassera certaines gens de la *guardia civica*. L'abbé Matranga me disait, hier, mélancoliquement, à peu près, parlant de ses scholies sur Homère : » *Quis leget haec ? Nemo vel pauci.* » Il a un exemplaire de Bâle, tout couvert de notes manuscrites. Nous verrons tout cela ! Hier le jeune Comte, amateur de livres, m'a trouvé pour 16 sous, une édition moderne de Sulpice Sévère : *Beati Sulpicii Severi, Bituricensis episcopi, etc., Parmae excudebat Petrus Fiaccadori*, 1837 C'est, je pense, une mauvaise copie de Sigo Bolog. du 16e siècle ! J'ai acheté encore pour 10 fr. un magnifique exemplaire de l'Anthogie de Planude, 1600.

— *Filippo Bonifazzi, librajo, piazza di S. Marcello, n° 256 A, e via del Corso, n° 257, Roma :* Cet excellent homme a mis à ma disposition le commentaire de Jacobs sur les *Analecta*.

– *Roma, via del Corso, 148, libreria Petrucci.*

∴

Hier, comme je l'ai dit, j'ai visité une partie du Vatican. Ce palais est véritablement composé de divers palais, bâtis en bonne brique à différentes époques. Il est situé à droite de l'église Saint-Pierre pour celui qui entre dans l'église. C'est un carré long, coupé par un corps de bâtiments dans le milieu. C'est dans ce carré long que sont les musées, la Vaticane, etc. Je reviendrai sur cette partie du Vatican. Le Pape Sixte V, pour la commodité des Souverains Pontifes, comme le dit une bonne et simple inscription latine, a bâti, à une des faces du vieux Palais, un grand corps de bâtiments qui ont vue sur la ville. C'est là qu'habitait le feu Pape dont la mort violente est presque avouée par les *custodi*. Ces appartements, hier populeux, aujourd'hui déserts, depuis la mort de Grégoire XVI, sont riches, mais d'une véritable richesse, et sans ornements futiles. Les appartements, rafraîchis par le feu pape, font le tour d'une petite cour placée à l'intérieur ; ils sont au second étage :

or, le bâtiment a quatre étages ! Car il y aurait, au Vatican, de la place pour loger cent mille hommes honorablement ! On parle de 4000 ou 5000 chambres ! Les chambres où mangeait et logeait Grégoire XVI, sont simples, tendues en damas rouge, et sans tous ces petits meubles de nos boudoirs parisiens. Dans la salle d'audience est, au dessus de la cheminée, un petit tableau de Raphaël exquis. Une madone. Que l'enfant est beau et rejoui ! Que la mère est pure, mélancolique et contemplative ! Que Saint-Joseph est bien dans son rôle, un peu passif ! La bibliothèque particulière des papes, — dont les livres suivent le Pape et sont aujourd'hui au Quirinal, —est un beau salon attenant à la salle à manger. Ce salon est décoré d'une effroyable collection d'animaux féroces peints, se rassasiant de sang, la gueule béante, etc, par un bon Allemand dont le portrait est au centre de cette ménagerie !

C'est le feu Pape qui a acheté cette collection et il semblait en faire ses délices, l'ayant à tout instant sous les yeux ! On appelle cette pièce la salle des bêtes ! Je remarquerai en passant, qu'au Vatican, on n'est pas pressé d'orner. On va *piano, piano*, mais, quand on orne, on orne pour les siècles, et pour l'admiration du monde. C'est ce qui explique l'extrême simplicité de certaines pièces, notamment des plafonds des appartements du feu Pape. Ces appartements n'ont été que naguères couverts de tableaux qui ne sont pas encore connus des *custodi*! Le Vatican, bâti de bonnes briques, est solide et élégant : il attend patiemment le tribut annuel des beaux arts! Dans le palais bâti par Sixte V, j'ai vu des galeries où la brique est à nu. Mieux vaut cent fois cette sincère nudité que de mauvais ornements ! Cette façon d'attendre m'a fort satisfait. Au moins les grands maîtres à venir trouveront encore, au grand livre de la peinture, des pages blanches, — au livre où a écrit Raphaël ! Le Vatican communique, dit-on, par un conduit souterrain avec le château Saint-Ange...

∴

Les appartements du feu Pape visités, nous sommes allés à la chapelle Sixtine, peinte de la main de Michel-Ange, presque en entier. On en a tant parlé que je n'en dirai rien, [en] ayant du reste toutes les parties gravées dans la mémoire. Cette chapelle est fort négligée, sans ornements, et délaissée en apparence depuis bien longtemps ! On croirait voir une de ces églises orphelines que notre excellente Révolution française, fille de la Philosophie, abandonne aux rats, en attendant le marteau du vandalisme ! Dieu garde Rome d'une Révolution !

∴

9 heures. — Je sors de la maison où habite l'abbé Matranga. Nous avons été bientôt bons amis. Il m'a remis un volume de ses publications, je le verrai. Son Anthologie est un extrait des scholies grecques connues. Du reste il a encore, en manuscrit, beaucoup de pièces qui pourraient, dit-il, faire partie de l'Anthologie. Il les publiera. J'ai vu son Homère presque entièrement imprimé. C'est un homme savant qui lit le grec, comme moi le français. Son frère est peintre, ou étudie la peinture, sans doute aux frais de l'abbé. Ce savant m'a assuré qu'à Rome, des moines avaient de pleines caisses de lettres d'Allacci, mais ils ne les communiquent pas ! Il se plaint beaucoup des riches moines ! Il a parlé de moi au Cardinal Maï que j'aurai l'honneur de voir. Il remettra ma lettre de l'Ambassade pour la visite au Pape et me ménagera une audience.

Il est sensible au souvenir de la Grèce : il se

loue des Français et les invoque pour sa patrie en levant les yeux au Ciel !

∴

10 heures un quart. — A la Bibliothèque Vaticane...

2 heures. — Je quitte le Vatican, bien fatigué. L'Arménien, qui copie un manuscrit relatif à la géographie, me dit qu'il appartient aux Lazaristes vénitiens, lesquels s'occupent à imprimer des livres arméniens pour leurs compatriotes. C'est une belle et bonne œuvre ! Ils sont enfants de Saint-Benoît, dont ils suivent la règle, mais ils ne sont pas affiliés pour cela aux autres Bénédictins. A l'en croire, la littérature arménienne est riche et savante et peu connue. Pourtant, il m'a dit sérieusement, et fort sérieusement, que la langue arménienne est la première de toutes les langues, vu l'Arche et le mont Ararat.

Le Cardinal Angelo-Maï parle en ces termes [de l'abbé Matranga]. *Spicilegium Romanum*, t. IV Romae, MDCCCXL, p. VII : « *Sequuntur venustissima Sophronii carmina anacreontica ; quorum laus tanta merito pertinet ad ingeniosissimum Siculum sacerdotem, Petrum Matrangam, Athanasiani Graecorum collegii in alma Urbe prorectorem.* »...

∴

9 heures du soir. — J'ai acheté, ce soir, 15 fr., chez De Romanis, le *Chariton* d'Orville, et je suis bien content d'avoir fait cette emplette que j'aurais dû faire plus tôt. J'ai, chez ce même libraire, consulté Brunck, éd. de Strasbourg. Je verrai, demain ou lundi : Leichius *Sepulchralia carmina*.

∴

Dimanche 12 septembre, 10 heures et demie. — Je quitte mon abbé Albanais-sicilien, qui m'a remis des fragments de l'Anthologie d'Allatius et les lettres d'Alciphron ! Voilà un homme qu'il faut attacher à la France. Il sera, à Rome, mon sauveur. Il se plaint de sa fortune. Le Cardinal Angelo Maï l'a attiré à Rome pour en faire son scribe, et ne lui donne aucun traitement ! Une grande partie du *Spicilegium Romanum* est de cet homme savant, et le Cardinal ne l'a pas nommé ! A la Vaticane, il est envié à cause de son savoir, et le titulaire de son emploi, dont il n'a que la survivance, ne paraît jamais à la Bibliothèque, et a cent francs par mois ! Mon docte abbé parle assez bien français. C'est un Anthologiste distingué. Quand il parle de la France, il soupire. Il a, dit-il, des amis en France. Il voudrait bien y venir. Pourtant, il regretterait sa Vaticane. Il croit à la mort violente de Grégoire XVI qui, bien qu'ayant les jambes enflées, ne voulait pas mourir, tant il était vigoureux ! Il me raconte qu'une malédiction ici est de souhaiter à un ennemi *la mort d'un Pape*. Un Pape meurt dans l'abandon, seul. Ses domestiques pillent ! Il recherche tous les morceaux inédits dans les scholiastes, les manuscrits, etc. Comme il a étudié d'une manière spéciale Alacci et ses ouvrages, nul mieux que lui ne peut m'aider.

∴

Midi. — A l'Hôtel de la Minerve, j'ai trouvé l'abbé Bourrel qui m'a conduit aux Théatins qui ont l'honneur, depuis nombre d'années, de loger NN. SS les Cardinaux français. Nous allâmes, tout d'abord, chez le Cardinal Archevêque de Bourges, vêtu de noir, chaîne d'or au cou, calotte rouge. C'est un grand et bel homme, aux formes herculéennes, d'une soixantaine d'années. Il était assis sur un canapé, et nous reçut sans cérémonial, nous montrant des chaises,à sa droite et à sa gauche. Mon introducteur fit au Prélat, à brûle-pourpoint,des compliments toulousains que le bon Prélat, à figure vulgaire et sans physionomie, avala sans trop de façons.Le bateau avait singulièrement fatigué Son Eminence ! « Aussi pourquoi ne s'était-elle pas mise en robe de chambre ! Tous les passagers étaient dans l'enthousiasme, disant que Son Eminence n'avait d'autre ennemi que sa modestie, etc. » — Je dis que « les Prelats français étaient généralement admirés et aimés, même dans l'Université. » Là mouvement d'incrédulité ! Bref, après quelques mots sur Rome, après nous avoir dit que depuis neuf ans qu'il était à Bourges, il n'était allé qu'une fois à Paris, et cela pour la barrette, il nous congédia, me disant *qu'il était heureux de voir un membre de l'Université fidèle* !

De là nous sommes allés chez le Cardinal Archevêque de Cambrai. Même extérieur ; même costume ; même réception. Mais, quand on regarde de près l'Archevêque de Cambrai,vieillard encore vert de soixante ans, on trouve dans sa physionomie une douce expression : il a des yeux doux et intelligents, les traits réguliers, la peau fine et blanche, le visage plein et ovale,les dents blanches. C'est un homme intelligent et bon. Mêmes compliments de la part du Toulousain. « Vous êtes mal venu aujourd'hui, je suis plus que jamais désabusé de tout le vain luxe de Rome, toujours vaniteuse au milieu de ses arcs de triomphe qui s'écroulent, etc. » Puis,s'adressant à moi : « Vous êtes de Limoges ; je ne connais pas votre Evêque. » — « Je pourrais presque vous en dire autant, Monseigneur: je crois qu'il ne nous regarde pas comme ses enfants ! Il ne nous a jamais fait qu'une visite, et pour nous complimenter, devant nos élèves, des vertus que nous n'avions pas. » — Cependant, M. Bourrel m'encourageait du geste. — « C'est ainsi qu'on parle aux Rois ! ». — « Oui, Monseigneur, mais non pas à ses enfants ! Les Evêques français semblent ne point avoir pour l'Université des entrailles paternelles. » — « Oui, mais l'Université a-t-elle pour eux de la piété filiale ? » — « Plus que l'on ne pense, Monseigneur. » — Alors nous nous entendîmes. Le Prélat ne nous est point hostile comme son collègue. Il se loue des collèges de son diocèse. Un jour, dans une visite pastorale, il est allé visiter je ne sais quel collège, « et M. Salvandy, bien que je n'eusse fait autre chose que mon devoir, m'écrivit, de son lit où le retenait une indisposition, une lettre de remerciements ! » Il m'a ensuite demandé des nouvelles d'un ancien Censeur de Limoges, M. Brégeot. Le gendre de notre Maire, le Professeur de chimie à l'Ecole secondaire, a été son enfant spirituel : il l'aime encore beaucoup, a appris avec joie qu'il se porte bien, et m'a chargé de le complimenter. « C'était le fils d'un pauvre marchand ; il a bien fait son chemin ; aussi était-ce un bon petit garçon. Et déjà c'est un homme, etc. » Puis nous avons parlé du bateau à vapeur, des prix, du trajet, etc. Nosseigneurs les Cardinaux français ne sont point accoutumés à ce grand luxe de Rome. Le Consistoire aura lieu le 23, et le 9 ils partiront de Civita-Vecchia. L'archevêque de Cambrai nous a retenus longtemps, et ne semblait pas fatigué, lorsque l'Archevêque de Bourges est venu interrompre notre conversation. Nous nous sommes retirés. L'Archevêque de Bourges nous a reconduits jusqu'à son antichambre qu'il a traversée avec nous. Nos Prélats sont sans faste et naturellement simples comme le sont les Français aujourd'hui. L'un des deux Prélats, j'ai oublié lequel, m'a parlé de M. Camaret, ex-recteur de Bourges. « M. de Salvandy m'a promis, il y a deux mois, de le rapprocher de la Flandre où il s'est marié (il est devenu Flamand), et j'ai ouï dire que M. Camaret a été fait recteur d'Amiens. M. Salvandy a été fidèle à sa parole ! ».

Au sortir des Théatins, l'abbé Bourrel m'a dit que nos Cardinaux ont déjà vu le Pape qui les a reçus cordialement, les appelant « chers collègues. »

Le Pape leur a témoigné tout le mécontentement que l'Autriche lui cause, ajoutant : « qu'il est prêt à soutenir la lutte », et disant en montrant le Crucifix : « Voici ma force ! » « Ces jours derniers, m'a dit encore M. Bourrel, le Cardinal Orelli disait : « Le Pape est un saint ; les circonstances sont très difficiles ; mais je crois que c'est Dieu qui a fait le Pape, et nous nous reposons en lui. Ainsi, ajoutait M. Bourrel, tous les cardinaux n'ont qu'une voix pour louer le Souverain Pontife.» Dans l'intimité de la conversation, M. Bourrel ne fait pas grand cas de l'intelligence du Cardinal de Bourges ; quant au Cardinal de Cambrai, il le loue beaucoup, et vante surtout son immuable sérénité d'âme, et l'égalité de son humeur.

* * *

5 heures. — Le 7 et le 8, des rassemblements ont eu lieu, comme je crois l'avoir noté, et l'Ambassadeur d'Autriche a été insulté, celui de Toscane, au contraire, a été fêté par le peuple. J'ai eu le tort de ne pas suivre un des attroupements ; mais l'abbé Bourrel a été témoin oculaire de ces faits, et me les a appris. Le Pape a gourmandé les Romains dans une affiche, et a déclaré que les coupables seront poursuivis.

* * *

Lundi 13, 6 h. du soir. — Hier des affiches annonçaient la distribution *gratis* d'une lettre du Cardinal de Bonald, extraite de l'*Ami de la Religion*, en faveur de Pie IX. Il paraît qu'ici on attache grand prix à l'approbation de notre Primat. Je crois que c'est le Cardinal de Cambrai qui m'a parlé de M. Camaret...

*
* *

Jacobs s'est fait moquer de lui au Vatican, m'a dit l'abbé Matranga, en envoyant en cadeau un exemplaire de son Anthologie avec cette épigraphe : *Anthologiam diu ignotam primus*, etc. L'abbé Matranga est grand admirateur de M. Saint-André. Il pense, comme lui, que l'ordre alphabétique pour l'Anthologie est excellent.

*
* *

L'abbé Matranga m'a communiqué, Dimanche 2 septembre, deux manuscrits. L'un contient des pièces de l'Anthologie recueillies autrefois par Allacci, et copiées sur les manuscrits d'Allacci, par l'abbé Matranga. Voici ce que j'ai écrit sur les gardes de cette copie de l'abbé Matranga :

« J'ai collationné toutes les pièces sur l'édition de Jacobs, 1813-1817. A la vérité, j'ai trouvé une grande conformité avec le manuscrit d'Heidelberg ; mais il est vrai aussi que certaines variantes m'ont singulièrement frappé. Les pièces marquées par moi n'ont pas été trouvées dans Jacobs : mais il serait bon de les rechercher de nouveau, et avec attention ; mon travail a été si rapide ! ».

L'autre manuscrit contient des lettres érotiques également copiées par l'abbé Matranga sur les copies d'Allatius. Je crois que ces lettres sont d'Alciphron ! Nous verrons.

Voici ce que l'abbé a écrit sur son premier manuscrit : « *Haec e manuscripto Allatiano*, *in Bibliotheca Vallicelliana existente, exscripsi summa cura mense sextili anni 1839,* Petrus Matranga. »

Sur le deuxième il a écrit : « *E codice manuscripto Allatiano exscripsi a. 1839.* P.M. »...

*
* *

5 heures. — En revenant du Vatican, nous avons causé avec épanchement, l'abbé Matranga et moi. Il se plaint de l'honneur stérile d'être appelé disciple du Cardinal Maï qui ne lui a jamais rien donné ! Et pourtant il est riche ! Le Cardinal a une bien riche bibliothèque ! L'abbé aurait pu être évêque grec en Calabre ; il n'a pas voulu ! Il se plaint de chagrins ! A Rome, *mendicant artes*, dit-il. Il collationne des manuscrits pour de l'argent. Il travaillera pour moi pour 12 francs par jour. C'est ce que lui donnent les Allemands qui le font travailler ! Quand on lui demande ce qui est au Vatican, il répond : « Ce qu'on veut y chercher. ! » Il est épris de sa chère bibliothèque. Il se plaint des petites persécutions des médiocrités. Car il paraît qu'aujourd'hui, de tous les employés du Vatican, il est à peu près le seul qui sache travailler. Il m'a fait promettre de ne rien dire de nos découvertes au Cardinal Maï, tant la jalousie est grande !

*
* *

Mardi, 14 septembre, 6 heures du matin. — Hier, à six heures du soir, nous sommes allés au café, l'abbé Matranga et moi ; il m'a payé des glaces. Il me disait, chemin faisant, parlant des scrupules du Cardinal Maï qui le détournait de publier des érotiques inédits : « Vous avez les mystères de Paris ! Ah ! si l'on faisait ceux de Rome ! » Du reste, comme tout le monde le sait, rien de plus leste, de plus dégagé que les allures du clergé romain ! Au café, nous avons trouvé nombreuse compagnie. Un chrétien du Liban m'a parlé de la France et des malheurs de son pays ! Il dit que la France n'a rien fait ! C'est un professeur d'arabe à je ne sais quel Collège. Nous nous sommes serré la main. Il avait reçu des nouvelles du Liban, il y a vingt jours. L'abbé Matranga m'a raconté une partie de son histoire. On l'a fait venir à Rome, ou plutôt le Cardinal Maï l'a tiré de sa patrie, lui représentant que Messine est une trop petite ville pour lui, ce qui est vrai. A Rome, on l'a fait vice-recteur d'un Collège grec, avec la nourriture et cinq écus romains de traitement par mois, environ 30 fr ! Au bout de cinq ans, l'Archevêque-recteur a fait tomber (?) le Collège. On proposa alors à l'abbé,la direction d'un Collège en Calabre, avec le caractère épiscopal : il devait faire des ordinations de prêtres grecs. Cette proposition a été refusée ! « De là tous les malheurs de M. l'abbé que l'on honore, mais que l'on ne paie pas ! ». Quand le collège grec fut réorganisé sous un autre nom, on oublia l'abbé. Pourtant là l'histoire me semble peu claire. *Parum cohaeret*. Et puis, le cher abbé est bavard et passablement volage. On a pu trouver, sous ce rapport, mieux. C'est le cas de dire : « Amitié de grand seigneur n'est pas richesse. » J'ai été, moi, sans avoir les talents de l'abbé, plus heureux.

⁂

Les manuscrits d'Allatius sont à la Bibliothèque *Vallicelliana*. C'est l'Oratoire des prêtres de Saint-Philippe de Neri; cet oratoire est connu sous le nom de *Chiesa nova*. C'est là qu'on honore la Vierge sous le nom de *Vallicella*.

⁂

Quand l'abbé Matranga parla au Cardinal Maï de la vie d'Allacci par le disciple d'Allacci, cette Eminence s'écria: « Il y a quatorze ans que je travaille jour et nuit à la Vaticane, et je ne connais point cela ! » L'abbé a mis aussitôt le manuscrit dans le tiroir. Le Cardinal le fait travailler des hivers entiers, sans le payer, et en lui disant merci. A l'occasion l'abbé fera connaître ce qui est de lui dans les ouvrages du Cardinal.

∴

5 heures. — Je sors du Vatican bien fatigué. Vers midi et demi a paru, à l'improviste, le Cardinal Archevêque de Cambrai, avec trois ou quatre ecclésiastiques français et les valets de la suite. Le Cardinal était en noir, calotte rouge, chaîne d'or, bas violets. Nous renouvelâmes connaissance, je laissai là mes livres et, avec l'abbé grec, nous nous joignîmes à la suite. D'abord, on fit voir au Cardinal les manuscrits du Térence, de Virgile, du Tasse, de Dante, etc., etc. Le Cardinal était ravi d'admiration. Quand il vit le manuscrit de la *République* de Cicéron, dont on a fait reparaître les caractères, il s'écria : « Que j'en lise un mot, et je me crois savant ! » S'étant levé, il me parla de la vanité des biens d'ici-bas, me disant que Rome lui rappelle la faiblesse de l'homme par l'impossibilité d'admirer, par la briéveté de la vie, etc. Je lui dis : « *Omnia vanitas, praeter amare Deum !* » Il me serra la main, affectueusement, et d'une manière que je n'oublierai jamais. De là, nous allâmes aux galeries où sont peintes les vies de Pie VI et de Pie VII, qui le touchèrent, comme elles m'avaient touché. Il parlait sans cesse du mépris que lui inspiraient ces idoles des Démons, et de l'aveuglement humain, mais avec conviction ! Nous passâmes de là à la Bibliothèque palatine et,

dans une occasion, parlant du christianisme, il me dit : « Que n'êtes vous professeur de philosophie ! Vous donneriez de bons principes ! » Il aime les arts, et, voyant des peintures, il [disait de temps en temps]. « Oh ! que n'est-il donné de posséder quelques parcelles de ces merveilles ! » Il visita avec intérêt les imprimés qui occupent les appartements des Borgia, demandant à voir les portraits d'Alexandre VI et de César Borgia. Il paraît qu'il y a 40.000 manuscrits au Vatican. Nous visitâmes ensuite les musées des statues. Il remarqua que Tibère avait une tête intelligente, et il a raison. A chaque instant, il criait à la stupidité des Egyptiens adorant la laideur, le laid, et le copiant dans leurs statues! Arrivé à l'Apollon, au Laocoon, il était fatigué, et je l'étais aussi, n'ayant encore rien pris depuis mon lever.

En visitant le musée étrusque, il me dit avoir lu quelque part que les Etrusques connaissaient la circulation du sang. En admirant les objets d'art trouvés dans des tombeaux étrusques, il me dit que les arts, comme les langues, étaient un don de Dieu et avaient brillé dès les premiers temps. Combien j'ai admiré le Méléagre ! L'Alcinoüs est devenu un Mercure. En visitant la chapelle Pauline, voisine de la Sixtine, il me dit que la langue humaine manquait de paroles pour exprimer tant de merveilles, et il a raison. De là, nous le conduisîmes à son carrosse, et, arrivé chez mon traiteur, je dîne de grand cœur. Ce matin, on parlait de la révolte de la Sicile. On ajoutait toutefois qu'elle était rentrée dans le devoir. Voici la légende que l'on raconte à Rome aujourd'hui. Un dragon portait au gouverneur autrichien de Ferrare une lettre. Ce gouverneur, ou ses gens, lui tirèrent, en signe de mépris, la moustache. Le dragon, armé d'un pistolet, tua plusieurs Allemands, et périt ensuite. Cette légende exaltait le narrateur !

*
* *

Nous vîmes au Vatican le portrait d'un pape, limousin, je crois. Le Cardinal de Cambrai me le montra en disant : « Voyez. » Je ne sais comment il m'arriva de parler aussi de Muret, disant qu'il était Limousin. Alors le Cardinal me dit qu,il avait eu pour professeur de rhétorique, un vieillard qui avait été le professeur de son père et de son grand-père. « Le brave homme nous fit faire notre rhétorique en latin ; il ne voulait point entendre parler d'exemples français,et nous citait souvent Muret. » Ce bon Cardinal ne me donnait sa main à baiser qu'en hésitant, sachant que je suis Français. Il me parlait d'un homme qui, étant venu à Rome pour six mois, y était demeuré cinquante ans : mais je lui ai dit « qu'on aime d'autant plus la France qu'on s'en éloigne davantage. » Quand je lui dis que, grâce à lui, je voyais au Vatican bien des choses, il me dit « qu'il était heureux de m'être utile en quelque chose ! » Les belles miniatures lui suggéraient une foule de questions : « Pouvons-nous en faire de pareilles? » — « Nous ne sommes, Monseigneur, ni assez habiles, ni assez riches pour les payer. » — « Mais notre énorme budget ! » — Je souris en lui disant qu'il portait la main à l'arche sacrée, et il sourit à son tour. Dans une circonstance, il me montra un degré pour que je ne me fisse point de mal.

En visitant la chapelle Sixtine, je dis : « J'aime mieux Raphaël. » — « Vous avez raison, me dit le Cardinal, Raphaël a plus de foi que Michel-Ange. » Puis il nous raconta comme Michel-Ange, chargé des peintures, fit descendre les échafaudages, se fit hisser au plafond et commença à peindre, ajoutant que Michel-Ange avait un orgueil effroyable. Dans une circonstance où je disais que la beauté des Romains d'aujourd'hui rappelait les merveilles de l'art grec, il me dit que j'avais raison. Il remarqua aussi que les anciens Romains avaient le front fort haut. Mais toutes ses pensées, sans affectation aucune, étaient tournées vers la Religion. Nos prêtres français sont de dignes prêtres. En voyant les instruments du martyre des premiers chrétiens, il dit : « Que ces temps sont loin de nous ! » — « Il n'y a que cinquante ans, Monseigneur. » Il me comprit et, comme je disais qu'un seul évêque avait apostasié, il me nomma quatre évêques coupables, me désignant et leurs noms et leur sièges. A chaque instant il disait : » C'est la fin des musées ? ». et l'abbé Sicilien répondait : « Pas encore. » Ce pauvre Prélat a donné, partout, de grand cœur, de l'argent aux *custodi* : pourtant ces gredins ne sont pas contents ! Nos Prélats français sont étonnés de tout ce luxe de Rome, et se sentent dépaysés ici. L'évêque de Rhodez et celui de Fréjus sont à Naples !

∴

Ce matin, vers 9 heures, Dom Piétro Matranga et moi, sommes allés au Vatican Chemin faisant, nous avons visité l'imprimerie *de Propaganda fide* [de la Propagande], où l'abbé est professeur. Il me disait, me montrant les ouvriers : « Voici un homme qui a enrichi le Cardinal Maï. » (?) Il est en qualité de professeur à la Propagande où il mange avec six écus par mois, chargé de surveiller l'imprimerie de la Propagande Le feu Pape dont il parle avec attendrissement, lui a assuré une petite pension de 40 écus. A cela ajoutez la survivance d'une place de 1200 fr. à la Vaticane. et vous aurez le résumé de tous les revenus de notre abbé, qui ne pourrait pas vivre, malgré son savoir, sans son patrimoine ! Le Cardinal Maï, d'après ce qu'il m'a raconté, le traite, parfois, durement : « Voulez-vous que je vous paie de ma bourse, lui disait cette Eminence, dans une circonstance où le pauvre abbé réclamait protection. » « Mais j'aime et respecte le Cardinal Maï ; et puis que dirait-on si je perdais ses bonnes grâces ? Parfois nous allons promener en voiture,et quand il me rencontre,il m'offre place. D'ailleurs, n'est-ce pas lui qui m'a appelé à Rome ? » Il m'a appris que le Cardinal Maï devait le chapeau au hasard. « Pie VII l'avait fait *custos* du Vatican comme est aujourd'hui Monsignor Lauréani. Grégoire XVI, pour faire custos Mezzofante qui, quatre ans après, a été cardinal,bien que ce soit un *batteur de syllabes,* a donné le chapeau à M. Maï qui était à la Bibliothèque depuis vingt ans !

L'abbé m'a ensuite parlé de son Collège de Calabre où il fit un voyage. On lui donna à Rome cinquante écus romains pour les frais de voyage. Dans son collège, il trouva les élèves couchant ensemble, pêle-mêle, sans chaises,sans bancs. Les prêtres professeurs vivent au milieu de leurs disciples, en chemise, en caleçon. Le supérieur avait dans sa chambre une paire de pistolets et une longue liste d'antidotes.Le soir, on n'allumait pas les lampes dans la crainte des coups de fusil des brigands. Bref, notre pauvre lettré eut si peur de ce séjour, que laissant là école et prélature, il revint à Rome, où, à faute d'argent, on lui a donné de la considération. Ce pauvre homme est si bon ! Pour me faire plaisir, il a passé toute la journée avec le cardinal français dans les Musées !...

⁂

8 heures. — J'ai donné aujourd'hui 20 fr. au gardien du Vatican, relieur de son métier, pour quelques volumes que je destine au Saint-Père et pour des cahiers de papier. Il me reste encore 735 fr. L'argent va vite ! Ce soir, j'entrai dans un cabaret pour changer une pièce de monnaie. Des gens du peuple me parlèrent français, et

m'invitèrent à boire. J'acceptai, ce qui parut les étonner. Du reste, ils firent apporter du vin, je bus un coup et partis. Ils semblaient tenir à honneur de connaître un peu de français ! Le grand vicaire du Cardinal Archevêque de Bourges est un grand homme louche, qui semble dépourvu de moyens intellectuels.

⁂

15 Mercredi, 4 heures du matin. — Je travaille à copier les notes de la vie de Saint Martin pour l'exemplaire destiné au Pape. Au milieu des merveilles du Vatican, le bon Cardinal s'occupait hier de chercher des preuves que les premiers chrétiens honoraient les Saints, etc, contre les Protestants. Il a été tout aise de trouver une épitaphe chrétienne dans laquelle on invoquait un bienheureux. Puis, me montrant sa calotte, il me dit : « Nous devons toujours être prêts à répandre notre sang. » C'était à l'occasion des persécutions de l'Episcopat de France Je parlais avec orgueil de Champollion [le] jeune au Musée Egyptien : « Oui, me dit le Cardinal, mais il est mort ! »

⁂

... J'ai vu... jusqu'ici les trois catalogues grecs, les deux catalogues latins de la Bibliothèque palatine. Je n'ai point trouvé trace d'un second manuscrit palatin grec. Aujourd'hui, je mettrai en ordre mes notes, Dieu soit loué ! Voilà mon travail en bonne marche !

Il sera bon de revoir sur l'Inventaire tout ce qui regarde Sulpice Sévère.

⁂

1 heure 1/2. — [Je consulte l'] *Index manuscriptorum graecorum Pii PP. II et Reginae Suecorum.*

*
* *

2 h. 1/2 — Je sors du Vatican, bien fatigué ! Chemin faisant, on parle à Don Piétro Matranga de la Sicile qui est en révolte. Les insurgés se seraient emparés d'un bateau à vapeur, et de la plus forte place de la Sicile, laquelle les Anglais ont surnommé le petit Gibraltar. Avant-hier, l'Ambassade de Naples, à Rome, en a reçu la nouvelle. Le Calabre serait en insurrection. Hier soir, a eu lieu un consistoire où se trouvait le Cardinal Antonelli, etc. Un général autrichien serait venu demander au Pape le passage à travers ses etats. Le donnera-t-il ? Quelqu'un disait : « Si le Pape l'accorde, il y aura révolution ici. » Un autre : « Vous entendrez dire qu'il y a plus d'un Autrichien assassiné. » Mon abbé me contait entre ces nouvelles politiques les traits que lui a faits le grand Cardinal ! Le Sicilien en garde rancune. Le Cardinal est jaloux, envieux, fourbe en petites choses, etc. Il traite son copiste en valet, et le copiste sent ce qu'il vaut ! C'est l'histoire de d'Orville et de Reiske, que me contait à Saint-Martin, en Normandie, M. Saint-André. Vers la *Strada Gregoriana*, en revenant, (car jusqu'ici j'ai mêlé les conversations du retour et celles du matin), nous rencontrâmes l'abbé Lefebvre, et, abordant mon copiste d'un air dégagé, il lui dit que le délégué de Bénévent se louait de tout hier soir et qu'il est cependant parti dans la nuit. L'abbé Lefebvre, au dire de Don Piétro, a une histoire fort mystérieuse. D'abord Don Piétro dit que c'est un bon prêtre ; et, à l'occasion, il fait un bel éloge du clergé français qui est savant, régulier, etc. Mais l'abbé Lefebvre, chanoine français, demeure à Naples,

et pourtant séjourne souvent à Rome, par ordre du Pape, dit-il. Mais il est si facile de faire parler le Pape dans la conversation. Du reste, il est riche, et a fait des cadeaux, pontificaux par leur richesse, à différentes églises...

A l'instant où j'écris, mon traiteur, car j'écris en dînant, me dit que Milan est revolté! Voici une nouvelle version du même traiteur. Les Autrichiens seraient maîtres de Milan : mais dimanche dernier, à l'occasion de la prise de possession du nouvel évêque de Milan, le peuple avait chanté l'hymne de *Pio IX*, les Autrichiens auraient fait feu sur le peuple, beaucoup de personnes auraient été tuées !

∴

J'oublie de dire que *Monsignor Maggiordomo, prelato di mantelletta*, s'est présenté aujourd'hui à la Bibliothèque, et a tout visité. L'abbé grec l'a accompagné. Le monsignor qui paie tout, et dans les mains de qui passent, chaque année, trois cent mille écus, s'est enquis des catalogues des imprimés, et a trouvé à dire. J'oublie de dire aussi qu'on dit à Rome que l'opulent prince Borghèse, remarié, donne chaque année 40.000 écus aux employés de sa maison ! Il fait bâtir pour ces employés un hôtel vis-à-vis de son palais. J'ai remarqué que les Romains d'aujourd'hui bâtissent, comme leurs pères, avec de la chaux mêlée de pouzzolane.

∴

Mon Sicilien, dont je suis un peu fatigué, dit que les Siciliens se sont révoltés pour la *liberta*, et il répète avec joie ce mot de *Libertà*...

∴

28, Via dei Coronari, [c'est l'] adresse de M. [de] Cormenin (Timon), à Rome ; [elle] m'a été donnée par le libraire Merle.

*
* *

Jeudi 16 septembre, 9 h. 1/2 — Au Vatican.

2 heures. — Rien de nouveau. J'ai encore travaillé ce matin, et je suis content du résultat de mes recherches.

3 heures 1/2. — L'abbé Lefebvre est, dit-on, un bâtard du duc de Berry. Il a bien la figure bourbonienne, le nez surtout. Mais quels petits traits de femme !

9 heures du soir. — J'ai bien peu écrit, aujourd'hui. Que dire quand on travaille toute la journée ?

*
* *

Vendredi 17 septembre, 11 heures. — Je suis au Vatican depuis 9 heures ; mais aujourd'hui, point de clefs ! Une erreur a été commise. Je profite de cette occasion pour terminer ma lettre à Monsieur de Schonen et pour écrire à M. Saint-André. Ce matin, l'abbé Sicilien m'a dit qu'il est allé, hier, au Quirinal ; il a remis ma lettre de l'Ambassade au maître de chambre, son ami, que je devrai visiter avant tout. Ce maître de chambre lui a fait voir les lettres reçues par le Pape. La Sicile est rentrée dans le devoir : les mécontents ont gagné les montagnes : un prince, chef de la révolte, a été mis en jugement. L'abbé m'a remis une lettre savante sur l'Anthologie ; il m'a fait un fac-simile de mon manuscrit de Sulpice Sévère. A cette heure il collationne le nº 130, Anthologie de Planude, sur mon édition de Henri Estienne.

*
* *

Monsignor Lauréani me fait prier de hâter mon travail ? Pourquoi ? Grâce à Dieu, il s'avance.

∴

[Voici la dédicace mise par Jacobs sur l'exemplaire de son édition de l'Anthologie, offerte à la Vaticane :]

Anthologiam graecam
nunc demum
ad fidem Codicis Palatini Heildelbergensis
editam
Bibliothecae Vaticanae
cui
unicus ille codex
per centum et octoginta
annos
ornamento fuit
sacram esse voluit
Editor.

Ecrit sur un petit feuillet de l'édition de 1813. 1817. L'écriture de Jacobs est ronde et bien formée...

∴

5 heures du soir. — En passant auprès du Panthéon (la Rotonde) j'ai remarqué que ce beau temple avait autrefois un revêtement de marbre blanc, sur la brique, à l'extérieur, de quatre ou cinq pouces d'épaisseur.

Ce matin, ou hier matin, mon abbé Sicilien me disait (il salue tous les prêtres profondément) : « Tel homme... disait : « Je salue tous les prêtres, parce que chacun d'eux peut devenir, un jour, mon Roi ! » J'ai été faire visite au Prélat Lauréani, et ne l'ai pas trouvé. Je lui écrirai demain. Il faut être souple à Rome. J'ai beaucoup à me louer de l'Ambassade de France. Je vais écrire au Pape.

∴

Très Saint Père,

Un Français, humble et fidèle enfant de l'Eglise catholique, ose ouvrir son cœur au Père commun des chrétiens et lui découvrir, avec simplicité, l'objet de ses vœux secrets.

Elevé chrétiennement par feu mon père, vieux soldat de l'Empereur Napoléon et par une sœur aimée, morte saintement, il y a cinq ans (je recommande mon père et ma sœur à vos prières), je suis heureux, après un long voyage, de déposer aux pieds de Votre Sainteté les premiers essais de ma plume, en la suppliant de bénir l'ouvrage et l'ouvrier.

Je suis membre de l'Université de France et Professeur de Troisième au Collège royal de Limoges, l'une des villes les plus commerçantes de la France. Toujours, (Dieu m'en est témoin), j'ai rendu dans ma chaire témoignage à J.-C.

Oh ! qu'il me serait doux de porter, dans cette même chaire, sur l'hermine de l'Université de France, la croix d'un des ordres pontificaux. Je vous ai ouvert mon cœur,

Très Saint Père. Si mes vœux sont téméraires, considérez que vous seul les connaissez et étendez sur moi le manteau de votre charité.

Monsieur l'Ambassadeur de France vous dira qui je suis. si Votre Sainteté daigne abaisser les yeux sur un humble et dévoué enfant de l'Eglise catholique.

HERBERT,

Licencié ès lettres de l'Académie de Paris,
Professeur de Troisième au Collège Royal de Limoges.

Rome. 17 septembre 1847.

Voici la lettre. Nous verrons le succès. En tout cas, j'espère porter la croix pontificale en bon catholique, si le Saint Père me l'accorde. S'il ne me l'accorde pas, je ne l'aimerai pas moins, car je l'aime tout comme un autre.

*
* *

10 heures du soir. — En vérité, il faut avoir du toupet pour écrire une pareille lettre au Pape... [Du reste, l'occasion est bonne. Dans l'état présent des affaires, on peut décemment, étant Français et universitaire, demander de bonne grâce, une croix pontificale]. J'ai vu aujourd'hui, en revenant de l'ambassade, la fontaine de Trévise : c'est la plus belle chose du monde. Une rivière entière qui jaillit dans un vaste bassin. J'ai ce soir, *nel Corso*, rencontré mon Irlandais, orangiste, qui, à l'âge de 65 ans, voyage pour son plaisir, avec sa vieille femme du même âge, sans savoir une seule langue! car il ne parle ni anglais, ni français, ni latin, ni italien ! C'est chose curieuse que ce couple, encore leste et gaillard, et

pourtant décrépit. Je les ai vus au bateau, ils ont été de là deux jours à Naples ! d'où ils sont venus à Rome, où je les trouve partout comme une grotesque apparition.

J'apprends en soupant qu'il y a quatre récoltes de figues, et que la bonne est celle d'octobre.

*
* *

J'oublie de dire que mon abbé Sicilien a fort mauvaise opinion des moines qui, dit-il, prennent cet état pour manger sans travailler. Il me montrait un jour un Grec converti, et, par un geste expressif, m'indiqua la faim.

*
* *

Samedi 18 septembre, six heures du matin. — Je me suis levé de bonne heure et j'ai préparé tout pour l'audience pontificale, l'Anthologie annotée avec une lettre, Sulpice Sévère annoté et terminé à la main.

*
* *

Je donnerai, à 8 heures, cinquante francs à l'abbé Sicilien pour quatre jours de travail. Travaillera-t-il encore aujourd'hui pour cette somme ? Nous verrons. Il me reste 660 fr., les 50 fr. donnés. L'argent va vite.

*
* *

L'abbé me fait écrire mon nom de baptême avant mon nom, dans ma supplique. Sur la supplique même, *verso*, j'ai écrit : *Au Très Saint Père Pie PP. IX*, et j'ai repété cette adresse sur l'enveloppe (1).

(1). Ici nombreuses notes sur des manuscrits de la Vaticane.

Il est une heure. Je suis chez moi, rue Borgognona. J'ai dépensé en chapelets environ 17 francs. J'ai : 1° un petit chapelet d'argent, en nacre ; 12 médailles blanches de Pie IX ; 3° 4 chapelets à gros grains blancs ; 4° 10 chapelets assez élégants ; 5° 12 chapelets rouges ; 6° 5 chapelets noirs ; 7° 7 chapelets communs ; 8° 7 chapelets communs.

⁂

Ces MM. de la Vaticane ont un petit désir de se débarrasser de moi ; mais je les gagnerai petit à petit. Je dois remercier les vacances. Dans tout autre temps, jamais je n'aurais eu une telle liberté. En allant au Vatican, en voiture, avec l'abbé Matranga (car depuis cinq jours je le conduis et le ramène en voiture), nous avons rencontré l'abbé allemand, bibliothécaire de Saint Philippe de Néri, où sont les papiers d'Allatius. J'ai mis pied à terre pour le saluer. Il m'a promis de me faire voir sa bibliothèque. Tiendra-t-il parole ? Cet abbé a changé de religion, dans sa vie, trois ou quatre fois, mais enfin il est dans le bon chemin. Il était temps, car il a bien cinquante ans. L'abbé me parlant de Rome, m'a dit que c'était une ville débauchée et voleuse, *scilicet* fondée par des voleurs et une catin. Je vais dîner. Aurai-je audience du pape aujourd'hui ? Tout est prêt.

L'abbé doit me faire acheter l'hymne de Pie IX, paroles et musique ! C'est fort bon.

⁂

M. [de] Cormenin est introuvable.

⁂

Que dire de Saint Louis des Français ? Que c'est une toute petite chapelle qui n'est remarquable que par son nom.

[On y voit le tombeau du peintre Claude Gelée, dit *le Lorrain*] : *D.O.M. Claudio Gelae Lotharingo, ex loco de Chamagnes orto*, etc.... [On y trouve encore le tombeau de Pauline de Montmorin] *D.O.M. Après avoir vu périr toute sa famille, son père, sa mère, ses deux frères et sa sœur, Pauline de Montmorin, consumée par une maladie de langueur, est venue mourir sur cette terre étrangère. F. A. de Châteaubriand a élevé ce monument à sa mémoire*. Le bas-relief est bon. La jeune mourante, sur son lit, lève les yeux vers les médaillons de ses parents sous lesquels on lit : *quia non sunt* ! Belle et touchante réminiscence de l'Ecriture !

*
* *

San Lorenzo in Lucina, auprès du café *Novo*, contient encore beaucoup de tombeaux de Français.

*
* *

Il est onze heures. — Je suis au Quirinal, auprès d'une fontaine, vis-à-vis l'appartement de *Monsignor Maggiordomo* (1), à qui l'abbé est allé rendre visite. Nous sortons du palais Altieri, demeure du Cardinal Angelo Maï, à qui nous avons fait visite. Après avoir traversé tous les appartements d'honneur, nous avons trouvé son Eminence dans son vaste cabinet, écrivant, au milieu d'un vaste bureau, couvert de livres et de papiers. Il était en robe de chambre brune, à revers rouges, calotte rouge. Les traits du Cardinal, vus de près, sont un peu gros. Pour avoir toute la perfection dont j'ai parlé (voy. 8 septembre), ils ont besoin d'être vus de [loin.] Le Cardinal a environ 60 ans ; mais c'est un solide

(1). Monseigneur le Majordome.

vieillard qui porte légérement, comme un Atlas, le poids de sa science, et n'en est point accablé comme l'abbé Molza, qu'on prendrait pour un homme ivre, ni comme Monsignor Lauréani qui paraît niais. L'abbé a baisé la main. Le Cardinal ne voulait pas me la donner, mais j'ai insisté, disant que je voulais baiser la main qui déchiffre les palimpsestes Tout d'abord nous avons parlé Bibliothèque Palatine. Le Cardinal dit que les Badois se sont emparés à Paris de tous les manuscrits provenant de la Palatine.... entre autres les Annales de l'Université d'Heidelberg, un manuscrit dont j'oublie le nom, qui est unique et qui contient la langue intermédiaire entre le goth et l'allemand actuel. Aucun des manuscrits de la Palatine emportés à Paris n'a été rapporté à Rome ! Quant aux autres manuscrits, ils ne sont revenus qu'en partie. Par exemple, tous les manuscrits des trouvères, publiés par Renouard relativement à la langue d'*oc*, sont restés à Paris. Les médailles sont restées à Paris : on n'a rendu que des choses communes ! L'Eustathe sur parchemin (4 vol. in-fol) est resté à Paris; on a rendu un exemplaire en papier, etc., etc. Il a ajouté : « Ce sont des pillages particuliers des employés. » Je disais au Cardinal, que pareille chose avait été faite en 1623. Il me répondit : « Tous les pillages se ressemblent. »

***

Midi, chez le traiteur. — J'attends l'abbé dans une antichambre du Quirinal. Comme j'écrivais, est venu le *Maestro di camera*, avec l'abbé. C'est un médecin de Naples, neveu d'un ministre récent. Ce petit homme, noir, est venu à moi, dans l'antichambre, et bientôt une foule de visiteurs me l'ont enlevé. A deux reprises, je me suis recommandé à lui pour ma visite au Pape.

Il m'a promis. J'ai vu le *maggiordomo*, gros garçon de ... ans, suivi d'un *ombre*, c'est-à-dire d'un laquais, en grand costume qui suit tous ses mouvements, à huit pas de distance. Je reviens à ma narration.

Comme je disais au Cardinal que les manuscrits de la Palatine n'étaient pas tous à Rome, (?) qu'il y en avait même dans le vieux fond Vatican, nous avons parlé des catalogues du vieux fond Vatican, et j'ai appris que l'index supplémentaire de *l'inventorium* des manuscrits grecs de ce vieux fond est enterré dans le tiroir d'un employé du Vatican (à Rome, dit mon abbé, tout se fait !) : il me faudra donc relire l'inventaire grec, trois vol. in-folio ! Comme le Cardinal se plaignait des catalogues du Vatican, je lui ai parlé des Bibliothèques de France, il a beaucoup ri, en disant : « La France, ce pays à catalogues ! » Il parle assez difficilement français ! En parlant des manuscrits vendus à Bade, il m'a dit : « M. Gros cherchait, d'après l'index palatin, des manuscrits d'Heidelberg ; mais il ne les a pas trouvés au Vatican : ils sont retournés, par la permission de Pie VII, à Heidelberg. Dites-le à M. Gros. » Je voulais lui parler de la commission que m'a donnée M. Gros. L'abbé m'en a empêché. Le Cardinal parle beaucoup, et écoute peu. Du reste il sait tant, et si bien, et est si frais d'esprit, qu'il a raison d'imposer sa parole dans l'intérêt des auditeurs Après trois quarts d'heure, l'abbé demande un volume de Valckenaer, et des scholies sur Homère. Alors le Cardinal, marchant devant nous (il avait consulté son catalogue manuscrit), nous conduisit dans une longue file de pièces magnifiques où sont rangés superbement 50.000 volumes, dit l'abbé, et je le crois. Faisant grand marché de ses dignités, il se servit de ses mains comme un simple amateur, et servit l'abbé. Cela fait, comme je lui avais demandé un *libretto, audacter*, il alla au fond de la bibliothèque. Il me rapporta l'histoire de la bibliothèque Ottoboniana, etc. Je le suppliai d'écrire son nom, il se fit un peu prier, mais enfin il retourna à son cabinet de travail et écrivit au crayon son nom sur le livre. Je lui parlais chemin faisant, de Sulpice Sévère. Il m'en parla fort bien, surtout du père de Prato, dont il fait grand cas. Il me parla du travail du Père de Prato sur Eusèbe, qu'il a, etc. Il me dit qu'à Milan il y a des scholies sur l'Anthologie et des manuscrits de l'Anthologie. Il est peu au courant de l'histoire de ces scholies. En nous reconduisant, il me dit, écorchant mon nom, — nom barbare pour la bouche d'un Italien, — de me souvenir de lui. Oh ! je ne l'oublierai pas !

*
* *

Le Cardinal traite très cordialement l'abbé Matranga. Il semble en faire grand cas. Il l'a invité à venir se promener dans son carrosse (c'est signe qu'il a besoin de lui) : aussi l'abbé me disait : « Je suis son second, on le sait : c'est le grand Cardinal ; et, en quittant Rome pour mon évêché de la Calabre, je pleurais, et il pleurait aussi. »... Rien, en vérité n'est plus fascinant que ce cardinal savant, fort, intelligent et cordial ! Quand, au départ, je voulus embrasser sa main, il fit encore difficulté, sachant fort bien qu'il avait devant lui un Français. Il n'y a pas de luxe chez ce Cardinal, mais de la magnificence, comme généralement à Rome chez tous les grands seigneurs... Du reste, ce matin, l'abbé ne m'a rien raconté de curieux, sinon que les aumônes sont grandes à Rome, tant de la part de l'Etat que de la part des princes romains; mais souvent, comme en France, les prélats font tomber ces aumônes sur des catins. Telle femme compromise a cinquante écus (romains) par mois. Les servantes auxquelles on donne 5 sous par jour, sont habillées comme des princesses. L'abbé me disait cela par forme d'épisode. Il m'a aussi raconté qu'il avait vu un amoureux, un jour de solennité publique, suivre son amante, en présence du père, qui ne voyait rien, toute une journée, et baiser sa main à Saint-Pierre, au moment où tout le monde se prosterne pour recevoir la bénédiction pontificale.

*
* *

Ce matin, l'abbé n'a pas voulu de voitures : mais il m'a laissé payer ses cigares (il fume comme un Suisse), avec un laisser-aller qui ne se voit qu'à Rome ! Il m'a dit : « Vous vous rappellerez que c'est ce pauvre abbé Matranga qui vous a fait connaître le Cardinal Maï. » J'ai remarqué qu'à Rome, en général, les grands habitent, comme appartement complet, un carré à un étage élevé, deuxième ou troisième, mais un carré entier, comme le pape. Il paraît qu'en comparaison du reste de l'Italie, la vie est fort bien à Rome.

*
* *

... Ce matin, j'ai causé, chez l'abbé, avec un Sicilien, de l'Ecole Sicilienne d'architecture à Rome, à qui Palerme fait deux *scudi* par mois. Le roi de Naples fait 2 *scudi* par jour à ses pensionnaires. Il m'a dit que la Sicile contient une foule de monuments gothiques et arabes. Rome n'en a presque point ; je n'en ai pas vu un. Pourquoi ? Il m'a dit que la brique, en vieillissant, devient excellente, mais qu'elle est fort coûteuse, que Rome n'a point de pierres, et que la pouzzolane, mêlée à la chaux éteinte, fait un excellent mortier (1)

(1). Herbert, dans ce *Journal*, revient à diverses reprises sur les matériaux des édifices antiques. Cf. ce que dit Gœthe

4 heures. — Le livre que le Cardinal Angelo Maï m'a donné, est plein d'à-propos. C'est l'histoire de la Bibliothèque du Vatican.

Ai-je dit que le Cardinal de Cambrai rit du Budget ? Ce soir, je suis allé aux Thermes de Dioclétien, étant parti de la porte *del Popolo*. J'ai vu, non loin des Thermes, une prison, et j'ai entendu le bruit des chaînes, *tractaeque catenae*. Sur une embrasure, (à l'extérieur) de fenêtre, j'ai lu : *Viva Pio Nono* ! » Tout le monde aime le Pape. J'ai trouvé une procession qui visitait une église voisine de la fontaine des Thermes. De retour au *Corso*, j'ai vu une justice expéditive. Un *latronicello*, petit misérable de 12 ans, avait, dans la foule, mis la main dans la poche d'un jeune homme du peuple. Celui-ci distribua d'une main libérale des soufflets vigoureux sur la tête du voleur qui criait, cependant que les spectateurs applaudissaient. Tout se termina ainsi. Au *Corso*, je trouvai une nouvelle procession, le tout sans dignité ! Les Cardinaux envoient leurs valets à ces processions.... En revenant, nous avons rencontré des convois de pauvres gens. A Rome, les pauvres, vers la nuit, portent en l'église de la paroisse, les morts sur un brancard, ou les font porter. A l'église, une chambre est destinée à recevoir le dépôt. Et, de suite, vers huit heures, une voiture reçoit toutes les caisses, et les porte, accompagnée d'un prêtre, au lieu de la sépulture, assez éloigné de Rome, le tout sans pompe, sans suite, sans convoi, sans prières : ce sont des pauvres ! Cela rappelle le mot d'Horace :

Hoc erat infimae plebi commune sepulcrum !

Autrefois quatre faquins, accompagnés d'un prêtre, emportaient à dos les pauvres morts.

à ce sujet dans ses *Voyages en Suisse et en Italie*, trad. Porchat, Hachette, 1873, p. 189 : « .... On voit assez clairement combien une exacte connaissance des matériaux sur lesquels les arts ont travaillé, aide à les apprécier... »

Rome se sent encore de son ancienne insolence aristocratique. Les grands seigneurs, seuls ici, ont droit à un enterrement ! A ce propos [quelqu'un qui] s'inclinait dévotement au passage de la voiture funèbre, m'a raconté l'histoire d'un confesseur qui, confessant un homme qui, depuis cinq ans, ne s'était pas confessé, faisait d'abord des difficultés, puis s'adoucissait à la vue d'un *Napoleone d'oro*, puis donna l'absolution, puis, voyant son pénitent partir sans donner l'argent, lui cria : « Mais la pénitence ! », et ne donna une pénitence modérée qu'après avoir reçu l'argent. Tout cela ne prouve pas que le petit peuple soit las des prêtres. Toutefois, il aime mieux les princes romains qui sont plus charitables.

⁂

Le peuple à Rome n'est pas malheureux. Tout ici est fait pour le peuple. Les grands sont peu nombreux, et il n'y a point de tiers-état.. .

⁂

Lundi 20 septembre, six heures du matin. — Aurai-je aujourd'hui des nouvelles du Sacré Palais ? Je viens d'écrire une lettre officielle et précise à l'abbé Matranga, en lui signalant les manuscrits de Sulpice Sévère à collationner au Vatican. Nous verrons. Hier l'abbé est allé dans le carrosse du Cardinal à la promenade. Le Cardinal Maï a dit que j'ai « beaucoup d'esprit. » Il a dit à l'abbé, parlant de Sulpice Sévère, qu'il ne faut pas confondre cet écrivain avec beaucoup d'autres Sulpice.

⁂

8 heures. — Je suis à l'église des PP. Dominicains *della Minerva*. J'admire une belle

statue de N.-S. par Michel-Ange. A la bibliothèque, je ne trouve aucun manuscrit qui me concerne. J'ai vu l'édition de Florence de l'Anthologie. Je la reverrai. Pour l'Anthologie, cette bibliothèque est riche, ainsi que pour Sulpice Sévère. [Elle a des manuscrits, ma s nul ne me concerne]. Elle sera fermée le 1er octobre.

Biblioteca Casanatense [c'est la fondation d'un Cardinal Casanate,] *della Minerva*.

∴

Je suis à la Bibliothèque *Angelica*, ainsi nommée [de l'évêque] Angelo Roccha, 1545-1620. Qu'elle est riche ! Que les catalogues sont bien faits ! Quel bon ordre ! Elle ne sera ouverte que cette semaine, le matin. Elle est riche en Sulpice Sévère, plus qu'en Anthologie. Point de manuscrits. Elle appartient aux Pères ermites de Saint-Augustin. [On ne communique pas les catalogues des manuscrits.]

∴

9 heures, au Vatican. — J'attends les clefs. Chemin faisant, nous avons rencontré, au pont Saint-Ange, *Monsignore maestro di camera*, à pied, fort affairé. Les deux chevaux de la voiture venaient de s'abattre sur le pont, où s'abattent tous les jours bien des chevaux. J'ai parlé, de nouveau, de mon audience, mais j'ai été importun. L'abbé Matranga, avec qui le prélat s'est plu à causer familièrement et longuement, a été plus heureux. On parlera de moi au Pape, ce matin ! Ce Monsignore, chanoine de Saint-Pierre, semble bien éveillé, bien égrillard, bien pimpant, bien enfant gâté. Il est assez bien ; seulement, il est dommage que ses dents soient

gâtées. Quelle espèce d'hommes c'est que cette jeune prélature ! Alexandre m'a remis un cahier de papier relié, semblable à celui-ci.... (1).

*
* *

2 heures. — Rien de nouveau. M. Molza est venu, ce matin, à la Bibliothèque avec un de ses amis. Il m'a laissé parfaitement tranquille. Pourtant, ses habitudes inquisitoriales ont bientôt reparu : « Que faites-vous ? » Puis, de bonne heure, il a disparu. L'abbé a collationné cinq lettres de Sulpice Sévère, sur l'édition de 1709, ou plutôt il les a copiées sur le deuxième volume de ce journal...

*
* *

L'Ambassadeur de France n'a point écrit à Monsignore Molza. Pourquoi ? Aurait-il lu ma première lettre ? En tout cas, le *prelate* Molza m'a confirmé qu'il a été son condisciple, etc.

*
* *

Monsignore Molza a lu mon *Essai sur l'Epigramme grecque* (2). Il trouve mes raisons bonnes : mais que répondre au grand argument : « Il n'y a rien. »

(1) Ici, détails techniques sur des manuscrits de Sulpice Sévère.

(2). *L'Essai sur l'Epigramme grecque* précède la *Version du recueil d'Epigrammes grecques connu sous le nom d'Anthologie de Planude,* publiée par Herbert, à Vitry, chez Farochon, en mars 1842. Herbert était allé à Rome avec la persuasion qu'il trouverait à la Vaticane un second manuscrit palatin de l'Anthologie grecque. Il se fondait sur une note manuscrite du président Bouhier, qu'il avait trouvée sur la première garde de l'exemplaire de l'Anthologie de l'édition de Bâle 1549, provenant de la bibliothèque du Président Bouhier et conservé à la Bibliothèque de Troyes. Cf. Herbert, (*Version du recueil*, etc, p. *xliv*.)

.... Ce matin, l'abbé s'est beaucoup plaint des moines de la Bibliothèque Angelica, qui ne communiquent les manuscrits que de mauvaise grâce. Il m'a dit que le pape actuel est bon, mais de petite portée intellectuelle ; que la conjuration des poignards est une fable (je l'ai toujours pensé ainsi) ; que les progressistes, trouvant que Pie IX paie de promesses, avaient voulu le pousser en avant ; que l'ex-gouverneur de Rome, ami de Dom Matranga, était cardinal et n'avait point intérêt à une révolution ; que Pie IX lui a facilité le moyen de gagner Naples, en lui disant de *se garder de la fureur du peuple* ; que le feu Pape Grégoire XVI avait, grâce à l'usage des affaires, une certaine habileté

Ce soir, à 2 heures, en revenant du Vatican en voiture, Dom Matranga me fit remarquer ce que j'avais déjà remarqué moi-même, les portraits des anciens Papes, Pie VII, Grégoire XVI, Léon XII, à la friperie ! Et toute Rome est remplie des images de Pie IX !

∴

10 heures.— Les Théatins sont illuminés, ainsi que les maisons voisines, à cause de nos Cardinaux français qui recevront le chapeau jeudi. On illuminera encore mardi et mercredi. Jeudi aura lieu la fête à l'ambassade de France. Ce soir j'ai acheté des images relatives à la garde nationale dont je parlerai à loisir. J'ai dépensé environ 3,50, mais j'ai une belle collection ! La *Minerve*, journal romain, a censuré la *guardia civica delle donne* (1), disant qu'elles n'ont point de casquette et s'enrhumeront. Il est probable que cette ingénieuse satire ne sera pas seule longtemps. Aujourd'hui, ce pauvre abbé Matranga me montrait sa *main* desséchée ! à force d'é-

(1). « Garde nationale des dames ».

crire. Il se plaint de la paresse des censeurs qui gardent les manuscrits, quelquefois six mois, sans les lire ! Il me disait que notre Pape,assez faible, agit par demi-mesure. Le *maggiordomo* en titre est de la maison des *Pallavicini* de Grèce. Il deplaisait, et a demandé un congé. A peine a-t-il été parti que, sous ombre d'installer un *pro-maggiordomo*, on a jeté le mobilier du titulaire dans une chambre obscure des appartements envahis par le nouveau maître du palais, qui ne prend que le titre de *pro-maggiordomo*. Du reste l'abbé fait aussi le procès à la mémoire du feu Pape, qui souffrait les dilapidateurs les plus avérés. Quoi qu'il en soit, je remarque qu'à chaque avènement,il y a une réaction plus ou moins prononcée Un capitaine des Suisses, accusé de concussion,et renvoyé absous avec une gratification de 300 écus sous Grégoire XVI, vient d'être ignominieusement cassé. Heureusement pour le pauvre diable que sa femme est jolie ! Elle a, grâce au crédit d'un prince-banquier, obtenu une pension de quarante écus romains par mois. Ici, me dit l'abbé, il n'y a pas de femmes publiques, en titre officiel, mais toutes les jolies filles sont à vendre,et telle se fait jusqu'à dix écus par jour ! C'est fort honorable.

L'abbé dit encore que les Romains n'étudient pas et que lui est le seul successeur possible du Cardinal Maï. Il peut dire vrai, mais *quam impar domino* ! L'abbé prepare un petit mémoire sur l'*aes grave*. Il m'a montré une pièce curieuse d'Agrigente, en Sicile. Il prépare une édition d'un commentaire de Tzetzès sur Homère; et une histoire de la langue grecque depuis les beaux siècles jusqu'à nos jours. Il prétend pouvoir prouver, pièces en mains, que l'iotacisme remonte très haut, il parle du neuvième siècle, etc. C'est un *arduum opus* ! Nous verrons ?

∴

Demain, je ferai à l'abbé Matranga la prière de copier le Cod. 434 (vieux fond Vatican). Ce sont les Autels de Dosiade, etc.

∴

Mardi 21.... 9 heures. — Je verrai le Pape, ce soir, en audience particulière, moyennant 12 francs pour les camériers, etc !

Les camériers ont l'adresse des personnes reçues et se présentent le soir pour réclamer. En vérité, j'aurais voulu pouvoir fustiger un camerier venant chez moi pour pareil motif... (1)

∴

Je quitte le Vatican à une heure et demie, et vais avec l'abbé à la Monnaie, où, pour 25 fr. dont le reçu est ci-joint, j'ai : 1° 3 médailles dorées, grand bronze (par le galvanisme) ; 2° trois grandes médailles non dorées ; 3° 5 médailles de petit bronze ; 4° 2 de plus grand ; total 13 fr. Certes, je n'ai pas trop dépensé. Il paraît que le Vatican ne fait aucun bénéfice sur cette vente. Enfin, j'ai fini mon travail sur les épigrammes grecques et Sulpice Sévère. Il me reste de revoir mes notes et de les coordonner, ce que je ferai ces jours-ci. L'abbé Molza est encore venu à la Bibliothèque ; il est malade ! Dieu soit béni ! Sans cette bienheureuse maladie, il ne m'aurait guère laissé de loisir. Les chanoines de Saint-Pierre, au nombre de 30, ont soixante écus romains par mois. Les bénéficiers, chanoines et autres font 100 [écus romains] au mois ! Quatre cents personnes vivent, dit l'abbé, autour de Saint Pierre. L'abbé a donné deux francs au dragon, qui a apporté l'invitation pour l'audience d'aujourd'hui. L'audience sera particulière.

1) Notes sur des manuscrits de Sulpice Sévère.

Ce pauvre abbé m'a prié de dire au Pape du bien de lui. Je le ferai. A la Propagande, on lui fait durement gagner son pain : il corrige les épreuves ! J'ai porté une lettre à l'abbé Bourrel pour jeudi à l'Ambassade. Nous avons pris dans notre voiture un *Prélate* du Sacré palais qui se rendait à Saint-Pierre, à pied. Pourtant, il est jeune et riche !

∴

3 heures. — Il me reste 560 ! Comme l'argent s'écoule ! J'ai 24 francs dans les mains que je ne compte pas, plus les monnaies romaines que j'emporte en France, environ 25 francs.

∴

10 heures du soir. — A 4 heures, l'abbé Matranga et moi, sommes allés au Quirinal. Dans l'antichambre du Pape, nous avons trouvé un Prince romain, banquier, mon voisin, — Torlonia, — à la tête d'une députation de la garde civique ; je le crois du moins. Une gravure de la garde nationale était dans un beau cadre, au-dessous du Crucifix. Cette maudite députation nous a privés de l'audience particulière. Enfin, le Pape a traversé l'antichambre. L'abbé s'est avancé avec un bassin rempli de chapelets à benir et a baisé de fort bonne grace les pieds du Pape, cependant que, troublé et violemment agité depuis longtemps, je regardais en face le Souverain Pontife qui, s'adressant à l'abbé, lui demanda mon nom. L'abbé dit que j'étais professeur de grec à Limoges : « Ah ! voilà pourquoi, Monsieur l'abbé, vous êtes amis ! » Puis, se tournant vers moi : « Vous êtes professeur à Limoges ? » — « Saint Père, dis-je en lui présentant deux volumes reliés en rouge, j'ai traduit Sulpice

Sévère, historien de Saint-Martin. » — Ah ! dit le Pape en français, *que Dieu bénisse, vous et votre famille, à cause de la fatigue que vous faites pour l'Eglise !* » Il est bon de dire que *fatica* en italien est la traduction du mot *labeur* de nos protes français. Cela veut dire une œuvre de longue haleine. Cela dit, le Pape (ou avant d'avoir dit cela), voyant que je ne pouvais trouver son pied, le leva beaucoup, pour me le faire baiser. J'étais singulièrement troublé ! De là nous courûmes à la porte du Palais où nous reçûmes de nouveau la bénédiction du Pape. Nous visitâmes ensuite les beaux jardins du Quirinal.

∴

Mardi 21 septembre, 6 heures et demie du soir. — L'abbé Matranga écrit cette description de notre visite au Pape. . (1)

∴

[On lit à la Bibliothèque Vaticane] sur un marbre blanc :

Sixti V. Pont. Max.
perpetuo hoc decreto de libris Vaticanae
Bibliothecae conservandis
quae infra sunt scripta hunc in modum
sancita sunto
inviolateque observantor.
Nemini libros, codices, volumina
hujus Vaticanae Bibliothecae
ex ea auferendi, extrahendi
aliove asportandi

(1). Nous passons cette description, écrite en italien, par l'abbé Matranga, qui ne fait que reproduire exactement les détails donnés par Herbert.

non Bibliothecario neque custodibus
scribisque neque quibusvis aliis
cujusvis ordinis et dignitatis
nisi de licentia summi Rom. Ponti.
scripta manu
facultas esto.
Si quis secus facerit, libros
partemve aliquam abstulerit,
extraxerit, elapserit, rapserit,
concerpserit, corruperit
dolo malo
illico a fidelium communione ejectus
maledictus
anathematis vinculo
colligatus esto.
A quoquam, praeterquan Romano Pontifice
ne absolvitor.

∴

10 heures et demie du soir. — Nous sommes allés, ce soir, l'abbé et moi, faire visite aux Cardinaux français à l'Ambassade, ou plutôt leur faire la cour. Il y avait peu de monde, fort peu de monde ! Le Prince de Canino racontait ses prouesses.

Le 8, il s'est mêlé aux groupes, est allé chez l'Ambassadeur de Toscane, sans se faire annoncer ! l'a conduit au balcon ! a parlé devant lui et pour lui au peuple, et Dieu sait dans quel style ! de là, craignant l'édit, s'est enfui, le 9, avec son secrétaire, au Congrès scientifique de Venise. En parcourant l'Italie, il criait partout sur son passage : *Viva Pio IX ! Viva la liberta* ! etc. Arrivé à Venise, il trouva un ordre de quitter la ville sous vingt-quatre heures. Cependant, la Princesse suppliait les Prélats et les Cardinaux de demander la grâce de son mari, ce qu'ils ont obtenu. J'oubliais de dire que ce prince était vêtu en simple garde national, tandis que son secrétaire portait les épaulettes de capitaine ; et que des prêtres, à Pise, dételant ses chevaux, ont traîné la voiture ; ce qui pourrait bien être : car en Italie, les prêtres parlent aussi de *liberta* !

Tandis que l'abbé écoutait toutes ces belles choses racontées emphatiquement par le Prince, que l'on accuse d'avoir, en 1831, trahi et livré ses complices ; tandis que ce même prince parlait de faire couler le sang ! que l'Ambassadeur se promenait dans son salon désert, muet et impassible, je causais avec les ecclésiastiques attachés aux Cardinaux. Les Cardinaux, ou plutôt l'Archevêque de Cambrai, nous avait reconnus et accueillis. Le vicaire général de l'Archevêque de Bourges, attaquait l'Université. Je la défendais. Survint le Cardinal de Cambrai, toujours aimable pour moi, qui me parla de me faire Principal à Cambrai. Le Principal actuel est en disgrâce ; on lui a retiré son traitement fixe ; le Collège a deux cents élèves, et rapporte 8.000 francs, ou même plus. Je demandais une tutelle qui me déchargeât du matériel ; mais la ville ne veut pas prendre ce soin. Bref, comme je vis la conversation devenir sérieuse : « Que Monseigneur m'assure sa protection, et j'accepte. » Sur l'assurance de cette protection, comme on parlait des professeurs impies, je dis : « Qu'on les chasse ! je voudrais être maître chez moi. ! » Ces paroles plurent au Prélat qui me regarda, me dit : « Venez me voir. » Et, comme chacun disparaissait, nous nous éloignâmes des Cardinaux et des ecclésiastiques français, l'abbé et moi, après les avoir salués, et nous nous retirâmes. Si c'est la volonté de Dieu que je devienne Principal de Cambrai, sa volonté soit faite, mais qu'au moins il me soutienne, me donne son esprit de force et ne fasse pas de moi une pierre de scandale !

22 septembre, mercredi, quatre heures du matin. — Hier, nos Cardinaux étaient vêtus de noir, à la romaine, avec la calotte rouge. Ils avaient sur la poitrine d'énormes croix de la Légion d'Honneur qu'ils avaient oubliées précédemment. L'Ambassadeur était tout chamarré d'or.

∴

Cinq heures et demie. — Je viens d'écrire, au sujet de Cambrai, une lettre forte et digne au Cardinal de Cambrai : la volonté de Dieu s'accomplisse ! Mais, du moins, qu'il ne fasse pas de moi une pierre de scandale : qu'il me frappe de toute autre façon !

∴

8 heures, à la Bibliothèque Angélique. — [J'y vois ce livre] : *Disputationem circularem de Severo Sulpicio, sub praesidio Dav. Guil. Molleri, Historiae et Metaphysicae Professoris publici, commilitonibus suis publice proposuit Joannes Paulus Stoy, Hersbrucco-Noricus, Altdorfi d. 27 Novembre, an. 1686...*
J'ai vu aussi ce que dit le Père Labbé (*Bibliothèque*) ; c'est un extrait d'un article fautif et erroné du Bréviaire de Bourges...

∴

2 heures du soir. — J'ai vu un *prelate* de la maison *Borromeo*, attaché au *Sacro palazzo* ; il accompagnait à la Bibliothèque un jenne homme. L'abbé Molza a été fort aimable pour moi, ce matin.

∴

Jeudi 23 septembre 1817. — Hier j'ai terminé une lettre à M. de Schonen. (1) J'ai écrit à M. Saint-André deux ou trois lignes et lui ai envoyé hier trois médailles dorées, avec un chapelet, en le priant d'offrir le tout, bénit de la main du Pape, à Madame de Schonen. J'ai porté la dépêche à l'ambassade : elle partira le 28 !.... Le Professeur de Verceil a repris une chambre *via Borgognona*, 72, où je demeure moi-même. J'ai oublié de dire, ces jours derniers, que notre bon archevêque de Cambrai, s'extasie sur la décence, la bonne tenue, la piété du Collège des Cardinaux ! C'est un peu naïf !

∴

9 heures. — Je suis au Quirinal depuis une demi-heure, regardant et courant çà et là, un peu en dépit de la *Guardia Svizia*. Le Quirinal est loin d'être aussi magnifique que le Vatican. Dans la salle du consistoire, un maître de cérémonies, aux armes du Pape, un vrai *valet de cartes*, me dit que les princes seuls ont des sièges, *plebs habitat diversa locis*. Le feu Pape se divertissait à faire des Cardinaux : il en a beaucoup créé ! Le nouveau est plus sobre. Le même maître des cérémonies ajoute que le nombre complet des Cardinaux est 72 ; mais jamais ce nombre n'est complet, le Pape se réservant la faculté de créer à la demande d'un souverain, etc. J'ai entrevu les deux évêques français.

Enfin, nos deux Cardinaux sont venus ; ils ont été faire une prière à la chapelle où ils sont restés. Nous sommes entrés dans la salle du

(1). C'est « à M. de Schonen, pair de France » qu'Herbert avait dédié sa *Version du recueil d'épigrammes grecques connu sous le nom d'Anthologie de Planude*, Vitry, chez Farochon, imprimeur-libraire, grande rue de Vaux, mars 1842.

Consistoire où je m'étais déjà introduit furtivement, mais que j'avais quittée. Je suis à la gauche du Pape, à une dizaine de pas du trône. Les Cardinaux arrivent les uns après les autres. Je vois le Cardinal archevêque d'Imola, ancien curé de cette ville, dont le nouveau Pape a fait la fortune. C'est le paysan du Danube. Je vois le Cardinal Lambruschini, qui semble cassé par les années, mais dont le regard est encore impératif, le beau et gracieux Cardinal Antonelli... Celui qui me donne ces renseignements est un prêtre de Nice, ancien condisciple du Cardinal Dupont, de Bourges. Le Cardinal n'est pas français, mais il demeure à une demi-heure de la France. Il a, à Nice, un petit patrimoine, tel qu'on peut l'avoir dans un pays si doux, où chacun a un peu de terre Tout jeune, il était coquet, se poudrait et portait ses vœux bien haut ! Le Cardinal de la Farre l'emmena à un conclave, pour le servir L'usage est de donner une pension viagère de soixante écus romains aux prêtres conclavistes. M. Dupont demanda au lieu de la pension le titre d'évêque *in partibus*, ce qui, grâce au crédit du Cardinal de la Farre, lui fut accordé. En France, on lui contesta le titre de Français, mais il se défendit bien et il a fait fortune. Toujours il fut heureux ! Aujourd'hui encore, il a le titre d'une paroissse de Rome peu coûteuse. Tandis que le pauvre Cardinal de Cambrai en a une fort dispendieuse. Chaque Cardinal étant curé à Rome paie les fêtes de son Eglise ! Or, nos Cardinaux français, comme Cardinaux, n'ont que 25.000 fr. par an ! Ce qui est peu. Par exemple, les frais du voyage pour venir prendre le chapeau, montent à près de 50.000 fr. ce qui est horrible, à mon sens ! Mais l'Eglise romaine, elle-même, n'est plus riche aujourd'hui. Bonaparte a tant vendu ! Le plus riche Cardinal, légat de Bologne, n'a que 10.000 écus romains de revenus ecclésiastiques en tout chaque année, sans compter sa fortune privée. Le narrateur, simple prêtre romain, s'extasiait sur la fortune du Cardinal : « Et pourtant, toutes les semaines, nous allions ensemble coucher chez son père ! » Pendant ce récit, je m'étais appuyé sur la balustrade derrière laquelle étaient les sièges des Cardinaux. Un Suisse vint prendre rudement mon bras. Ce mouvement incivil irrita mon abbé de Nice. « Ce Suisse est un *tedesco*, un élève de Metternich, etc. » A ma droite, étaient deux jeunes peintres flamands, de Bruxelles, qui ont écrit ici leurs noms (1). Nous avons parlé peinture. Rubens exécutait admirablement les cérémonies pompeuses. En Flandre, on ne fait guère plus des tapis de prix. Du reste, les couleurs de ces tapis se passaient bien vite. Ces messieurs, aux manières distinguées, et en langage pur et élégant, me contaient qu'un petit garçon, tandis que l'un d'eux dessinait, s'était approché pour regarder le dessin : « Sais-tu lire ? » — *Io sono un raggazzo* ! » Que d'esprit et de vérité dans cette réponse ! C'est la belle nature antique. Cependant les Cardinaux arrivaient en cérémonie, les uns après les autres.

Tout à coup, en me retournant, j'aperçus la longue, froide, majestueuse et impassible figure de M. [de] Cormenin, tel qu'on le voit dans ses portraits. Je m'avançai et le saluai profondément. Il s'excusa : « Cette femme, mon hôtesse, ne sait pas plus le français que moi, l'italien ! J'étais à la maison ! J'étais levé, etc. » Je lui offris une excellente place qu'il refusa. A un quart d'heure de là, je lui adressai de nouveau la parole. Il connaît à peine M. Noel, a ouï parler de sa réponse. Mais on fait tant de réponses aux pam-

(1) « *Jean M.* CELS, *Josse B. J.* CELS. A côté de ces signatures, Herbert ajoute : « Ces deux messieurs, mes voisins au Consistoire, sont peintres belges, et ont reçu une excellente éducation. »

phlets de Timon, qu'il n'en lit aucune. Du reste, il a aussi ouï dire que le *libretto* de M. Noel ne manque pas d'esprit ; c'est d'ailleurs son compatriote. M. [de] Cormenin me dit qu'il était loin d'attaquer les professeurs : « Je vous fais inamovibles, je vous délivre de la tyranuie ministérielle, etc. » — Qu'il n'en voulait qu'au pensionnat universitaire — « Mais les pensions particulières sont détestables ! » — Elles s'amélioreront. » — « Mais l'education et l'instruction sont inséparables ! » — « Je n'en crois rien ! ».

Pour ma part, j'inculque à mes élèves mes sentiments, et cela imperceptiblement. » — « Les cours seront publics. » — « Mais il y aura controverse ; les enfants en appelleront à l'opinion publique. » — « Les parents seuls seront là. » — « Ah ! Monsieur, vous avez été séduit par nos mœurs constitutionnelles : ce sera une véritable chambre des députés ! » Après quelques autres paroles, il m'avoua que son projet mécontentait l'Université et le Clergé. Je lui avouai qu'il avait raison de le dire. « Mais des ecclésiastiques sont revenus à mon sentiment ; j'ai converti aussi des universitaires.» Je lui parlai des congrégations religieuses enseignantes. Il m'avoua qu'il faisait à l'esprit public français, à l'opinion, le sacrifice des congrégations religieuses. C'est, selon moi, une grande faiblesse dans un grand homme ! Je lui parlai d'une religion d'Etat : il rejette bien loin cette idée : « Ce que vous voyez à Rome est tout différent : ici, ce n'est pas un gouvernement, c'est un culte ! » Il s'élevait surtout contre la philosophie, qui est une religion à part. Je lui en ai fait grand marché. Il semble être effrayé du secret de nos classes, et dit : « que les cours de jurisprudence, etc., sont publics ! » Enfin, il me présenta M. Barre, célèbre sculpteur français, dont il parle chapeau bas, et qui vient ici pour faire l'image du Pape, me priant de lui donner ma place, ce que je fis ; mais bientôt je trouvai à reprendre mon ancienne place aux côtés du peintre, qui me promit de tracer, sur ce *libretto*, l'esquisse du Pape. Ai-je été indiscret en lui faisant cette demande ? Cependant, le Pape arriva, en simple mitre. J'oublie de dire que M. de Cormenin rêve l'inamovibilité pour les Professeurs et s'apitoie sur la tyrannie sans contrôle que le ministre exerce sur nous. Il n'a pas tout à fait tort.

Le Pape arrivé, tous les Cardinaux, les uns après les autres, allèrent baiser sa main. Cela fait, des gens rouges, des *camerieri* ou gens de même farine, vinrent (l'un d'eux), lire devant le Pape je ne sais quoi, d'une voix soutenue et accentuée. Cela fait, le Cardinal Archevêque de Cambrai vint, un peu ému, ou plutôt fort ému, baiser le Pape sur les deux joues, avec accompagnement de saluts si profonds, que ces saluts pouvaient bien s'appeler adoration et en trainant une queue de dix pieds de satin violet. A cette première cérémonie succéda une seconde lecture faite par les mêmes gens et une nouvelle adoration aux Cardinaux. Cette fois, le Pape lut la formule du serment et le fit prêter aux deux Cardinaux. Le Cardinal de Cambrai marchait toujours le premier ; le Cardinal de Bourges, peu embarrassé, marchait après, avec sa figure triviale. Ce serment prêté, nos Cardinaux allèrent embrasser les Cardinaux les uns après les autres, en leur disant : « A ce soir.... Votre Eminence, etc.... » Chacun des Cardinaux italiens répondait de son mieux. Mais, mon Dieu, que le Cardinal Antonelli est beau et gracieux ! Cela fait, le Pape s'est retiré.

Les Cardinaux, à l'instant, ont quitté la salle du Consistoire et se sont rendus à la chapelle où, je pense, ils ont rendu grâces à Dieu d'avoir à recevoir des nouveaux Cardinaux, cinquante écus romains pour chaque nouveau Cardinal. J'ai dit adieu à M. de Cormenin, qui m'a dit de le venir voir samedi, — à M. Barre, jeune homme de trente ans, qui m'a promis de faire un croquis du Pape à l'hôtel où habite M. Cormenin. A la chapelle, j'ai vu de près les cardinaux défiler les uns après les autres. J'ai vu en sortant du Quirinal l'abbé Bourrel, en grand manteau : il a été malade : j'irai le voir.

∴

Je trouve plus que jamais au Pape des allures aristocratiques, et mes deux peintres de Bruxelles disaient avec beaucoup de raison qu'il a depuis longtemps oublié son sourire. Il jouit sans faste, mais avec une certaine superbe intérieure, de sa grandeur, en homme de qualité. Il perd un peu sa gravité, et le Souverain perce dans le Pontife. Il est beau et bon ! Et pourtant il a, comme le chat de Lafontaine, l'œil luisant. Pour me résumer, je le crois homme d'esprit, de conseil et d'action. C'est un choix, s'il est vertueux, digne du Saint-Esprit.

La tenue de rigueur pour les spectateurs est le noir. J'ai eu bien de la peine à obtenir du *caporal* des Suisses, de laisser en paix nos deux Flamands dont la toilette de voyage était un peu négligée.

∴

Cinq heures du soir. — Je viens d'écrire à M Saint-André. Ce matin, j'ai demandé à M. Cormenin s'il croyait la France en état de supporter des remèdes violents ; et s'il n'y avait pas crainte que le malade ne pérît de faiblesse, tandis que nous discutons des points de théologie et de politique ; que nous ne soyons envahis comme la Pologne. « Non, dit-il, le sabre est là !

Nous aurons un maître, un tyran, à l'antique, qui nous mettra tous d'accord ! » — « Tant mieux ! », lui répondis-je. Il ne prend donc pas au sérieux sa polémique ? il ne croit donc pas à la possibilité de la liberté chez nous ?

∴

Je lui parlai du terrible effet produit par le procès Teste. Il répondit : « Tout est gâté. Tout est corrompu ! » Il m'a donné rendez-vous pour samedi.

∴

Vendredi 24, cinq heures du matin. — J'ai lu dans les journaux français, ces jours derniers, la nomination de M. Camaret à Amiens, comme l'une des Eminences de France me l'avait dit.

∴

J'ai oublié de dire que son Eminence de Cambrai m'a dit que le Principal de Cambrai, M. Paradis, est mal avec le Conseil de ville qui lui a retiré le traitement, prétendant que le pensionnat doit lui suffire.

∴

Cencio, frère du barbier du feu pape. — *Gaetanino*, barbier du feu Pape. — 2 heures. — Le frère du barbier du feu Pape poussa l'audace jusqu'à violer une vierge sur le lit de Monsignore *Maximo Maggiordomo* qui obtint avec peine son expulsion du Sacré Palais. Grégoire lui fit une pension fort honorable. Cet homme était horriblement avide. Quant au barbier, bien qu'il fût avide, il était si accort, si poli qu'on lui a tout pardonné : on pardonne tout ici ! Sa femme, laide, vieille et petite passait pour la favorite du feu Pape qui ne cachait guère son affection pour toute cette famille.... Quand le Pape tomba malade, bien qu'il soit d'usage d'appeler en pareille circonstance tous les cardinaux, Lambruschini et le barbier s'emparèrent des appartements du Pape,et mirent au pillage,papiers et argent. Lambruschini prétendait à la papauté ! Il voulait sauver certaines lettres confidentielles de l'Empereur ! Quel Empereur ? Le maudit barbier délaissa son vieux maître dans ses derniers jours, souffrit qu'on achetât pour le Pape mourant d'inanition un bouillon *trois sous* chez le premier traiteur, tandis qu'il avait du bouillon chez lui, à deux pas du Pape, son ami et son bienfaiteur ! Le fil e du barbier,lorsque le Pape fut mort, jouait du piano, dans l'entresol, au-dessous du cadavre du Pape ! Le barbier ne visitait plus son maître mourant,qui reçut les sacrements par cas fortuit ! Le feu Pape avait les entrailles si belles qu'il semblait devoir encore vivre longtemps n'eût été la faim ! Et pourtant ce barbier était le véritable maître des Etats romains ! Bonne leçon pour les gens faibles qui aiment, plus qu'eux-mêmes, certaines personnes ! Ce barbier est fort riche ! toute sa famille est riche ! Le Pape actuel, tout en lui conservant les appointements et le logement, l'a écarté de sa personne ! Et les Cardinaux meurent comme le Pape ! Le Cardinal Antonelli, fils d'un brigand, a été trésorier, et n'a pas laissé un sol dans le trésor ! Et pourtant il a été créé cardinal, avec force louanges, par le Pape actuel.

∴

8 heures et demie du soir. — J'ai préparé une lettre pour M. Gros. Je la mettrai demain à la poste, vers cinq heures, je suis allé, *girando*, au Pont-Saint-Ange et j'ai parcouru tout le quar-

tier voisin que j'ai trouvé en fête. De là, je suis revenu au cours. A la place Colonna, j'ai vu les Capucins défiler lentement, deux à deux, avec des torches de cire, par un beau clair de lune. Des *ragazzi* recueillaient, dans des cornets de papier, les gouttes de cire qui tombaient des flambeaux. Enfin, après les Capucins sont venus des prêtres, *longo ordine*, vêtus de noir, sans surplis. Puis des *facchini* portant un cercueil, pompeusement couvert d'un drap de soie, aux armes du défunt, *il signor Conte Cericio di Firmia*. Ce cercueil était un véritable lit de parade, jaune et blanc. Derrière le corps venaient deux *facchini*, chargés, chacun, d'une énorme caisse de bois qu'ils portaient sur la tête en pliant sous le faix. C'étaient des cierges ! Où trouve-t-on à Rome de la cire pour toutes ces pompes ? Ensuite venait une voiture assez modeste, attelée de deux chevaux qui sont loués à cet effet [les valets du mort ne l'accompagnent pas même !] et entourée de gens en livrée. Cet enterrement rappelle les funérailles de Pallas au onzième livre de l'Enéide. Du reste, nul chant funèbre, nulle confusion ; une lenteur et un silence majestueux : un profond respect de la part du peuple. Le défunt va paisiblement prendre possession de sa demeure dernière, seul, sans parents, sans amis ! Voilà comme on meurt ici ! Et les Romains sont si courtois, si avenants pour les vivants ! Sa voiture était vide. Et personne ne pleurait, à l'exception, — peut-être, — des chevaux, comme dans Virgile. Comme j'ai la vue basse, je ne puis rien en dire. Quoi qu'il en soit, cette pompe, à défaut de sentiment, ne manquait ni de grandeur, ni de noblesse. Dans ma promenade vers le pont Saint-Ange, j'ai remarqué les cuisines en plein vent, et la grande quantité de poissons frits que mange le peuple romain.

J'ai oublié de dire que, ce matin, en allant au

Vatican, nous avons rencontré, l'abbé et moi,un évêque arménien, modestement vêtu, suivi, à distance, d'un valet en grande livrée, plus râpé encore que son maître. Mon Sicilien s'est pris à baiser la main et l'anneau pastoral de cet évêque, qui faisait mille façons, et refusait sa main. Après le départ de cet évêque, l'abbé me dit qu'il habite Rome pour les ordinations des nationaux. « Est-il bien riche ? » — Ah ! non, il n'est pas aussi riche que vous ; il n'a que cinq écus romains par an » — « Mais comment fait-il ? il a un valet ! » — « C'est un mal nécessaire.» Un grec converti aborda notre abbé qui, lorsqu'il se fut éloigné, me dit qu' « il s'était converti pour manger, et qu'il habitait la Propagande, sans rien faire. » Mon abbé a son franc parler : et je ne m'étonne point s'il ne fait point fortune !

∴

10 heures. — Rien n'était plus froid, j'ai oublié de le dire, que les fêtes pour nos Cardinaux. Point d'acclamations ! Point de démonstrations amies ! La France, à Rome, dans le temps qui court, devrait être plus fêtée ! Au Consistoire, le corps diplomatique, n'était,je crois,représenté que par M. Rossi. Je n'ai vu que quelques curieux, tous gens bien nés, il est vrai, dans la salle. Ce n'est pas à dire pour cela que les Français ne soient point aimés à Rome ; mais, encore une fois, pourquoi, dans le rôle qu'a pris la France depuis cinquante ans, est-elle traitée, ici, si froidement ? Il est vrai que les Romains distinguent des Français M. Guizot et notre gouvernement.

∴

Je compte mon argent. L'abbé payé (je vais lui donner demain cinquante francs), mon hôte payé, il me reste 500 fr. L'argent va vite ; mais enfin, Dieu aidant, je regagnerai la France sain et sauf.

∴

J'ai rencontré ce soir le Dominicain, bibliothécaire de la Minerve ; il m'a fait un doux sourire d'invitation et d'amitié expressive. J'irai à la Minerve... (1).

∴

Samedi 25 septembre. — J'ai donné à M. l'abbé Matranga 50 fr. Je lui dois aujourd'hui

(1) Ces visites d'Herbert aux bibliothécaires italiens rappellent les visites que les savants du XVIIIe siècle faisaient à Rome, à un Vitryat, le Père Jacquier : « J'ai fait visite, il y a quelques jours, dit Gœthe, à la date du 25 janvier 1787, à un moine franciscain, le P. Jacquier, qui demeure à la Trinité-des-Monts. Il est Français de naissance, et connu par ses ouvrages de mathématiques. C'est un vieillard très agréable et très sage. Il a connu les hommes les plus distingués de son temps, et même il a passé quelques mois chez Voltaire, qui l'avait pris en grande affection. » (*Voyages en Suisse et en Italie*, Trad. Jacques Porchat, Paris. Hachette, 1873, p. 217) L'abbé Barthélemy, le célèbre auteur du *Voyage d'Anacharsis*, vit aussi en 1756 le P. Jacquier. Il écrit au Comte de Caylus. « Je compte me rendre au Capitole avec le P. Jacquier, minime, un des commentateurs de Newton, et un des plus aimables hommes que je connaisse (9 juin 1756, dans *Voyage en Italie*, p. 144,) Serieys, bibliothécaire du Prytanée qui a publié et annoté ce *Voyage en Italie de M. l'abbé Barthélemy*, etc. Paris, Buisson, an X. (1802), écrit sur le P. Jacquier (p. 390) dont il publie (p. 391) une lettre sur les mesures du Colisée, ces mots : « Il n'est point de voyageur français qui, séjournant à Rome, n'ait connu le savant Jacquier, minime : son cabinet était le rendez-vous des gens de lettres, des savants de toutes les nations, et particulièrement de la nôtre ; ses conseils, ses liaisons, ses bontés étaient pour nous du plus grand secours dans une ville où nous étions moins chéris que redoutés. Le P. Jacquier prodiguait ses services aux poètes, aux simples littérateurs ; mais il avait pour les savants une prédilection plus conforme au genre de ses études et de ses connaissances. On sent combien il devait aimer l'abbé Barthélemy. . »

samedi matin 10 francs, sans parler de la journée d'aujourd'hui. Il a à moi un exemplaire de Sulpice Sévère, un bel exemplaire de l'Anthologie de 1600 et l'édition de Henri Estienne. Tous ces livres sont pour les collations. L'abbé en est aux premiers chapitres du premier dialogue de Sulpice Sévère du premier manuscrit ; l'*Amour fugitif* de Moschus est collationné dans le n° 130

∴

8 heures. — Je suis dans l'antichambre de M. Cormenin. Chemin faisant, j'ai rencontré l'abbé Gabriel, philosophe transcendant, grand, gros, fort garçon, brillant, pimpant, de quarante-cinq ans. Il se plaint des moines qui ne sortent pas en fait de théologie des voies de la routine. « Je ne vous présente rien d'ordinaire ; il ne s'agit point ici d'autorités, de Saint-Augustin, de Saint-Thomas. Cette méthode a fait bien du mal et en fera encore. Il faut s'élever à la hauteur du siècle. Dites si mes opinions sont contraires aux dogmes de l'Eglise, si elles sont orthodoxes ou non, etc. » Il compose un ouvrage sur la philosophie de la Bible, dont il s'est gardé, prudemment, d'apporter le manuscrit en Italie où il a voyagé longtemps. Il dit que les diligences d'Italie sont sûres comme celles de France ! Il veut mettre la réforme dans Rome et dans le palais pontifical ! *Arduum opus* !

L'abbé Matranga m'a parlé en homme d'honneur : je suis content de lui. Il a du *Constantinus Rhodius*. Nous verrons. Il doit collationner immédiatement les deux bons manuscrits de Sulpice Sévère, et me faire un rapport sur les autres. J'ai promis de lui faire un billet pour le premier février 1848. Il a été content. Je viens de rencontrer M. Barre, et nous avons échangé quelques paroles.

Hieronymus Lagomarsini a préparé une belle édition de Cicéron sur force manuscrits. Cette édition est écrite à la main, au Collège romain.

*
* *

Le Père Sacchi, bibliothécaire du Collège romain. Au Collège Romain se trouve cette inscription, belle et simple :

GREGORIVS. XIII. P. M.
RELIGIONI.
AC. BONIS. ARTIBVS
M.D.L XXX III.

*
* *

Vers neuf heures, je suis allé à San Andréa della Valle, aux Théatins où sont descendus nos Cardinaux. M. de Cambrai était absent. De là, je suis allé à la magnifique église des jésuites que j'avais admirée en allant aux Théatins. Un religieux français a causé avec moi une grosse demi-heure, des enfants, de la pureté souvent violée par les bonnes, dès l'âge de cinq ans, des mauvaises habitudes que des enfants de huit ans peuvent avoir, etc. ; de l'immensité d'amour que contient un cœur de dix-sept ans ; de la nécessité de tourner cet amour vers Dieu ; de la force qu'a avec Dieu un jeune homme au sortir du Collège s'il rencontre dans sa famille de bons exemples. Ensuite, nous avons parlé de l'autorité du général, limitée pour le mal, immense pour le bien : *On nous taxe d'amour du despotisme, et rien n'est plus constitutionnel que nos règles.*» Il m'apprit que le Père Maisonable, du Puy, a été envoyé aux Etats-Unis. (1).

(1) « Dans ce couvent, résidence du Général, je vis M. de Cambrai qui me fit des reproches de mes retards et me donna rendez-vous, demain, à cinq heures du soir. » *Note d'Herbert.*

De là, muni d'une lettre de ce bon père pour le P. Sacchi, je me rendis au Collège romain, magnifique bâtiment. Le père Sacchi se fit un peu attendre. Enfin il vint. C'est un homme très grand, très fort, et dont la tête est colossale et belle. Que sa conversation est agréable ! que de raison ! que de sens ! que de tact ! Il pense du Pape comme moi. Dieu garde le Pape ! Il connaît fort bien l'état des choses en France, et a bonne opinion de l'Université. Il la juge bien. Il paraît que son cours de littérature grecque est à peu près public. Il connaît bien les libéraux ! « Ils nous haïssent parce qu'ils savent bien que les jésuites préparent une génération qui ne leur ressemblera pas ! » Il pense comme moi en politique et en religion.

Après avoir causé assez longtemps au parloir, il me conduisit à la magnifique bibliothèque du Collège romain. Quel beau local ! que de beaux livres ! Il y a là une collection de toutes les principales publications des jésuites, avec les portraits des plus illustres. Je vis notre Jouvency, Bourdaloue. Daniel, etc. En quittant le College, à midi, je demandai des nouvelles du rétablissement de 1816. « Où avez-vous pris vos nouveaux sujets ? » — « C'était une fête publique à Rome ! Des vieillards, tout blancs, s'appuyant sur leurs bâtons, rentraient au couvent, pour mourir en religion ! Cinquante ans et plus d'interruption n'avaient point éteint tous les anciens membres; des Professeurs, des novices sont rentrés ! »

Ce bon Père m'a dit une foule de choses ; que le peuple romain est bon et pieux ; que les auberges, cafés, etc., sont tenus par des *forestieri* ; que les princes et la noblesse sont pieux et généreux ; que la majeure partie des élèves sont purs (les internes,*convictores*, qui ne quittent jamais l'œil des Pères, sont nobles) ; qu'ils ont parmi les internes le fils de M. Crétineau-Joly, leur historien ; que les conservateurs sont en majorité à Rome et dans les Etats-Romains ; qu'une révolution serait ici mortelle, et que les Italiens ne se relèveraient jamais comme les Français ; que le Pape peut forcer un jésuite, *par commandement exprès*, à recevoir la pourpre.

La bibliothèque du Collège contient 90.000 volumes, tous de belle conservation. Cependant, la bibliothèque a souffert de la Révolution. Une partie des livres ont été jetés par les fenêtres. gâtés, etc. ; d'autres ont été enlevés par des pillards intelligents,et ce n'étaient pas les moins précieux. Mais, comme je le vois, on répare tous les jours ces désastres qui ont dépareillé quelques beaux ouvrages, et la bibliothèque se tient au courant des publications modernes. Elle est surtout riche en vieille librairie,ce qui n'est pas dire peu de chose. Le Père Sacchi rit du grand nombre de *Monsignori* qui sont à Rome,et il a raison. L'idée de payer une audience du Pape l'a fait tressaillir. Il ne peut croire que le Pape soit informé de cet abus. J'ai vu dans le vestibule une bien belle statue de Grégoire XIII, fondateur du Collège. J'ai été fort content des catalogues. Ils valent ceux de la Bibliothèque Angelica.

*
* *

... Ce soir, j'ai écrit à M. Alexandre, et puis, j'ai porté quatre lettres à la poste. J'ai payé vingt sous pour l'Italie. De la place Colonna où est la poste, je me suis fait conduire, pour vingt sous à Saint Jean de Latran, palais désert, église digne de la reine du monde. J'ai vu la *scala santa*, et les déserts de Rome, et le vieux mur qui tombe en ruines, et sur ces ruines les inscriptions fastueuses en marbre blanc du feu pape qui a fait relever quelques briques ! Un bel aqueduc, *arcus aquae Claudiae*, s'avance, tout rompu, dans la ville ! Quelle terrible leçon pour la vanité des choses humaines que ces ruines gigantesques ! Ces murs n'ont pas sauvé Rome ! Tous les efforts du monde réunis n'ont rien pu faire d'éternel ! Le bel obélisque de Saint Jean de Latran, avec ses cartouches si frais et si purs, serait plus propre à donner de l'orgueil ! Que de siècles cet obélisque a bravés !

∴

A Saint-Jean de Latran, où sont les chefs de Saint-Pierre et de Saint-Paul, j'ai remis à un sacristain la lettre à M. l'abbé Pieri, bénéficier de l'église. Le pavé de Saint-Jean est une belle mosaïque, en partie antique. La croix est antique, ainsi que la mosaïque du haut de la croix, je pense Auprès de l'église est le très petit palais. Dans le portique qui conduit du palais à l'église, est une très belle statue de bronze de notre Henri IV. Que fait-elle là ? Il paraît qu'on la fête peu. Elle est toute poudreuse. Cette église est, sans contredit, la plus belle après Saint-Pierre. J'ai vu Sainte-Marie-Majeure, belle église, au milieu d'un désert. Si j'étais Pape, — ce que je ne désire en aucune façon, — j'habiterais Saint Jean de Latran. Quelle belle et majestueuse solitude ! Que de grandeur au milieu du spectacle le plus frappant des vanités humaines !

∴

Dimanche, 26 septembre. — Ce matin, à huit heures, je suis monté au sommet de la colonne Antonine, rebâtie par Fontana, et je n'étais pas parfaitement à mon aise, ayant peur de tomber. Les cochers ne voulurent pas aller à Saint Paul. pour trois *paoli* : j'allai donc au Capitole, à l'Amphithéâtre de Vespasien, etc. Je remarquai que l'arc de Constantin est de beaucoup le mieux conservé. Que dire de toutes ces merveilles ? Vers onze heures, j'étais chez moi, où je trouvai le billet ci-joint A midi j'étais à *San Andrea della Valle* où j'attendis audience jusqu'à une heure. Le Cardinal de Cambrai est bien fatigué : sur deux jours il en a un de mauvais. Nous avons d'abord parlé de Cambrai, des partis, du maire, du Principal, du Conseil. Les partis sont fort vifs et fort animés ; toutefois, ils dégénèrent souvent en désirs de prédominer personnellement. Toute l'influence, tout le pouvoir se résume sur une trentaine de têtes. Le maire n'a point une majorité compacte ; cette majorité se compose d'hommes de tous les partis. Le Principal n'est point un homme méchant ; c'est un phraseur qui parle trop, et avec inconséquence ! Du reste, il est bien noté à l'Université. On en fera un proviseur, s'il a assez de tête pour cela. Le Maire adresse des plaintes contre lui aux inspecteurs d'Académie, mais ce sont si petites gens ! Monseigneur n'a qu'à se louer de M. de Salvandy : « Vous avez disgrâcié M. Camaret ! » — « Mais oui, c'est un Voltairien ; vous l'avez désiré. » — « Moi ! nullement ! je ne puis que lui reprocher sa rigidité à suivre ponctuellement toutes les instructions ministérielles. » — « Mais il a tort ! Il y a là à prendre et à laisser ! Les recteurs doivent connaître les intentions du ministère ; il faut protéger les Frères, les Sœurs, et complaire aux Evêques. » Finalement, M. de Salvandy a promis de renvoyer M. Camaret en Flandre ; et il a tenu sa parole. Le Cardinal a été fort satisfait d'apprendre que M. Camaret est à Amiens. Son Eminence m'a fait asseoir sur le même canapé qu'elle-même. « Ainsi donc, si le principalat de Cambrai vient à vaquer, je puis compter sur vous ! » — « Oui, Monseigneur. » — « J'ai déjà fait un Préfet (ce sous préfet de

Valenciennes était si bon !) et un Evêque ! Avez-vous entendu parler de la démission de l'Evêque de Soissons ? Sa démission est à Rome. On nommera bientôt son successeur. » Le Cardinal me recommanda, si j'étais jamais appelé à Cambrai, de louvoyer entre les partis, sans heurter qui que ce soit. « Ce ne sera pas chose facile ! » Il se loue beaucoup de son séminaire, singulièrement amélioré depuis quelques années : et du reste, il ne fait point concurrence à l'Université. Il a endetté son diocèse de 200.000 fr. en établissements pieux, en jardin des plantes (il enseigne un peu de médecine à ses curés), etc. Le diocèse de Cambrai a environ 30.000 fr. de ses biens-fonds celés. Si je suis Principal, le Cardinal me donnera un aumônier de sa main. Le Professeur de rhétorique qui a loué feu Mr Belmas de son serment civique, est fort mal noté dans l'esprit de son Eminence, il faudra s'en débarrasser. Le Collège de Cambrai a 70 pensionnaires payant 550 fr. par an. Le Cardinal connaît parfaitement, et en détail, les affaires de l'Université. Il compte 150 fr. de bénéfice sur chaque interne ! Du reste, il a parcouru les réglements de l'Université, et trouve, avec raison, que nous nourrissons trop chichement nos élèves. Ses séminaristes sont mieux nourris que nos élèves. Il a été fâché de ne m'avoir pas vu, jeudi, à l'Ambassade ; je n'ai point été invité par un malentendu. Il est convenu que je quitterai l'Italie le 9, comme les Eminences, pour attendre, en France, le résultat de la conversation de Son Eminence avec M. de Salvandy, qu'elle verra en passant à Paris. Le Cardinal signale l'agitation causée dans son diocèse par les journaux de Paris et des villes voisines.

* * *

Il est bon de dire ici que l'abbé Bourrel m'a dit que les chapeliers de Rome font payer jusqu'à 80 fr. un chapeau rouge qui vaut 20 fr. C'est, disent en riant les autres cardinaux, *la benvenuta*... (1).

Tous les chefs de maison des Cardinaux, l'épée au côté, viennent féliciter les nouveaux Cardinaux. C'est sans cesse de l'argent à débourser. Nos Prélats ne sont pas riches !

Après mon audience, j'ai attendu que ce bon abbé Bourrel qui avait fait antichambre, en m'attendant une grosse heure, eût causé avec l'Eminence. Cela fait, Mr Bourrel, le grand vicaire de Cambrai, vieillard prudent et pieux, mais bon, et moi, sommes allés au-delà du Tibre, visiter des églises, Sainte-Cécile, Saint-François d'Assise, où nous avons vu la chambre du Saint, pleine de reliques. A cinq heures, nous étions de retour à la Minerve, après avoir déposé le grand vicaire, un peu attardé, à San Andréa della Valle.

∴

Ce matin, au haut de la colonne Antonine... Ce soir, je suis allé au Cours, repassant en ma tête mon audience. Son Eminence est assez disposée à rire des airs *à toupet* de M. de Salvandy qui semble toujours sur un théâtre. Son Eminence a dit à M. Camaret : « Vous le voyez bien, avec votre extrême sévérité et votre rigorisme administratif, vous avez mécontenté tout le monde. » M. Camaret, sans être un chrétien parfait, est un de ces hommes que Son Eminence voudrait voir en majorité.

A l'arrivée de Monseigneur dans le diocèse de Cambrai, les élèves du petit séminaire ne payaient en moyenne que 120 fr. par tête. Aujourd'hui,

(1). « La bienvenue. »

cette moyenne s'élève à 275 fr. Il y a, comme l'observe fort bien l'Archevêque, homme fort entendu en administration, double bénéfice, *meilleure composition, économie de deniers*. Ce bon archevêque souffre de coliques, et les bains qui exigent trois heures, le fatiguent par la perte de temps. Il m'a raconté l'anecdote relative à un *Massimi*. Cette maison prétend descendre de Fabius Maximus. C'est remonter bien haut ! Un Empereur d'Allemagne disait à un Cardinal légat de cette maison : « Eh bien ! descendez-vous toujours de Fabius Maximus?»— « Majesté Impériale,il y a tantôt mille ans qu'on dit que nous en descendons ! » Trait contre l'origine récente de la maison de Hapsbourg. J'ai parlé de la grâce exquise du Cardinal Antonelli, mais je n'ai pas dit que cet ex-trésorier, au lieu de dépenser 10.000 écus romains (plus de 50.000 fr.) lors de sa promotion, poussa la magnificence jusqu'à 12.000. Monseigneur avoua qu'il était, au Consistoire, singulièrement ému ! La cause de l'oubli d'invitation pour moi, est que l'Ambassadeur s'est chargé de toutes les invitations des laïcs, et le Cardinal,de toutes les invitations ecclésiastiques. Et le Cardinal comptait que je viendrais sans faute. Ce soir, à cinq heures,les avenues des Théatins étaient encombrées de voitures de Cardinaux.

∴

Lundi 27 septembre 1847. — Je dois revoir les lettres de Sulpice Sévère à Saint Paulin, sur l'imprimé, et prier l'abbé Matranga de les revoir sur le manuscrit, de le décrire et d'en faire un fac-simile. Prier l'abbé Matranga de revoir la collation de la *Chronique* et de faire un fac-simile et un rapport ou description.

∴

Atelier de mosaïque et autres objets des Beaux Arts de Ferdinand Giannini, à Rome, II, Via della Croce. — J'ai vu dans cette boutique, voisine de la place d'Espagne, diverses pierres assez belles, entre autres une belle tête d'homme dont je donnais 8 fr., et qu'on me laissait pour 10 fr. — *Domenico, Francisi, giojelliere, orefice ed argentiere, Roma, via delle Muratte, n° 35.* — J'ai vu dans cette boutique, en revenant du Quirinal, un anneau d'or représentant un homme, la lyre à la main, chantant devant un Priape. On ne saurait rien voir de plus beau : j'en ai vainement offert 20 fr. [C'était un fripon ; la pierre est moderne et de nulle valeur]. (1).

∴

Midi. — L'abbé est allé hier à Frascati. Je ne l'ai pas trouvé, mais je lui ai écrit un mot. De là, je suis allé chez Giannini, où j'ai vu d'assez jolies choses, mais toutes extrêmement chères. Je voudrais bien avoir une petite lampe à l'antique et un *sigillum* en anneau. Nous verrons. A la *Strada Ripetta*, non loin de la *Piazza del Popolo*, j'ai trouvé la fille, bien faite, un peu sauvage, encore que très convenable, bien qu'elle soit horriblement grêlée, du tribun Cicerovacchio (2). J'ai demandé au-

(1). Note ajoutée par la suite.

(2). Le 15 juillet 1847, un marchand de vin, nommé *Cicerovacchio*, prétendit avoir découvert un complot militaire organisé à Rome par la réaction contre les libéraux. D'après lui, on devait massacrer vingt mille personnes en ouvrant les prisons à une centaine de criminels qui se précipiteraient dans la foule avec des poignards, et provoqueraient les milices du Pape. Les officiers de ces milices, prévenus, devaient crier alors : « Les libéraux nous assassinent ! » et faire feu sur la foule. La nouvelle de cette prétendue conspiration se répandit rapidement dans Rome. Cicerovacchio devenu le héros du jour, fut porté de rue en rue pour racon-

dience à ce personnage, en écrivant deux ou trois mots sur un papier qui lui sera remis à son retour. Et je dois le voir aujourd'hui à 1 heure et demie. La fille et la vieille belle-mère du tribun ont paru flattées de mon empressement. J'ai vu le portrait de Cicerovacchio tout à fait semblable à celui que j'ai acheté. [J'ai donné ce portrait au vieux M. d'Orbigny, à La Rochelle, le 7 novembre 1817 (1)].

En conversant, la confiance vint, et on m'introduisit dans une pièce voisine, où l'on découvrit une petite figurine, en plâtre, du tribun portant la *bandiera*. Quelle satisfaction on avait à me le montrer ! Quel doux orgueil ! « Le Pape a cette figurine dans sa chambre ! Mon père est son ami ! » Je dis à la vieille : « Votre gendre est tout puissant sur l'esprit du peuple ! » Elle me répondit : « C'est une bonne tête ! » Je lui dis : « D'où vient cette puissance ? » — « Dieu le sait. » Je me recommandai à la jeune fille, de 24 ans, pour mon audience, et me retirai. Le tribun habite le second d'une maison très convenable. Tout annonce l'aisance, sans faste, et avec l'ordre et l'économie d'une maison aisée de nos artisans de province. Point de domestiques ! Nulle idée de profiter de la puissance pour l'agrandissement de la maison. Et le tribun a-t-il le même désintéressement ? Je le verrai.

De là, je suis allé au Quirinal pour voir l'ancien barbier [du Pape]. Vers le milieu du corridor est le numéro du barbier, 37. Ainsi son traitement et son logement lui ont été conservés ! Une vieille vint me parler par une trappe : « Le barbier est absent, il défend d'ouvrir en son ab-

ter les détails du complot. Le désordre fut à son comble. Pie IX dut prendre quelques mesures pour calmer cette agitation. (Cf. César Vimercati, l'*Italie en 1848-49*, Paris, Gaittet, 1858, p. 39).

(1). Note ajoutée par la suite.

sence, sais-je qui vous êtes ? » Noter que cette demeure close est au milieu du Palais du Pape.

∴

Il est deux heures. Je quitte le tribun, dont je suis enchanté. J'ai été introduit par sa fille. Il était à table, cependant qu'une véritable cour de gens intelligents et instruits attendaient dans une pièce voisine. Le tribun averti, se leva de table, vint à moi, et, après les premiers compliments, se fit apporter une carafe de cristal et deux verres. Je bus « à la santé du Pape ! » Il répondit avec esprit : « A la santé de tous les bons Français ! » Je lui demandai comment il s'était rendu maître de l'esprit du peuple. Il répondit : « *Pauco a pauco, ragionando* (1) etc. Je lui dis de sauver l'Etat romain d'une révolution. Il a autant que moi horreur d'une révolution. Je lui dis de veiller sur les jours de Pie IX ! il leva les yeux au ciel ! Comme je lui demandai des nouvelles de ses enfants, il a encore trois garçons, sans compter les filles. L'un a appris le français. L'autre est soldat. « Pourquoi pas abbé ? Il deviendrait Cardinal ? » — « Non, » fut la réponse, mais la pensée d'un chapeau n'a nullement étonné le tribun. Je le priai d'écrire quelques mots sur ce livre,et il écrivit les lignes ci-jointes. Ces lignes écrites, je pris congé du tribun, et nous nous embrassâmes à plusieurs reprises. A l'instant de partir, je fus prié par lui de regarder une mauvaise gravure française.Cela amena à dire que le portrait du tribun n'est pas ressemblant ; il nous explique la cause de cette erreur : il était mal placé devant le dessinateur, etc. Il me donna ensuite l'adresse d'une bonne image de Pie IX. J'oublie de dire que nous

(1). « Peu à peu, en parlant ».

bûmes une seconde fois avant de nous embrasser. Comme je tenais la porte, pour partir, il voulut me faire voir ses fils : mais ils étaient dans les rues, et avaient mangé. Il me dit pour dernier mot : « *Che fa Filippo ?* » (1), d'un air de mépris. Je répondis d'une façon conforme à sa question, et dis : « Gardez bien le Pape. » Dans la conversation relative à l'image de Pie IX, sa fille me montra un petit portrait d'or que tout le monde s'accorda à ne point trouver ressemblant. En écrivant, il prenait conseil des assistants ; moi, j'étais à quelque distance, examinant les tableaux de la chambre. Le tribun est un homme en quelque sorte du beau monde, élégamment vêtu, et à belles manières. Tout, chez lui, annonce une grande aisance. Sa tête forte, accentuée, mais à traits finement travaillés, est très intelligente et très perspicace, je dirai même très aristocrate. Sa stature est haute et noble, ses épaules carrées. Il avait ôté son habit, pour manger, comme font les gens du peuple. Je ne le crois point du tout exempt d'ambition ; c'est un homme d'Etat, nullement un tribun vulgaire. Je le crois bon et véritablement ami du peuple, mais il a trop d'esprit pour être un révolutionnaire. Sans nul doute il songe aux hautes dignités, et a l'esprit de cacher ses pensées, même à sa famille. Sa peau est blanche et fine : son regard doux et accort, encore que perçant ; toute sa tenue élégante et d'excellent ton. C'est encore, à mon avis, un grand politique, un homme de la trempe de Pie IX, et ils étaient faits pour s'aimer et se comprendre. Dieu garde ces deux hommes pour le salut du peuple romain !

∴

(1). « Que fait [Louis-] Philippe ? »

J'ai remarqué que l'hommage public que je lui rendais, enivrait un peu le tribun, surtout vers la fin de ma visite.

Il ne semble pas plus buveur de vin que moi, et effleurait la liqueur du bout des lèvres. Cette ovation était aussi fort agréable à ses amis.

∴

Vincent Verdejo, professeur en mosaïque, travail en histoire, animaux, paysages, Rome, rue Condotti, nos 33, 34, 35. — Ce bon marchand m'a fait voir deux beaux anneaux. Il m'a expliqué comme grâce à la chimie moderne, le verre a remplacé le marbre pour la mosaïque, et le verre prend mille couleurs et se fond et se lamine à la bougie. C'est merveille de voir un atelier de mosaïque. J'ai vu une table de 5.000 écus romains. Dieu ! la belle chose ! Les anneaux antiques de cet homme sont médiocres... En général, ces marchands romains sont d'une politesse exquise et d'une complaisance sans égale !

— *Francesco Sibilio, fabricant de toutes espèces d'objets en pierres dures et fines, Rome, place d'Espagne, no 92.*—J'ai vu là deux beaux anneaux. Et un plan de Rome qui vaut 30 0 0 fr. Dieu veuille que le bonhomme le vende à un prince ! C'est un travail admirable.

∴

Jusqu'ici rien n'approche de mon hymne à Priape que j'admire et convoite de plus en plus. J'ai scellé ici une petite pièce d'argent de deux *baiocci et mezzo* ! Que d'esprit chez ces Romains. Voyez sur cette petite pièce l'éloge de la pauvreté, et combien frappant, et de la bouche de qui ! Je suis tout aise d'avoir un prétexte de prolonger mon séjour à Rome, où je me plais de plus en plus. Ai-je dit que la toilette du tribun était, sinon recherchée, du moins fort élégante ?

∴

Cinq heures. — Je suis enchanté de M. Capranesi, antiquaire et conservateur du Musée du Vatican. C'est un très bel homme de cinquante ans, d'une figure antique,et encore plus aimable. Il m'a parlé de l'art, en artiste. Il a connu M. de Blacas, dont il fait grand cas. Pie VII estimait infiniment M. de Blacas, et a tenu sur les fonts baptismaux un de ses enfants. M. Capranesi dit que l'art moderne en fait de pierres gravées, ne saurait approcher de l'antique. Il dit que la connaissance de l'antique est, en quelque sorte, un don du Ciel, qui n'exclut pourtant ni l'étude, ni l'usage. M. de Blacas venait souvent chez lui. Le duc de Luynes,grand amateur français, lui envoie fort poliment ses ouvrages imprimés. Il m'a donné un sien ouvrage sur une pierre gravée, avec deux belles empreintes, dans une petite boîte noire. Il m'a vendu une jolie petite pierre rouge avec une main qui tire une oreil'e. C'est un proverbe encore, ou plutôt un dicton en Italie, quand une personne a oublié une commission, de lui tirer l'oreille en lui disant : « Souviens-toi une autre fois ! » Des pierres ainsi gravées portent souvent la devise : *Memnéso*, ou bien : *Memento*. C'est un doux reproche. Je suis enchanté d'avoir vu cet excellent homme. — Cinquante sous ! et elle est antique !

∴

Ce soir, j'ai vu l'abbé Matranga. Nous sommes allés au café, où j'ai trouvé, à l'ordinaire, fort bonne compagnie.

∴

Mardi 28 septembre. — Je me suis fatigué à lire hier les deux dissertations du seigneur Capranesi, dont je suis enchanté, plus que de ses ouvrages qui sont notés par Horace : *quia ponere totum nesciet*. Au café, j'ai vu un pauvre romain, tailleur de marbre, pâle, hâve, misérable, quoique jeune. Il gagne, à faire de fort jolis ouvrages, à peine de l'eau pour boire ; je lui ai donné un paolo.

Les abbés qui étaient au café, ont beaucoup ri de la note de ce bon Cicerovacchio qu'ils aiment, du reste, beaucoup. Il paraît que ce brave homme écrit et parle le patois de Rome ! Du reste, il est poète dans ce patois, fort distingué. Puis on a parlé de l'abbé Matranga qui doit être pauvre ici, à Rome, *parce qu'*il a du mérite. Ce pauvre abbé m'a dit que le Cardinal Maï lui disait un jour : « Pour parvenir ici, cher ami, changez de rite ! » — « Oh ! non, Eminence, je suis trop heureux de dire la messe tous les jours, que disait Saint Jean Chrysostome. » C'était certes bien répondu.

***

Je suis allé voir l'abbé, qui m'a montré des notes d'Allaccio, qui a fait le catalogue *grosso modo* des manuscrits inédits de la Palatine, etc. Nous sommes allés de compagnie à Saint Philippe [de] Néri où j'ai vu la bibliothèque de Baronius (1), son buste, ses manuscrits (le *Martyrologe romain*), les livres de Saint Philippe, etc. Du reste, la bibliothèque a beaucoup de manuscrits. Mais le bibliothécaire a les manus-

(1). Le Cardinal Baronius (1538-1607, est l'auteur des énormes *Annales ecclésiastiques*, 12 vol. in-folio, qu'il composa à la demande de Saint Philippe de Néri. Il a publié aussi le *Martyrologe romain*, avec notes, Rome, 1586. On l'a surnommé le *Père de l'histoire ecclésiastique*.

nuscrits d'Allatius. (1). J'ai vu la fameuse Bible d'Alcuin. La bibliothèque, dont les catalogues m'ont semblé médiocres, m'a semblé fort médiocre sous le rapport des imprimés. Je me suis senti malade et j'ai abrégé la visite. De là, je suis allé acheter quarante sous le Virgile traduit en italien. De là, je suis allé chez le fameux antiquaire, garde du Vatican, qui a fait sa fortune à chercher des antiques pour le musée Borghèse, après le pillage de Napoléon. J'ai acheté le sacrifice à Priape pour 10 fr. (reste à faire monter), et j'ai donné ma *main* à monter. Je devrai prendre aussi le *Jupiter* et l'*Annibal* de l'abbé. Que de belles choses j'ai vues ! Cet habile homme prétend qu'un curage du Tibre paierait toutes les dettes de l'Etat Romain ! et sans risque de fièvres ! J'ai aussi acheté quatre lampes pour 5 fr. Ce n'est pas cher ; mais elles sont en terre. Mes anneaux seront montés en argent, pour un écu. Ce n'est pas trop cher. J'ai promis de remettre trois brochures relatives aux monnaies au Musée de Limoges, et de servir, à Limoges, les intérêts de ce brave homme. Je lui écrirai en écrivant à l'abbé Matranga Il m'a dit que Winckelmann (2) lui même s'était

(1). Les Allatius (*Leone Alacci*), né à Chio en 1586, d'une famille grecque, vint en 1600 à Rome, où il enseigna au Collège des Grecs. Le pape Grégoire XV l'envoya en Allemagne pour faire transporter à Rome la Bibliothèque d'Heidelberg. Alexandre VII le fit bibliothécaire de la Vaticane. Il mourut en 1669. Voyez sur l'Allacci, Moreri, *Dict. hist.*, Paris, Coignard, 1699, t, 1, p. 145 ; Bayle. *Dict. hist. et crit*, Amsterdam, 1730, t. I. p. 663 ; Angelo Maï, *Nova bibliotheca Patrum*, t. VI, p. V-XXVIII ; Demetr. Rhodokanakis, Pandora, t. 18, n. 429 ; t. 19, n. 433, 442, 444 ; Pœfel., *Philologisches Schriftsteller-Lexikon*, Leipzig, 1881, p. 4, etc. Herbert parle de Leone Allaccio, dans son *Essai sur l'épigramme grecque*, p. *l j* et suiv., dans *Version du recueil d'épigrammes grecques*, etc, Vitry-le-François, 1842.

(2). Voy. sur Winckelmann la belle étude de Walter Pater, *The Renaissance, studies in Art and Poetry*, London, Maccmillan and Co, 1893, p. 187, que nous nous proposons de traduire. Justi a composé une monographie sur Winckelmann,

trompé deux fois, prenant pour antiques des figures modernes ! que tous les plus habiles s'y trompaient ! Il explique très bien toutes ces pierres et en possède d'une rare beauté ! Quel beau Scipion j'ai vu, provenant d'un chevalier romain, et encore entouré de fer! Que l'empreinte en est belle ! J'ai porté des feuilles de l'*Anthologie* au Collège Romain, au Père Sacchi. A la Minerve, je n'ai pas trouvé l'abbé Bourrel.

*
* *

3 heures. — J'ai par inadvertance passé un feuillet, que j'écris à l'encre rouge. — Pour avoir ma suite d'idées, il faut donc suivre l'encre noire. Aujourd'hui, j'ai acheté pour quarante sous la traduction d'Annibal Caro de Virgile, au *Corso*. La Bible d'Alcuin, à Saint-Philippe, est grand in-4°, sur parchemin, à trois colonnes. L'écriture est en tout pareille à celle du Puy. Au couvent des Jésuites, où réside le Général... La chapelle où est le corps de Saint-Ignace, est très magnifique : du reste, toute l'Eglise est fort riche ; les marbres précieux, les peintures exquises, l'or brillent de toutes parts, mais plus encore le bon goût et le bon ton. Au Cours, chez le libraire qui m'a vendu Virgile, j'ai vu le *Suidas* de Kuster (1), les poètes latins de Bodoni de Parme, in-

1868-72, que les Allemands considèrent comme un chef-d'œuvre. Rossignol (*Services que peut rendre l'archéologie aux études classiques*. Paris, Labitte 1878, p. 291) juge ainsi Winckelmann. « Dirai-je à cette occasion ma façon de penser sur ce grand antiquaire ? Il était doué assurément d'un sentiment élevé et très juste du beau dans les arts ; mais il manquait d'un solide fond d'érudition classique. Il n'était pas dépourvu de critique, mais il lui manquait celle qui déploie toutes les ressources du raisonnement pour mettre la vérité en pleine lumière. Il sentait beaucoup plus qu'il ne raisonnait, ce qui ne suffit pas, quand on expose la théorie des arts, la dialectique est alors une nécessité. »

(1). Ludolphe Kuster, helléniste allemand, né à Blomberg, dans le Comté de Lippe en 1670, voyagea en Angleterre et en France, où Louis XIV le gratifia d'une pension de 3.000

f°, etc. J'ai recommencé à manger du citron, dans l'espoir d'être guéri de mes coliques.

J'ai remarqué que le libraire Merle a fait venir de Paris toutes nos vieilleries : réglements, etc, relatives à notre garde nationale,et qu'il vend et étale cela à Rome !

∴

Mon savant antiquaire me disait : « On copie, mais sur la copie on ne retrouve plus l'*anima* de l'original. »

∴

Mercredi 29 septembre, 6 heures. — J'ai été éveillé, ce matin, par le bruit du canon. Qu'est-ce à dire ? Saint Michel est-il si grand seigneur à Rome qu'on tire le canon en son honneur ?

Le hasard m'a fait trouver ce papier écrit de la main de l'abbé. Je le colle ici. J'ai pris,ce matin, les deux pierres de l'abbé,l'*Annibal* et le *Jupiter*. L'abbé se charge de mes affaires à Vérone. Les bibliothécaires du Vatican l'ont un peu tourmenté, mais toutefois, il trouvera le temps de terminer Sulpice Sévère le plus tôt possible. La collation du Père de Prato, pour la *Chronique*, est exacte. L'abbé me l'a certifié. Il croit que le manuscrit de la *Chronique* est du XIe siècle !

∴

J'ai vu ce matin *Francesco Marconi*,[d'] Ancona. J'ai bien à me louer de ce jeune Italien. Il m'a prié de lui envoyer de France le commen-

livres et où il devint associé surnuméraire de l'Académie des inscriptions.Ce savant mourut en 1716. L'un de ses ouvrages les plus estimés est une édition du *Lexicon* de Suidas, Cambridge, en grec et en latin, 1705, 3 vol, in-folio. Pierre Herbert en a légué un exemplaire à la Bibliothèque de Vi[r]y.

taire de Dante par *Biagioli*. Ce commentaire a été imprimé à Paris (1).

*
* *

Le Prince banquier, Torlonia, mon voisin, fait bâtir des églises de moines et ouvrir des places, *ad urbis ornamentum et civium commodum.*

*
* *

Midi. — Je viens de compter mon argent. Ma chambre payée, il me reste encore 435 fr. Sur cela, j'aurai 20 fr. à donner pour mes anneaux. Je consacre désormais tout mon argent à mon retour, pour lequel il me restera, j'espère, 350 fr., ce qui n'est point trop.

*
* *

7 heures et demie. — A deux heures, je suis allé à l'Ambassade. Point de lettres de France ! Le Chancelier m'a fait politesse et m'a offert les services de l'Ambassade pour mon départ. Moi, de mon côté, je me suis mis à sa disposition. De là, après bien des façons, je suis allé à Saint Paul en voiture, pour quarante sous. J'ai eu quelque peine à faire changer mes 5 fr., mais enfin, à force de tête je n'ai point été volé. Avant de parler de Saint Paul, il est besoin de dire que c'est un monastère de bénédictins qui possède l'église. Le monastère est fort beau, mais fort

(1). Brunet (*Manuel du libraire*, Paris, édition de 1820, t. I, page. 497) signale ainsi ce livre : « DANTE, *La divina commedia*, col comento di G. Biagioli, Parigi, 1818-19, 3 vol. in-8°. M. Biagioli, admirateur enthousiaste de Dante, semble avoir écrit son commentaire plutôt pour faire un continuel éloge de ce poète que pour en expliquer les endroits difficiles. »

négligé. J'ai surtout admiré un charmant petit cloître intérieur. En voici le plan. Les moines habitent le premier étage seulement : aussi, le bas est-il fort négligé. Ils passent l'été à Rome, à cause de l'*aria*, et ne reviennent au couvent qu'à la mi-novembre. Toutefois, chaque matin, quatre moines viennent desservir Saint Paul. Le couvent que j'ai parcouru, est textuellement désert. J'ai trouvé sur les terrasses du cloître une foule d'inscriptions chrétiennes, latines et grecques, toutes rompues. Elles proviennent des fouilles pour les fondements de la nouvelle église. L'une est de la famille *Sulpicia* ! J'ai vu presque entière l'ancienne inscription de l'église, *Deo et Sancto Paulo*, etc., en marbre noir. Une inscription, toute moderne, épargnée par le feu, est assez curieuse. Il s'agit de l'Empereur Joseph II, et de Léopold, son frère. Il est dit que Joseph, ayant admiré ce temple bâti par Constantin, ces colonnes, etc., *templum majestate sua decoravit. Ne periret... memoria, abbas et* ..La satire a survécu aux colonnes ! L'offrande de Joseph, s'il eût été plus généreux, aurait péri dans les flammes. Les inscriptions enfouies sous terre, ont été trouvées, dit-on, toutes rompues. Les caractères semblent sortis du lapicide. Quelques fragments ont été rapprochés. Mais tout cela, exposé au pillage, gît dans le plus triste abandon, comme le reste du couvent. Grand Dieu, qu'il y a ici à réformer ! Que dire de la nouvelle église ? Je n'ai pas vu l'ancienne : mais je trouve la nouvelle fort mesquine. Tout sent ce que les anciens appellent *opus tumultuarium* ! Les marbres ne sont pas massifs ! ils sont placés sans art ! tout est fait avec parcimonie ! Je parle du chœur que feu Grégoire s'est hâté de terminer pour y mettre son nom et ses armes. Le pauvre défunt avait à un haut degré la maladie des inscriptions ! Pourtant l'église terminée aura de la magnificence, sans approcher de Saint-Jean-de-Latran. Sa perte me paraît irréparable. Du reste, je dois dire que la nouvelle église se fait, autant qu'il est possible, sur le modèle de l'ancienne, et que les travaux de maçonnerie se font en conscience, les Romains modernes étant, comme leurs pères, excellents maçons. Quelle a été la cause de l'incendie ? un accident ? un crime ? Il y a à Saint Paul, comme à Saint Pierre, une porte qui s'ouvre au jubilé ! Le vestibule a été conservé. L'église et le couvent visités, je suis allé souper dans une petite auberge voisine, au désert, à trois cents pas de Rome, pour douze sous. Dans cette maison, je fus textuellement assiégé à table par une quinzaine de gros chats. Des fiacres et des omnibus font sans cesse le trajet, surtout les jours de fête. En revenant à Rome, j'admirai les murs de la ville, portiques à l'intérieur, tours à l'extérieur, le tout de belles briques, mais en ruines. Ils ont pu être de défense autrefois ! Auprès de la porte de Saint Paul, porte gigantesque, est une belle pyramide en pierres. De qui ? J'oublie de dire que, sur la route, de distance en distance, sont de petites charpentes pour se mettre à l'abri des bœufs, qui passent souvent et en grand nombre... Rentré en ville, je retrouve le désert. Car Rome moderne est perdue, comme un point imperceptible, au milieu de Rome antique. Je remarquai surtout ce mélange de richesses et de misères, — cet aspect d'une maison dont le propriétaire, jadis riche, a conservé des goûts de haut luxe au milieu d'une extrême misère ! J'ai ensuite gravi, d'une haleine, [le] *monte testaceo* ; ce qui n'est pas dire peu, car ce tumulus factice, composé réellement de têts de pots cassés, est une véritable colline assez escarpée ! Je suis encore, grâce à Dieu, montagnard. La nuit m'a empêché de jouir du coup d'œil de Rome et des ses environs. J'ai ensuite trouvé le Tibre, puis enfin le *Campidoglio*, et le Cours, mon cher

Corso !. Je rapporte quelques fragments d'une mosaïque antique de Saint Paul. J'ai trouvé des galériens, hôtes du couvent pour le temps des travaux de l'église, où ils sont employés. Je leur ai donné vingt sous. Ai-je dit que, dans une prison de Rome, j'ai trouvé dernièrement, en grosses lettres : *Viva Pio IX ?*. Les anciens ne gravaient pas leurs inscriptions avec le même soin que les modernes. De là provient souvent la difficulté de lire. Les inscriptions enfouies de Saint Paul sont très curieuses sous ce rapport. Les fragments de colonnes, les colonnes qui ont échappé au désastre, sont utilisées dans la réédification. On dit que Pie IX veut voir tout terminé pour 1850. Cela est possible, car les constructions sont terminées et la nef de l'église reste seule à orner. Quoi qu'il en soit, Saint Paul, citoyen romain, *civis Romanus*, est loin d'être logé, à Rome, aussi magnifiquement que Saint Pierre, pauvre pêcheur hébreu !

∴

Jeudi 30 septembre, six heures et demie du matin. — Aller chez de Romanis pour Leichius, — chez Pétrucci, pour L. Ho'stenius. — Voir l'Anacréon gravé, — Où est la bibliothèque du Cardinal Quirini ? Y voir le manuscrit de Reiske. (1). — Voir l'abbé pour Constantin de Rhodes. —Demander le catalogue de... (?) pour l'édition *princeps*.—La bibliothèque du Cardinal Zélada?

(1). Jean-Jacques Reiske (1706-1774) helléniste et orientaliste, né dans le duché d'Anhalt, professeur d'arabe, puis recteur de l'université de Leipzig, a publié beaucoup d'articles dans les *Acta eruditorum*, une traduction latine, de l'arabe, de la *Géographie* d'Abul-féda, et. du grec, de Chariton, des *Animadversiones ad graecos authores*, Lipsiae, 1756-66, 5 vol. in-8°, les *Oratorum graecorum quae supersunt monumenta*, Lipsiae. 1770-1775, 12 vol. in-8°, etc. — Cf. *Mnemosyne*, VIII, p. 297.

[est dispersée : une partie est au Vatican].—Saumaise et ses livres. — *Codex Barberinus?* (1).

∴

Je suis allé, en sortant de la boutique de Pétrucci à la Minerve. Quelle immense église ! Quel vaste cloître ? [Il est] divisé en deux parties, l'une pour l'hôpital, l'autre pour les moines. On ne trouve généralement personne dans ces vastes couvents où tout est ouvert, de sorte que, comme moi aujourd'hui, le pauvre étranger, avant de trouver à qui parler, a le temps de s'égarer, pour une demi-heure.

Quels magnifiques bâtiments ! Enfin, j'ai trouvé un grand et fort personnage, vêtu de blanc, portant au front une profonde et large cicatrice, qui m'a parlé en français de l'abbé de Lacordaire qui est au couvent. Il est Provincial de France, où il a ouvert trois couvents, etc. Enfin, j'ai trouvé la porte du deuxième bibliothécaire ; mais il est absent. Je frappai, en désespoir de cause, à la porte du premier bibliothécaire : « Qui est là ? » — « *Francese* ». Et je vis apparaître un gros moine replet, court, vêtu en veste ronde et culotte de nankin, à l'air hardi et peu sacerdotal, accablé sous le poids de cinquante ans d'oisiveté. Il me parla de l'impossibilité de voir la bibliothèque en temps de vacances, comme on parlerait en France de l'impossibilité de monter à la lune. Je le quittai, admirai de nouveau les vastes bâtiments, écrivis, dans la loge du portier, un mot pour le *Secondo custode*, que j'ai

(1). Ici notes prises dans : *Sepulcralia carmina ex anthologia ms. graecorum epigrammatum delecta, cum versione latina et notis, cura Jo. Henr. Leichii, Lipsiae*, 1745, in-4°, et dans quelques autres ouvrages consultés chez Petrucci, le libraire antiquaire dont Herbert a parlé à diverses reprises. Le *Leichius* se trouve parmi les livres d'Herbert déposés à la Bibliothèque municipale de Vitry-le-François.

rencontré au mont Pincio un dimanche, et, en passant à la Minerve, laissai mon nom pour ce brave abbé Bourrel, qui est toujours à courir le monde. Au *Corso*, je rencontrai un capucin (ou un autre enfant de Saint François), conduisant un âne, portant deux paniers et du bois. C'est, sans doute, la quête du bois. Car ces pieux mendiants, à chaque saison, font une quête particulière (?), celle des oranges, etc. En allant dîner, je revis Petrucci. Dois-je prendre son Sulpice Sévère ou son Anthologie ? Nous verrons. En attendant, je dîne de grand appétit.

*
* *

...A deux heures et demie, j'étais au Capitole : je ne pourrai le voir que demain. A la Prison de Saint Pierre, j'ai vu la colonne où les saints ont été enchaînés, l'eau qui a servi à baptiser les gardes ; le tout est bien conservé. Un Français, de grande apparence, et sa femme, visitaient avec moi ce saint lieu. Il m'a dit que la partie du Capitole, qui est antique, servait à la garde des Archives. Non loin du Capitole, j'ai vu une petite église, temple antique, sans nul doute, dont les portes sont de bronze, ce qui est bien riche ! Les deux colonnes de l'extérieur sont de porphyre. Le temple d'Antonin et de Faustine est une église chrétienne. Je remarquerai, chemin faisant, que les enfants de Saint François vivent dans une grande familiarité avec le petit, très petit peuple : cet ordre vise à la confiance des lazzaroni.

*
* *

Dans l'église de Sainte Françoise, Romaine, où est le corps de la sainte(1), et les pierres où Saint

(1). Fondatrice des *Oblates*, morte en 1440, canonisée par Paul V en 1608.

Pierre posa les genoux, alors que Simon, *fultus daemonibus*, s'éleva dans le ciel, je copie l'épitaphe suivante. Je dirai en passant, que ces pierres sont recouvertes par des grillages de fer doré, sans doute à cause du dommage que leur causait la piété des pèlerins : car elles sont creusées ! C'est ainsi qu'à Saint Pierre, j'ai vu le pied de bronze du saint usé. Au-dessous d'un bas-relief en marbre blanc fort délicatement travaillé représentant le retour du Pontife à Rome (*Petri Pauli Oliverii opus*) :

CHR. SAL.

Gregorio undecimo, Lemovicensi, humanitate, doctrina, pietateque admirabili, qui, ut Italiae seditionibus laboranti mederetur, sedem pontificiam Avenione diu translatam, divino afflatus numine, hominumque maximo plausu, post annos septuaginta Romam feliciter reduxit, Pontificatus sui anno septimo.

S. P. Q. R., tantae religionis beneficiique non immemor. Gregorio XIII Pont. opt. max. comprobante, anno ab orbe redempto M.D.LXXXIIII, pos., Joanne Petro Draco. Cyriaco Matthaeio Coss., Jo. Bapt. Albero, Thoma Bubalo de Cancellariis priore (1).

Le tombeau, de marbre blanc, orné de deux colonnes de marbre jaune, et d'un cénotaphe de marbre gris et de deux statues de femmes en marbre blanc, est fait à la grecque.

∴

(1). Epitaphe de Grégoire XI, pape d'origine française et limousine.

De l'église Sainte-Françoise, je suis allé à la *Villa Palatina*, possédée par un lord anglais. Sa Grâce a fait construire un petit palais gothique ! au milieu des ruines antiques ! Cette villa est médiocre. De là je suis allé dans la villa *Fernesiana*, propriété du roi de Naples, où j'ai été fort mal accueilli par l'Intendant de son Excellence l'Ambassadeur napolitain qui jouit de ces jardins fort mal entretenus. Cet intendant m'a appréhendé au corps, pour me faire reculer ! Toutefois, j'ai eu le loisir d'examiner ces lieux à mon gré. J'écrirai à l'Ambassadeur, de telle sorte que l'Intendant pourra payer cher sa rusticité. De là, je suis allé vers la partie de la montagne, occupée, m'a-t-on assuré, par le palais des Césars, vis-à-vis le Cirque Maxime. En regardant le plan de Rome, je trouve qu'ils ont raison. J'ai vu la loge de l'Empereur, etc. Le gouvernement fait faire des fouilles dans l'ancien palais ; ce qu'on trouve est fort peu de chose. J'ai vu quelques mauvaises fresques. Il paraît que la ruine date de bien haut : car dans ces chambres j'ai lu sur les fresques des noms grecs et latins, écrits au couteau, sur le mur, dans un temps où évidemment le palais était déjà désert ; et les lettres des noms sont d'une haute antiquité. Le gouvernement donne quinze sous par jour aux pauvres qui creusent la terre. Il songe à faire déblayer ainsi tout le mont Palatin ; mais il y a peu à trouver ; tous les marbres ont été enlevés de longtemps ; on ne retrouve que quelques fragments. Il faut convenir que la loge de l'Empereur est la plus belle chose du monde ! Le tout est de briques ! De là, je suis allé à une espèce d'arc de triomphe que deux religieux m'ont assuré être le temple de Janus, et de là, au Capitole. Toute cette partie de Rome est aujourd'hui déserte. Où sont les palais des Césars ? Et la prison de Saint Pierre est encore conservée ! Le pavé antique auprès du Capitole est formé de grosses pierres qui n'ont pas changé de place, mais ce que je ne puis comprendre, c'est l'élévation du sol moderne qui a enfoui à quinze ou vingt pieds, voire à vingt-cinq, les monuments anciens. D'où provient cet exhaussement du terrain ? Quelle puissance a ruiné ces palais si fortement bâtis ? Mais il faut avouer que les palais de Rome moderne, les couvents, etc, sont comparables pour la grandeur et la solidité à ces palais antiques. Sans nul doute, les premiers sont bâtis avec les matériaux des palais antiques. On dit qu'il ne reste plus trace du Cirque Maxime... Un habitant de la Crimée, Russe de nation, allié à des Polonais, fait connaissance avec moi. C'est mon voisin de chambre. Il me parle de Nicolas, en catholique, que la tyrannie est affreuse en Russie ; qu'il ne peut rien obtenir de l'Ambassade ; que les catholiques Polonais sont persécutés ; que Nicolas a été fort mal reçu à Rome ; que le gardien du Musée Borghèse a prétexté n'avoir pas les clefs du Musée ; que les Romains criaient au Néron, etc. Et pourtant les Polonais ont sauvé l'Europe ! Et pourtant, ils ont versé leur sang pour la France ! Ce brave homme, leste et dégagé, a 71 ans, a acheté comme moi, mais mieux que moi, force antiquités.

⁂

...J'ai fini ce livre, le jeudi, dernier jour de septembre 1847 (1).

⁂

1er octobre, 8 heures du matin. (2). J'ai ter-

(1). Ici s'arrête le premier cahier du « Voyage en Italie ».

(2). Le second cahier de ce *Voyage* commence par des notes abondantes sur les manuscrits de l'Anthologie et de Sulpice Sévère ; parmi ces notes je relèverai seulement ici

miné hier le livre de voyage emporté de Limoges. J'ai eu le sommeil légèrement agité. J'ai rendu visite à l'abbé et suis allé lire les journaux. J'ai ensuite acheté vingt sous un petit morceau de marbre... Je suis au Vatican... (1).

∴

1 heure après midi, chez mon traiteur. — On m'a annoncé la clôture de la Vaticane ; demain est le dernier jour. L'abbé se désole. Il a fini, aujourd'hui, la collation du beau manuscrit de Sulpice Sévère.Restent les fac-simile. Vers midi, nous avons quitté la bibliothèque, et sommes revenus en voiture à la *Via Gregoriana*. De là, je suis allé au palais Barberini, place Barberini. Ce palais vraiment royal, est perdu dans un misérable quartier, au milieu de cabanes plus misérables encore. Quelle malpropreté ! Quel abandon ! Enfin, j'ai pu trouver la bibliothèque à l'étage supérieur. Cette bibliothèque, si fameuse, est petite et sans apparence. Le bibliothécaire, abbé italien de 35 ans, a parlé d'une permission du Prince ! pour voir un manuscrit! J'écrirai donc au Prince. Rien n'est plus désert que ces palais romains.

Chaque valet reste imperturbable à sa place. Il faut, dans ces palais, perdre une demi-heure, en recherches préliminaires, avant de savoir à qui parler.

∴

Vers trois heures, M. l'Abbé Piéri, de Saint-Jean de Latran, est venu me voir. A l'Ambassade, on lui a donné mon adresse. Il se loue,

la mention suivante : « Les manuscrits de J. Lascaris, dit l'abbé Matranga, sont à Messine, en Sicile,au monastère de San Salvator. L'abbé les a vus. »

(1). Nouvelles notes sur l'Anthologie.

comme moi, beaucoup de l'Ambassade. Il me fera ouvrir les bibliothèques de Rome. Il m'a dit que les chanoines de Saint-Jean et les bénéficiers relèvent immédiatement du Pape ; qu'ils ne sont occupés qu'une semaine dans le mois ; que l'église de Saint-Jean, en 1815, ou avant, pour payer les dettes de Pie VII, a vendu pour 2.000 000 de biens ; qu'elle est *caput urbis et orbis*. L'an passé, les professeurs de Bastia, à Pâques, sont tous venus à Rome avec le Proviseur. Ce bon prêtre m'a traité avec une singulière bienveillance. Il m'a parlé de l'église de Sainte-Croix où sont le manteau, les clous, des épines, etc. Il ira en France, au mois de mars, pour six mois, je veux dire en Corse. Il m'a donné rendez-vous dans un café : c'est l'usage en Italie ! Voilà, j'espère, du zèle : aller à l'Ambassade pour me trouver ! c'est d'un montagnard ! L'église de Saint-Jean a encore 30,000 écus romains de rentes annuelles. Je viens d'écrire au Prince Barberini et à son bibliothécaire pour voir la Barberine et le manuscrit d'épigrammes grecques.

*
* *

7 heures et demie. — J'ai remis moi-même les deux lettres au Palais Barberini. De là, je suis allé à Monte Cavallo où j'ai appris que le fameux barbier (n° 37) est hors de Rome avec toute sa famille. C'est sage à lui ! J'ai été ensuite chez le savant antiquaire qui m'a dit n'avoir vu qu'une seule fois dans sa vie deux médailles antiques semblables, qui étaient d'or. Il pense que les anciens, dans leur magnificence, faisaient exécuter des milliers de coins. Il y a beaucoup à gagner dans la conversation de cet homme savant.

*
* *

. . . J'ai dit bonsoir à mon voisin, et ai admiré ses adroites acquisitions. Du reste, c'est un homme de bonne mine, intelligent, laborieux, qui a six enfants. J'ai surtout admiré une petite mosaïque, représentant le temple de Poestum : *biferique rosaria Poesti.*

∴

Samedi 2 octobre, à midi, à la colonnade Saint-Pierre.— Ce matin, à huit heures et demie, j'ai trouvé l'abbé Piéri fidèle au rendez-vous. Il m'a payé du café au lait. Nous sommes allés aux Dominicains de la Minerve où nous avons parlé au Père Lacordaire. C'est un homme jeune encore, grand, bien taillé, aux traits fins, à la figure intelligente. Il a environ quarante ans. Il venait de dire la messe. Nous lui avons parlé de voir la bibliothèque, ou plutôt d'y travailler. Il m'a remis à l'heure de l'*Ave Maria* ou plutôt, en d'autres termes, il a été très froid et peu soucieux d'obliger un compatriote. L'abbé Piéri m'a donné rendez-vous pour sept heures du soir au café *Colonna Traiana*, après m'avoir accompagné au Collège romain, où le père Sacchi m'a promis pour lundi, à huit heures, l'entrée de la bibliothèque. Ces jésuites sont plus accommodants que les Dominicains.

A neuf heures et demie, j'étais chez M. Cormenin. D'abord nous nous sommes fait de mutuelles excuses. J'avais renoncé à l'attendre. Il m'avait fait trop longtemps demeurer à l'antichambre samedi dernier. Puis je lui ai dit : « Croyez-vous que la France soit assez forte pour supporter des remèdes violents ? » — « Non, peut-être bien. » Il m'a dit ensuite qu'il avait eu deux audiences du Pape, sans avoir pu lui parler de tout ce qu'il avait à dire : « Je n'ai rien dit des hommes, rien des choses : on ne m'accusera pas d'avoir indisposé le Souverain Pontife contre tel ou tel ! Il est accablé d'occupations : et je n'ose lui demander une troisième audience. » Il me laissa voir ensuite combien il a mauvaise opinion de la légèreté et de l'inconstance des Français ; il croit que nous sommes sans principes religieux, et il déplore l'inconduite des hommes mariés qui ont tous des maîtresses en ville. Puis l'empire des préjugés est si grand en France ! Le respect pour les parents et maîtres est si faible ! « Je voulais faire de mon fils un professeur d'histoire. Car que peut-il faire ? Je ne puis rien demander pour lui. Eh bien ! telle est l'opinion contraire à la robe et au bonnet que le jeune homme, plein d'esprit et de mérite, du reste, a refusé tout net, en me disant qu'il ne concevait pas qu'une telle opinion eût pu entrer en mon cerveau. » Il me dit ensuite que notre génération est frêle, servile, à petites idées, à faibles poitrines : « Quels hommes nous forme votre Université ? Que dire de ces jeunes députés... qui viennent, à la Chambre, nous débiter des discours qu'ils peuvent à peine expectorer ? » Il se plaint du *despect* de la jeunesse pour tout ! du besoin de bien-être ! etc. Il connaît parfaitement tous les secrets de la corruption électorale, et rit fort spirituellement d'un député qui arrive à Paris avec 6.000 fr. de rentes, une femme, des enfants, etc. « Cet homme est corrompu à l'avance ! Et qu'attendre d'un homme qui se vend ? En un besoin il se fera voleur ! » Puis il a parlé des fautes de l'opposition. La loi de réélection quand un député accepte des fonctions salariées, est une faute de l'opposition, le vote public est une faute de l'opposition ! Les ministres sont là, écrivant les noms des votants, etc. « L'opposition n'a fait que des sottises ! Quand je vois nos journaux préconiser quelque nouvel expédient de l'opposition, je tremble à l'avance, sûr que la chose ira à notre détriment. » Il m'a dit ensuite que, pour être politique, il faut bien connaître et les lois et le langage des lois : « Voyez M de Lamartine, dans son rapport sur la propriété littéraire,il a été arrêté tout court par l'ignorance pratique ! M. Guizot a appris les lois : il les connaît ; il est si capable ! C'est une tête si bien organisée ! Et pourtant, quand il était au Conseil d'Etat, dans la même section que moi, il était négligé, relégué au bout de la table. On ne lui donnait que les affaires minimes, les condamnations, etc. : mais il a étudié, il a acquis un merveilleux talent de clarté et d'exposition. C'est un homme probe, mais tellement impérieux, tellement avide d'autorité, qu'il mourra le jour où le pouvoir lui fera faute. Le voilà premier ministre ! C'est une nouvelle faute Mais il lui faut et le pouvoir et l'extérieur du pouvoir ! Et puis il vit de corruption, la corruption est son système, et cette loi électorale, *plus que l'eclectisme philosophique de vos collèges*, a tout perdu en France ! pays où tout est perdu aujourd'hui, réparé demain, pour se perdre de nouveau ! En voyageant, on voit combien la France vaut moins que ses voisins. Je suis allé en Espagne, il y a deux ans, etc. Ici,à Rome,un homme monte sur une table, dans une rue, une torche à la main, glorifie la garde civique, attroupe les passants, etc. Et point de désordre : En France, il y aurait eu émeute. J'ai vu aux journées de Juin, etc. Et que dire des héros de Juillet qui sont morts sans avoir conscience de leur héroïsme ! On se bat dans la rue ; le Français est bêtement brave, il court aux armes,une balle le perce, et voilà un héros, etc. » Il me dit aussi, parlant de la politique : « Thiers ne vaut pas mieux que les autres ; et même j'aime mieux Guizot. » Il s'étendit beaucoup sur M. Teste, « cet homme d'un si beau talent, à la physionomie impressionnable, aux cheveux bouclés et mobiles, à la parole nette, à l'organe sonore.

Mais il était méridional ! Et j'ai mince idée de ces méridionaux. Il était avide de jouissances, etc. ! Que n'est-il venu à la Chambre plus jeune ! A 35 ans, par exemple. Il est venu trop tard ! » Puis il m'a parlé de la stupidité de la bourgeoisie qu'il compare à une femme qui courrait la nuit follement et sans lumière. Elle ne sait ce qu'elle fait, elle ne sait ce qu'elle veut ! Mettez devant un collège du Cantal M. de Chateaubriand et M. de Lamennais aux prises avec deux avoués bavards, emphatiques, audacieux, les deux illustres échoueront à une immense majorité ! » Il rit des croix distribuées au hasard. Il défend son opinion flétrissante sur l'abâtardissement de la noblesse, vieille et nouvelle : « Les Montmorency sont 12, et la famille est en réalité éteinte depuis trois siècles ! Et que dire de la noblesse nouvelle, impériale ? Elle est déjà usée ! Que dire des enfants dont j'ai connu les pères au Conseil d'Etat ? Où est la vigueur, la force de ces hommes ? Certes, leurs fils n'en ont pas hérité. » Rien n'est plus piquant que le tableau d'un député affamé arrivant à Paris, des discours qu'on lui tient, de s'attacher au gouvernement où sont les bons principes : « Vous êtes un homme de mérite ». « Ils ont tous du mérite ». Timon m'a dit de bien belles choses sur la gloire, qu'il appelle renommée, qu'on ne peut acheter en tirant cinq francs de sa poche : qu'il faut acquérir, qui est personnelle ; qui vient à nous quelquefois malgré nous ! etc. ». Il était facile de voir que l'illustre publiciste parlait *ex abundantia cordis*. Ma visite se prolongeait : il parlait sans cesse, et avec plaisir. Comme il ne sait pas l'italien, c'est (comme il me l'a avoué, en me reconduisant) une jouissance pour lui d'échanger des idées. Il pense que le clergé a fait une lourde faute en n'acceptant pas la séparation de l'enseignement et de l'éducation. « La guerre va recommencer plus terrible que devant !

Le gouvernement n'aurait jamais dû laisser s'envenimer la question. Il fallait du temps et des ménagements, des concessions réciproques. Il se plaint du peu de religion de la France (tandis qu'en Italie on voit des gens priant de tout cœur) : les femmes seules prient Dieu chez nous ! Comme je disais que notre clergé est bon, il me dit : « Mais que voulez-vous que fasse un sabotier, sans bois ! De quoi lui servent ses outils ? » Il a généralement des idées d'abattement. La cause du clergé est perdue ! L'Université va rester triomphante ! Malheureux triomphe pour elle-même ! Un despote nous mettra tous d'accord, etc ! Il tient beaucoup à ses idées universitaires : « C'est une dissertation, et non pas un pamphlet : même je ferai placer dans [une suite d'études] l'article sur la philosophie; mais je ne coule pas doucement ici sur le flot de l'opinion comme dans mes autres écrits. Je suis comme un îlot de sable entre deux bras d'une rivière. Le flot le bat de part et d'autre. Dans mon dernier livret, par exemple, je rentre dans le courant. On m'écrit que mon *Maire de village* est à la deuxième édition, en mon absence. C'est que là, etc. J'ai reçu des lettres de félicitations de toutes parts et même *M. Guizot qui n'écrit à personne, m'a écrit.* » Me parlant de sa position isolée et de son *îlot* universitaire, il me dit : « Pourquoi ici, M. de Montalembert qui m'écrit de longues lettres de félicitation en toute occasion, ne m'a-t-il pas dit un mot sur cette question ? Je suis attaqué par l'Université. Croyez-vous que le clergé soit plus content ? C'est que je viens me jeter entre deux partis, etc. » Il me dit que le clergé a fait une faute en demandant la liberté de l'instruction ; qu'il ne pourra jamais lutter contre la capacité et la richesse de l'Université(1), etc. Il dit

(1). Cormenin venait de s'occuper de l'Université à laquelle il était contraire, et des questions d'enseignement dans une

que, dans l'Etat Romain, il y a de grands désordres, mais que tout se peut réparer, grâce à la patience des populations, etc. Il se loue beaucoup, comme moi, de la douceur et de l'urba-

brochure : *L'éducation et l'enseignement secondaire*, Paris, Pagnerre, 1847, in-32. Il devait en publier sur le même sujet une autre en 1850 Elle est intitulée . *Liberté, gratuité et publicité de l'enseignement*, par Timon, Paris, Pagnerre. Dans ces deux écrits il développe les mêmes idées qu'il expose à Herbert. Je détache de la seconde de ces brochures quelques passages qui ne manquent pas d'intérêt :

« L'Université, création d'un glorieux despote, a fini son temps. On galvanise les cadavres. On ne les ressuscite pas. »

« La centralisation est le fondement de la France politique ; la décentralisation est le besoin de la France intellectuelle. »

« Il faut appeler les villes et les communes à la vie de l'esprit qui leur manque et dont le servage universitaire ne leur a même pas laissé le sentiment. »

«... Ne semble-t-il pas qu'on pourrait sans trop de dommage laisser Lyon, Toulouse, Marseille, Rouen, Bordeaux, Lille, Amiens, Nantes, Orléans et les autres villes, nous dire s'il leur convient d'avoir tant de Romains et de Grecs dans leurs murs, ou d'en avoir moins, ou même de n'en point avoir du tout ?

« Ne serait-il pas temps, enfin, que ces puissantes villes, dégagées des liens universitaires, marchassent toutes seules dans leur propre force et dans leur propre intelligence ? En quoi la France serait-elle exposée à se voir démembrer et à subir l'invasion des Cosaques, parce que Nantes, Bordeaux, Rouen, Toulouse, Marseille, Orléans, Lille et même Quimper, ne seraient pas traînées intellectuellement à la remorque de Paris et parce qu'elles prendraient la liberté grande d'avoir des collèges à elles, qu'elles accommoderaient à leur gré et façon, pour le bien et l'avantage des pères et des enfants de la cité ? ».

« Comment après leur élection par le suffrage universel, comment dès leur première séance, comment avant toute autre délibération, les Conseils municipaux de toutes les villes de France n'ont-ils pas réclamé leur décentralisation intellectuelle et demandé qu'on les laissât croire comme ils veulent croire, qu'on les laissât penser comme ils veulent penser, qu'on les laissât s'instruire comme ils veulent s'instruire, et qu'après tant d'années d'un servage abrutissant, on leur permît à l'exemple de l'Allemagne et de l'Italie, des Etats-Unis et de l'Angleterre, de vivre de leur souffle propre et de rentrer en possession d'eux-mêmes ? »

« De la liberté ! ah ! je crains bien que le Français ne soit pas fait pour elle ! il ne la sent pas, il ne la comprend pas, il ne la veut pas ! »

«... Comment, j'en suis honteux pour eux, comment ne s'est-

nité du peuple de Rome,peuple artiste,etc.Comme je lui disais que, d'après son système, il serait impossible de punir les enfants : « Tant mieux : il y aura plus de respect. On les punira dans les pensions. Punit-on les députés absents ? Punit-on dans les cours de droit ? Et un père n'a-t-il pas autant d'intérêt à faire de son fils un bon légiste... ? » C'est vrai, mais l'âge n'est plus le même. Timon est accablé de visites,d'affaires : il voyage comme un Platon ou un Solon, proposant des réformes, des institutions nouvelles. Par exemple,il a proposé à Naples la création de vingt salles d'asile (1). Il va en Tos-

il pas rencontré un seul grand conseil municipal qui ait refusé toute subvention, ne fût-ce que de bâtisse,pour des collèges instaurés dans leur sein,sans qu'ils en aient la direction. Est-ce là vivre de la vie municipale ? Est-ce là être indépendant ? Est-ce là être libre ? Est-ce là comprendre les besoins, les intérêts et la grandeur de la cité ? Est-ce là respirer les émanations populaires du suffrage universel ? Que diraient ces glorieuses villes de l'Italie, de l'Allemagne, de l'Angleterre et des Etats-Unis,toutes fières de leurs grands hommes et de leur civilisation, toutes brillantes de l'éclat des arts, des sciences et des lettres, si le gouvernement de leur pays leur expédiait des maîtres, les incarcérait dans ses méthodes, dictait leurs programmes, raturait leurs livres ? N'est-ce pas humiliant pour ces grands corps électifs qu'en dehors de Paris, que dans des villes de plus de cent mille âmes, dans le reste de notre pays, qui ne compte pas moins de trente-cinq millions d'hommes, il n'y ait pas un seul littérateur, un seul savant, un seul publiciste de renom ? Voilà pourtant les fruits intellectuels du monopole parisien ! Et le mal est si profond,si invétéré que le pays ne le sent pas! que pas une seule pétition de pas un seul conseil municipal n'a été adressée à l'Assemblée nationale ; que pas un seul député d'aucune de ces grandes villes ne fera dans la discussion entendre un mot, un seul mot de plainte et de douleur ! que ma voix solitaire et méprisée se perdra sans écho ! »

(1). Cormenin a publié une brochure : *Des salles d'asile. Extrait d'un Voyage en Italie,* Paris, Pagnerre,1848, in-32. Il y fait le plus grand éloge des « salles d'asile » italiennes et conseille aux Français de les copier. « Ce qui est bon pour les enfants de l'Italie.est bon pour les enfants de la France.» On trouve dans cette brochure une jolie description des anciennes *garderies* et des idées, sans doute alors nouvelles en France, sur les « leçons de choses » que l'Italie pratiquait déjà.

cane, à Florence, étudier la question italienne, comme il a fait à Naples, comme il fait à Rome. Il part demain. Si j'avais été à Paris, il m'aurait remis des dépêches relatives à une permission qu'il a reçue du Pape. Il se plaint beaucoup du débordement des *romans* qui énervent notre littérature et notre jeunesse ; il a beaucoup appuyé sur cela. Je lui ai parlé de Paul-Louis Courier. Il m'a dit que c'était un homme sans principes arrêtés en politique, qui aurait été parfaitement dupe d'un nouveau système : « D'un homme de guerre... il est bien difficile de faire un homme politique ! » Timon qui, pourtant, n'aime pas les avocats, exige cependant beaucoup de science législative de l'homme politique. Il dit que son ami Arago, que tels, que tels ont été aussi parfaitement dupés. En somme, il a très mince opinion de l'opposition. Il parle de quelques hommes de bien qui empêchent de faire plus de mal, et rendent en dehors du gouvernement de grands services en éclairant et guidant l'opinion. Je lui parlai de faire un ministère fort et bon : « Qui prendrez-vous ? que veulent vos gens de l'opposition ? Des places, de l'argent, du bien-être. Personne, en France, ne veut sincérement la liberté. Un avocat, un notaire, qui parle comme un aigle contre le gentilhomme qu'il ne reçoit point dans son salon, et contre l'aristocratie, serait au désespoir d'ouvrir sa maison à la confiseuse, à la femme de l'horloger, à l'épicier enrichi ! » Il dit que nos jeunes députés actuels appartiennent à l'aristocratie et veulent s'ouvrir la Chambre des Pairs. Il répète à notre jeunesse : « Nos femmes sont-elles donc épuisées ? Ah ! il est à souhaiter que vos enfants vaillent mieux que vous ! Vous êtes serviles, adorateurs du pouvoir et prêts à fléchir le cou, pour des places, sous le plat de l'épée du premier venant ! » Comme on lui remettait des lettres, il me dit : « Il s'agit d'économie politique ; je m'occupe aussi d'économie politique ! » Je m'inclinai, non sans un léger sourire. Quel génie universel ! Timon, comme Cicerovacchio, se laisse un peu éblouir par la renommée. Timon ! le sage Timon ! Ma visite, bien que longue et sans motif, lui faisait plaisir. Il regarda mes deux caricatures de la garde civique, en riant de l'esprit italien. Son jugement sur les chefs de l'Université est accablant ? « Ce sont quelques flatteurs serviles. Un Villemain à moitié fou et courbant le cou à tout joug ! Un Salvandy, homme sans consistance! » Il s'irrite contre les exigences exorbitantes du clergé en fait d'instruction et les refus obstinés de l'Université. Il n'a pas tort. Il a un grand fond de considération pour le corps enseignant. Il parle d'aller rendre visite aux Cardinaux français, comme un bon chrétien. Il dit que M. Lamennais ne sait pas parler en public et que M. de Chateaubriand pleure tout d'abord, comme il a fait à l'audience du Pape, il y a vingt ans. Du reste, ces deux hommes occupent une bien haute place dans son estime! Il est peu en relations avec l'Ambassadeur de France ; pourtant il l'ira voir. Il dit que, grâce aux rapports des préfets, on connaît mieux à Paris, à l'arrivée d'un nouveau député, la position de ce député, ses embarras, son avoir, que ce député lui-même. C'est sur ce fond que l'on bâtit l'édifice de la corruption ; et un député corrompu corrompt ses commettants. Il se loue beaucoup du ton exquis, de l'excellente éducation du Collège Rollin, où a été élevé son fils, collège d'aristocratie et de préjugés aristocratiques. Timon fait beaucoup de phrases, sans s'en apercevoir : il cause seul, avec volubilité, longtemps, suit ses idées, varie la conversation à son gré, sans écouter, sans suivre son interlocuteur. C'est un dialogue de Platon où Socrate, en réalité, fait un perpétuel monologue. Est-ce l'homme supérieur qui se fait la part du lion ?

Est-ce le vieillard déjà content ? Les amis de l'illustre écrivain, les voyageurs de l'hôtel lui forment une cour sur laquelle il domine sans trop de façons. Je le soupçonne d'être en fort bons rapports avec M. Guizot qu'il estime personnellement. En un mot, Timon est fort content de sa *position exceptionnelle* : il la veut garder ; il songe beaucoup à lui : il n'a point d'idée fixe en politique, bien qu'on le dise républicain ; il est si loin de songer à édifier qu'il désespère. Ou bien, une étude approfondie de notre situation lui a-t-elle révélé l'impossibilité de créer de bonnes institutions ? Se contente-t-il de faire un peu de bien en détail ? En me reconduisant, il m'a demandé mon adresse, pour me rendre ma visite, ce dont je l'ai dispensé. Il m'a chargé de dire à M. Noël « qu'il le remercie des choses agréables qu'il a dites de son fils, dit-on ; qu'il le prie d'excuser son silence : il ne répond à aucune des nouvelles publications dirigées contre lui » Il parlait sincèrement ; pourtant je suis persuadé, vu le ton affectueux dont il me parla de M. Noël, qu'il a lu son *libretto*. Dans la conversation, précédemment, Timon s'était beaucoup plaint de gens qui, ne pouvant attaquer ses idées, attaquaient sa personne. Il disait cela, en s'excusant de nommer les grandes maisons dégénérées, alléguant sa répugnance pour toute espèce de personnalités. Pourtant, il nommait les Choiseul, les Luynes, etc. Somme toute, j'ai été fort content de lui. Dieu veuille qu'il ait été content de moi !

∴

Il est trois heures et demie, je suis chez moi. J'ai acheté quelques images. Déjà ce matin, j'avais acheté celle qui est ici, laquelle a déridé le front de Timon. J'ai aussi acheté un second lorgnon pour quarante sous. C'est ce qui s'appelle faire des provisions, comme dit Gresset, d'*almanachs et de lunettes*.Je vais aller dîner.

*
* *

Ce matin, j'ai payé cinquante sous une figure du Pape sur vélin, à *Pasquino*. L'abbé Piéri veut demander une pension pour un prêtre corse résidant à Rome. Cela me semble un peu difficile. Je lui ai dit de s'adresser au Cardinal archevêque de Cambrai.

*
* *

Timon trouve la *guardia civica romana* plus convenable que la nôtre. Pourtant il dit que quelques régiments autrichiens mettraient en déroute ces troupes improvisées. Il a raison. Il m'a montré avec satisfaction un article d'un journal italien où il est question de Timon.Mais il ne sait pas l'italien ! Les journaux de France ont dit qu'il a obtenu dans le royaume de Naples la création de vingt salles d'asile : « Comme si, dans ce pays si lent, demander et obtenir était la même chose ! » Avant le malencontreux vote de M. de Hauranne, il y a dix ans, le ministère Guizot, se mourait, il n'avait de majorité qu'une voix, deux voix, cinq voix, trois voix. Ce vote le fit remonter à *trente*. Avec quel esprit tout cela était dit !

*
* *

Ce matin, l'abbé Matranga,client de la maison Borghèse, m'a beaucoup parlé de la princesse *Pauline* née *Talbot*, et sœur de la princesse

Doria, comme toute la jeunesse romaine l'a portée au tombeau sur ses épaules, en jetant des fleurs sur le chemin, comme elle tomba malade à la suite d'une cavalcade dans le mois de novembre, comme elle faisait d'abondantes aumônes, courant Rome vêtue pauvrement. Voici une anecdote digne de remarque. Un matin, la princesse, vêtue fort simplement, parcourait Rome, distribuant des aumônes. Un jeune homme frappé de sa beauté, la suivait à la piste, lui débitant des propos d'amour. Arrivé au Palais Borghèse, elle se retourne, remet au jeune homme une pièce d'or dans un papier plié en quatre, et lui dit : « La princesse Borghèse vous fait cette aumône ! » Elle était belle et mère de trois enfants, dont deux morts avec elle. Une fille survit. Le Prince est remarié.

∴

Je disais à Timon que la manière dont il me parle de la noblesse me scandalise : « Que voulez-vous ? C'est la vérité ! ».

∴

9 heures du soir. — A trois heures, après avoir pris le café, je suis allé acheter deux ou trois images. De là, je suis allé au Capitole. La grosse cloche sonnait ! Dans les rues était affichée l'ordonnance de création d'un conseil municipal chargé de l'aumône et de l'entretien des chemins. On préparait l'illumination. Je suis allé aux Thermes de Titus, ancienne portion du palais de Néron. J'ai vu les belles fresques imitées par Raphaël ! Titus a ruiné lui-même le palais de Néron. J'ai été fort content du *custode*. De retour au café *Colonna Traiana*, je vis l'abbé Piéri, qui me quitte bientôt, craignant

l'air du soir, et le retour de la fièvre. Cependant Rome était illuminée ; une foule de curieux stationnait dans le *Corso*. Une députation de tous les quartiers de la ville allait en grande pompe remercier le Pape au Quirinal. Sur le Corso je rencontrai un abbé de la chapelle du Pape, fis connaissance avec lui, et le suivis au Quirinal. En attendant la députation qui marchait lentement, et prenait le chemin des écoliers, nous causâmes de la France, de l'Ambassade de France, etc., Le chapelain accusait la froideur de notre gouvernement, la prétendue duplicité de notre ambassadeur, espérant beaucoup de l'Angleterre ! Il me parla aussi du feu Pape,quibuvait,mangeaitetdormait,mais s'entendait assez peu aux affaires. Son fameux barbier l'avait connu, alors qu'il était moine, était devenu son camérier, quand il fut fait cardinal,et ensuite l'avait suivi au palais papal. Il paraît qu'il avait tout pouvoir sur l'esprit du vieillard, et il en obtenait des choses refusées par le bonhomme à des Cardinaux ! Comment mourut le pauvre défunt Pape ? Dieu le sait... peut-être de faim... en tout cas, le barbier l'abandonna et le laissa mourir sans secours ! Le Cardinal Lambruschini était grand ami du barbier ! Ce qui ferait croire que le feu Pape est mort de faim, c'est que les médecins trouvèrent ses intestins fort bien conservés. Enfin la députation,à la lueur de mille torches de cire blanche, portant d'innombrables bannières, au bruit des fanfares et des bravos, vint se ranger en cercle, sur la place, sous le balcon du palais ; et le Pape quitta son appartement,traversa une longue galerie et parut au balcon. Le peuple qui voyait la marche du Pape, entouré de flambeaux, à travers les fenêtres de la galerie, applaudissait, depuis cinq ou six minutes. La place était couverte de peuple ; les toits des palais voisins étaient couverts. Aux vivats, aux chapeaux agités, succéda un profond silence. Le Pape donna pontificalement la bénédiction. Tout le peuple répondit : *Amen*. Et du palais voisin brilla un feu d'artifice. Le Pape quitta le balcon accompagné de nouveaux *vival*, et retourna dans ses appartements par le même chemin. Alors cette foule immense, sans bruit, sans désordre, sans confusion, s'écoula paisiblement joyeuse, reconnaissante. A neuf heures, je quittai le Corso calme et paisible. Je ne pouvais me lasser d'admirer ce bel ordre, ce calme, et le chapelain me recommanda de raconter en France ce que j'ai vu. Je répondis en faisant des vœux pour le salut du Pape et pour la tranquillité de Rome. Dieu veuille que ces réformes s'opèrent tranquillement ! Dieu veuille que ce ne soit pas là un calme trompeur !!

∴

Ce qu'il y a de remarquable, c'est que ces réformes sont saluées par toutes les classes de la société, ici, et surtout par les prêtres. Un prélat me disait, voyant l'image ci-jointe : « Dans une nombreuse institution de garçons, le prêtre, chef de la maison, apprend la manœuvre aux petits garçons qui manient les armes mieux que les gardes civiques. » Il n'y a aucune récrimination contre les nobles, ni contre les prêtres : loin de là !

∴

En quittant M. Cormenin, à midi, je restai deux heures, assis à la colonnade de Saint-Pierre, pour écrire la conversation. Quand je commençai à écrire, l'horloge de Saint-Pierre donnait XII ; quand je relevai la tête et me levai, la touche marquait deux heures. Aujourd'hui a été un des beaux jours de ma vie ; je remercie le bon Dieu en me couchant.

∴

3 Octobre, neuf heures. — J'ai visité l'église de la Trinité du Mont, qui est toute nue, et ne fait pas honneur aux Français. Je n'y ai rien vu de remarquable ; je suis allé chez l'abbé et ne l'ai pas trouvé.

∴

10 heures. — Je suis à l'église du Général des Jésuites. On fait les funérailles du Cardinal Albergini.

∴

De l'église des Jésuites, voulant aller au *Campidoglio*, je me suis trouvé à l'île du Tibre, à Saint-Barthélemy. Cette île est bien petite ! De là, enfin, j'ai retrouvé le Capitole, d'où je suis allé à l'église de Saint-Grégoire. De là j'ai gagné, mon plan à la main, les thermes de Caracalla. Ces thermes, vaste et beau bâtiment encore bien conservé, étaient fermés ! Je me suis introduit dans la vigne d'un seigneur romain avec la permission du *villicus*. Un petit garçon de six ans m'a conduit. J'ai franchi des palissades pour voir les thermes de tous côtés. J'ai vu sur les arbres de belles grenades. Le grenadier, en pleine terre, est loin de la beauté des arbustes de nos jardins. Le fruit accable l'arbre et lui donne peu de grâce. J'ai volé et accepté et pris des figues, des raisins, et une belle grenade que le *villicus* a eu plaisir à choisir, lui-même, entre beaucoup. Je suis fort content. En revenant au mont Palatin,j'ai rencontré un Italien,comme moi, le livre à la main,en recherche des Thermes de Caracalla ; je lui ai dit tout ce que je savais. J'écris ces lignes non loin d'un corps de garde.

∴

Je viens de visiter le tombeau des Scipions qui est fort bien conservé. On descend dans la terre sous une voûte de briques en colimaçon et l'on trouve d'abord : *Publius Cornelius Scipio, — Lucius Cornelius Scipio Asiaticus. — Hispanus.* On ne m'a pas montré d'autres noms : c'est étrange. On est à la recherche des tombeaux des femmes. Le buste d'un Scipion est au Vatican ; la pierre tumulaire de l'Asiatique est aussi au Vatican, d'après un arrangement fait avec le propriétaire. On a substitué,au lieu et place de l'inscription ancienne, une moderne toute semblable. Les tombeaux sont percés dans le mur,et l'épitaphe sert à la fois de porte. La pente est douce et bien ménagée. Six pieds de haut, quatre de large. Ce sont, en somme, de belles sépultures. Mais je n'ai pas vu de peintures.

∴

6 heures, sur les marches de Saint Jean de Latran :

SACROS. LATERAN. ECCLES.
OMNIVM. VRBIS. ET. ORBIS.
ECCLESIARVM. MATER.
ET. CAPVT.

Au sortir du tombeau des Scipions je suis allé auprès de la porte Latine,ferméedepuis le temps de l'occupation des Français,visiter trois colombaires. Un est fort proprement couvert, l'autre est encore en plein vent. Tous deux appartiennent à l'Etat. Le second contient des têtes de morts. Il paraît que dans les bas temps, on a rempli de terre et de cadavres ces antiques colombaires. Ces deux-là sont fort bien conservés, mais sont moins remarquables que le troisième qui appartient au prince Doria Pamphili. Dans ce troisième sont des peintures aux voûtes qui sont antiques, de belles arabesques, comme nous disons, des fleurs et des oiseaux, du style de la maison de Néron. J'y ai vu une belle mosaïque, etc. Je ne décris pas ces antiques sépultures, en ayant l'image gravée dans la mémoire J'ai fait ensuite le tour des murs de Rome jusqu'à Saint Jean.

*
* *

A sept heures je suis allé souper. Chez le traiteur, j'ai trouvé deux jeunes Américains qui étudient à Rome, l'un, la peinture, l'autre, la sculpture. Jamais je n'ai vu personne plus aimable que le peintre En Amérique, il y a grand amour de la sculpture et de la peinture. J'ai eu grand plaisir à causer avec ces deux jeunes hommes. Au Corso j'ai trouvé, à l'ordinaire, le peuple romain en fête. Tous les rangs se confondent ; il y a besoin d'amour et de joie ; des gens du peuple chantent ; tous les gens *comme il faut* trépignent de joie et pleurent de tendresse. Ces Romains sont amoureux de leur Pape ! Dans le Corso, les plus grandes maisons tirent des fusées sur le passage des chanteurs ! Et tous les chants sont des hymnes en l'honneur de Pie IX ! Il est vrai de dire que l'ordre et l'enthousiasme de toutes les classes de la société sont quelque chose d'étonnant. Quelle sera la suite ? Dieu garde ce bon peuple italien ! Tout le monde est content. Les nobles comprennent que le Pape leur épargne une révolution : le tiers-état est satisfait ; le peuple croit être plus libre que devant ! Je vais me mettre au lit, satisfait de ma journée, mais bien fatigué.

∴

4 Octobre 1847. —..... 11 heures du matin. Je suis allé au Collège des Jésuites où j'ai trouvé la bibliothèque fermée, mon bon ami le père Sacchi m'ayant oublié. Je suis trop ami des jésuites pour croire qu'ils aient voulu se débarrasser de moi par une escobarderie. De là, j'ai acheté une pomme pour mon jonc : je retournerai, aujourd'hui, chez le marchand, auprès du Collège romain. A la Minerve, j'ai trouvé à l'ordinaire, l'abbé Bourrel absent. Après avoir marchandé chez *de Romanis* frères, un Sulpice Sévère que je prendrai, j'ai été chez ce diable de Petrucci où j'ai enfin acheté pour cinq écus romains l'édition de l'Anthologie, Alde, 1550. L'index manque : mais, comme Petrucci a, dans sa boutique, un autre exemplaire complet, je le copie sur cet exemplaire. J'ai conversé chez Petrucci avec un Italien qui s'est efforcé de me persuader qu'il n'y a rien à craindre du peuple romain. Dieu le veuille ! Petrucci me dit que les Princes de Canino sont ici peu considérés. Il y a trois ou quatre ans, du vivant du Cardinal Fesch, ces princes, à Canino, commettaient des brigandages. La force armée fut envoyée contre eux. L'un d'eux tua un capitaine. Enfermé au château Saint-Ange, et condamné à mort, il ne dut la vie qu'aux vives intercessions du Cardinal Fesch : toutefois il fut banni ! Et voilà ces princes qui doivent tout aux Papes ! Du reste, le prince actuel est, disent les Italiens, un fou, un *matto*.

∴

2 heures. — Je sors du palais Barberini. J'ai vu dans la salle d'attente peinte à la fresque par Pierre de Cortona, deux dais, celui du Duc, et celui du Cardinal. Les gens de service m'ont entouré pour me parler des belles fêtes de Rome, de la soirée de samedi au Quirinal, de la France, des Cardinaux français. Enfin, le bibliothécaire est venu : il m'a remis, très poliment, à demain. Le Prince n'a pas répondu, parce que mon adresse n'était pas sur ma lettre. La raison est péremptoire. Le bibliothécaire a gardé mon volume de Jacobs pour lire la préface. Je lui ai dit d'acheter cet ouvrage pour la bibliothèque du Prince,et lui ai indiqué deux exemplaires à Rome.En vérité,tout ce peuple Romain est bon et courtois.A demain, à dix heures.

∴

8 heures du soir. — Je suis chez le traiteur. Je suis allé chercher mes bagues, et j'ai donné 10 fr. pour la monture des deux. L'une des deux est-elle rompue ? Ou plutôt la pierre est-elle rompue ? Je le saurai. Du reste, je suis fort content du travail. Nous verrons. Cette maudite pierre m'a occupé deux ou trois heures. J'ai vu ensuite, à la Minerve,l'abbé Bourrel, que j'ai trouvé tout malade. Je l'ai conduit au Quirinal où il espérait se faire expédier un bref ; mais il était trop tard. Chemin faisant, il m'a dit que M. Cormenin a été fait chevalier par le Pape, qu'une seconde personne est encore élevée à ce grade.Quelle est cette personne ? L'abbé a fait le mystérieux.

Hier, le Cardinal de Cambrai disait à un Archevêque : « Le Pape a-t-il ses idées arrêtées en fait de concessions ? A-t-il dit : « Je ferai ceci, et non pas cela » ? Sait-il à l'avance où il doit s'arrêter ? » L'archevêque a répondu : « Oui » sans hésitation. Le Pape disait, dans une entrevue, à un de nos Cardinaux : « Celui qui est là haut, sait bien que je travaille pour lui ! » C'est un saint homme qui dit la messe avec une incroyable onction,consacrant cinq minutes au *Memento*, pour repasser sans doute en sa mémoire tous les besoins de l'Europe. Il a nommé l'abbé Bourrel missionnaire apostolique, dignité qui emporte d'assez beaux privilèges. Il paraît que le nouveau Pape veut rendre rares les distinctions et ne point les prodiguer. La cour de Rome est loin de se louer de la France. Dernièrement notre Ambassadeur, du reste, fort décrié ici, disait au Cardinal secrétaire d'Etat, cousin du Pape : « N'êtes-vous donc pas contents de la France ? »—« Et comment le serions-nous quand les catholiques du Liban sont massacrés ?... etc. » Les deux évêques de Rodez et de [Fréjus] ne partent pas avec nous. Je dois les voir demain. La cour romaine, pleine de formes, du reste, est loin d'être dévouée au nouveau Pape ! Là sont les résistances, là de graves embarras !

Notre Ambassadeur, malgré tous ses efforts,n'a pu empêcher la nomination d'un Patriarche à Jérusalem. Auparavant, toutes les hautes affaires ecclésiastiques se traitaient par le canal de l'Ambassade de France à Constantinople. A cette heure, l'influence est perdue ! Du reste,M. Rossi est mal vu ici. J'ai vu, samedi,un prêtre Italien de la chapelle du Pape, qui le faisait comptable de la faiblesse de la France. On ne l'aime pas ; nul n'est prophète en son pays. Il est à remarquer que la cour de Rome ne cache guère son mécontentement à l'égard de la France et qu'en général, les secrets, aujourd'hui,ne sont guère gardés. La cour de Rome sort étrangement de ses anciennes coutumes. Après avoir quitté l'abbé, je suis allé chez *De Romanis* frères, et j'ai pris, pour deux écus romains et demi, la bonne édition de Sulpice Sévère. Après l'avoir bien examinée, collationnée, je suis allé copier mes Index chez Petrucci. J'oublie de dire qu'au sortir de la Minerve, je suis allé à l'Ambassade où j'ai trouvé une lettre de M. Saint-André. Chez Petrucci se rassemble chaque jour bonne compagnie, le soir. Aujourd'hui j'ai trouvé un avocat, etc. un ancien colonel de l'Empire de Napoléon. Tandis que j'écrivais, ces MM. causaient et racontaient mille et mille choses. Comme je montrais au colonel la caricature de *I ragazzi*, il m'a dit : « Vous riez de l'Italie ; il faudrait pleurer sur la France ! » Il a beaucoup parlé de Napoléon, et il méprise ce qui est aujourd'hui. J'ai cru comprendre que ces Italiens commencent à rire des nouveaux dignitaires de la garde civique, et des parures affectées des nouveaux chefs qui ornent de ciselures, etc., leurs armes. On riait surtout d'un pâtissier, sans doute officier. Ce colonel m'a parlé avec beaucoup de politesse et de savoir-vivre. Il a haute idée de l'agrégation : « Etes-vous agrégé ? » — Chez mon traiteur, je fais connaissance avec un vieux soldat de l'Empereur.

Je suis fort content de cet homme que j'avais tout d'abord, selon ma mauvaise habitude, fort mal jugé. Il déplore la chute de l'Empereur, son second mariage, dit que Joseph a fort pillé en Espagne, qu'il a au moins huit millions d'écus romains. J'ai oublié de dire que mon antiquaire, *Capréoli*, tremble de toutes ces nouvelles concessions et de leurs suites probables. Il était content de me voir partager ses craintes. Il n'a pas fort grande opinion du Pape qu'il dit *bon homme*. En parcourant le Corso, je suis entré chez le lapidaire dont est ici l'adresse [*Luigi Chiavelli, orefice in piazza di Sciarra, n° 233*]. Il jure que ma pierre de Priape n'est pas rompue. Il m'a fait voir un très beau camée, un Jupiter Sérapis, malheureusement rompu par la rouille du fer dans lequel il est enchâssé et qui s'est dilaté en s'oxydant. C'est un fort brave homme. J'ai aussi porté mon *jonc* chez le tourneur en ivoire. Il montera cette canne pour quinze sous ; ce matin j'ai déjà donné quinze sous pour la poignée. Le colonel, chez Petrucci, [*disait*] que le prétendant (1) est un bon jeune homme, sans valeur personnelle. Le sang des Bourbons est donc éteint ! Et la statue de Henri IV est encore si vigoureuse à Saint-Jean de Latran ! « Les fils de Louis-Philippe, dit le même colonel, n'ont pas plus de valeur que leur aîné. » En somme, la France est méprisée ici, et les Français ne peuvent la défendre. Je disais au Colonel : « La France n'est pas le gouvernement ! — « Mais un pays se manifeste par son gouvernement ! » Pauvre France ! Et moi aussi, je l'aime de tout mon cœur ! Que le bon Dieu la garde du mal et la tire de tant de honte ! Oh ! nos vieux maîtres !

*
* *

Mardi 5 octobre, six heures du matin. — Le bruit court que notre Ambassadeur veut rentrer en France, se voyant si déconsidéré en Italie.

*
* *

Midi, à la Bibliothèque Barberini.— Ce matin, je suis allé voir l'abbé Matranga qui m'a remis les vers sur la basilique de Saint-Martin. Je lui ai fait voir la rupture de la pierre, ce qu'il a reconnu. Il m'a dit que justice ne me serait pas faite, et que je ne connais point Rome. Ce langage m'a fort irrité, et je m'en suis allé chez

(1). Le Comte de Chambord.

mon antiquaire qui n'était pas encore levé. Las d'attendre, je frappai, et reçus pour réponse : « Le père et le fils sont sortis. » Furieux, je me jetai dans la boutique de Petrucci où je copiai des tables d'épigrammes jusqu'à neuf heures et demie. Alors, je retournai chez mon antiquaire qui, à ma vue, se troubla légèrement. Du reste, je n'ai qu'à me louer de lui. Achèterai-je une bague de 50 fr ? Je verrai. De là j'allai au Collège Romain, auprès duquel est la maison du tourneur qui a ma canne. Elle n'était pas terminée. A la Minerve, j'ai vu les deux Evêques, le jeune, un peu dédaigneux, Evêque de Fréjus, le vieux, bonne personne, Evêque de Rhodez. Le vieux évêque de Rhodez s'occupe beaucoup de son Collège : « Nous avons eu depuis quelques années des censeurs qui n'ont fait que passer ! » Je lui appris le changement du Proviseur de Rhodez. Cette nouvelle ne l'a pas surpris ; il s'y attendait. Il ne se plaint ni ne se loue de l'ancien proviseur. Il m'a dit : « Je vous souhaite tout l'avancement que vous méritez. Ce sera pour vous un moyen de vous reposer des fatigues du professorat. » On a donc parlé de Cambrai ! Comme je lui disais que nous avons besoin de la paix avec les évêques, il ne parut pas éloigné de cette paix, disant que les évêques ne veulent pas nous dépouiller, que la religion est nécessaire pour la moralité, etc. C'est, en somme, un fort brave homme, et accommodant. Je crois qu'il va faire le voyage par terre, pour retourner en France. Il partira le dernier. L'évêque de Fréjus part, ce soir, par mer. Il a été très froid.

De là je suis allé à la Bibliothèque Barberine où j'ai vu le manuscrit exactement conforme à la description de Jacobs. Je l'ai parcouru tout entier, tout d'abord. C'est un in-quarto de la belle main d'Holstenius. Il suit le manuscrit Palatin ; érotiques, tumulaires, épidictiques, etc , donnant les épigrammes anecdoctes. J'ai été chercher mon édition de 1813-1817, et j'ai commencé la vérification des érotiques que j'ai trouvées conformes au manuscrit édité. Nous verrons demain, car j'ai rendez-vous à neuf heures et demie. Le manuscrit est fort mal en point quant à la reliure, passablement usée. Elle est en carton recouvert d'un parchemin vert usé. J'ai remarqué que la deuxième partie du manuscrit Barberini a été revu sur les *Analecta* de Brunck. Je lis en marge, d'une main toute récente, *Ann. Brunck*. L'abbé bibliothécaire m'a parlé de Dom P. Matranga avec beaucoup de considération. Il m'a dit que la maison Barberini, à la suite de certains procès entre frères, du temps de Napoléon, a beaucoup perdu, mais que probablement les biens reviendront bientôt au Prince, et qu'ainsi tout sera réuni, que certains biens sont inaliénables, la Bibliothèque, par exemple, que d'autres sont aliénables. Le bibliothécaire m'a fait promettre de ne publier aucune pièce inédite. Sa bibliothèque, pour laquelle Léon Allatius a voyagé en Grèce, possède environ 8.000 manuscrits ! Elle est nichée au donjon d'une des ailes du palais. Léon Allatius n'a dans la famille qu'une médiocre réputation. Retenu au palais par la pluie, j'écris ces pages sous les portiques intérieurs du palais solitaire et un peu négligé de ces ex-neveux de pape. On voit là des colonnes antiques, restes des rapines dont se composent les matériaux du palais.

∴

A ma maison. — J'ai oublié de dire que Timon s'apitoie beaucoup sur le sort des maîtres de quartier qu'il compare aux plus malheureux esclaves de l'antiquité. Il n'a pas tort. J'ai rencontré, en apportant mes livres au palais Barberini, des galériens, conduits par des soldats, la carabine armée au bras : je leur ai donné quinze sous.

*
* *

Un de ces derniers soirs, ou plutôt samedi matin, j'ai rencontré le *Sacro Bambino*, que l'on portait, en voiture, à un malade. L'abbé Pieri m'a dit que c'était une statuette miraculeuse, etc. Je le savais. Hélas ! ma pauvre sœur avait aussi, à son lit de mort, des reliques de saints.

Je suis content des vers que l'abbé a copiés, les vers de l'ancienne église de Saint Martin. L'abbé copie bien. C'est le chien de La Fontaine qui mange comme trois, mais fait l'ouvrage de six.

*
* *

3 heures, chez le traiteur. — Sans nul doute, nos deux évêques de Fréjus et de Rhodez ne veulent pas faire route avec les Cardinaux. Le chapeau établit une supériorité que nos Prélats, accoutumés, de tout temps, en France, à une espèce d'égalité, ne veulent pas reconnaître. Car pourquoi l'Évêque de Fréjus n'attend-il pas les Cardinaux ? Pourquoi partir aujourd'hui ?

*
* *

J'ai rencontré, ce matin, deux ou trois jésuites, et les ai chargés de faire des reproches au P. Sacchi. J'ai été fort content de ces bons pères qui me dirent que le P. Sacchi pensait revenir, qu'il sera désolé, etc. Je leur promis mon Sulpice Sévère. J'ai appris, hier, que leur musée se recrutait par des cadeaux.

Ce pauvre Petrucci, qui est amoureux de ses livres, me répète souvent : « On trouve de l'argent, mais les livres vendus ne se retrouvent pas ! » C'est, du reste, la manie que ses confrères lui connaissent.

***

Sur une des bannières de samedi était écrit d'un côté *Religione*, de l'autre *Liberta*. Ce mot a singulièrement scandalisé *li intendenti*. L'abbé Matranga me disait : « Viendra un temps que le Pape, forcé par les baïonnettes, sera [*amené*] à faire des concessions ! Jusqu'ici tout ce qu'il concède n'est rien ; mais le peuple romain, qui est un enfant, a des chefs qui abuseront de lui. » Pauvre abbé ! Puisse-t-il se tromper !

***

8 heures, à ma maison. — J'ai fait, à quatre heures, un billet de 100 fr. à l'abbé Matranga. J'ai trouvé relié mon dictionnaire italien. L'abbé trouve que la bague d'or, la Victoire, ne vaut pas six (?) écus, et il a, je crois, raison. L'abbé m'a dit que les diverses maisons des Oratoriens en Europe sont sans rapports aucuns, et qu'ils ne se donnent pas même l'hospitalité. Il m'a remis les vers de la Basilique de Saint Martin, ce matin, comme je l'ai déjà dit. Je lui en ai fait ce soir compliment. En quittant l'abbé, je suis allé au café ; de là, à Saint Philippe de Neri, par la place Navona. Le vieux supérieur, qui habite aux combles, a 78 ans ! Le frère portier m'a conduit à sa chambre, et m'a attendu à la porte avec une charité vraiment chrétienne, comme je lui en ai fait la remarque. J'ai eu quelque peine à faire connaissance avec le vieillard qui, tout d'abord, m'a déclaré qu'il n'était point en relations avec ses confrères de Vérone.

Mais enfin, à force de bonnes paroles, j'ai obtenu qu'il envoyât sous son couvert, une lettre à Vérone. Il a regardé mon Sulpice Sévère. En voyant le nom de Flaccius Illyricus, il s'est écrié : « C'est un hérétique ! » Mais j'ai parlé du P. de Prato, et le vieillard a lu avec plaisir ce que j'en ai écrit. Une chose qui m'a beaucoup servi dans son esprit, c'est que je vais retourner en France en la compagnie de nos deux Cardinaux. C'est un grand vieillard intelligent et franc. Je me suis annoncé en disant que j'avais trois mots à lui dire. Il m'a répondu brusquement : « Quatre, et pas plus. » Du reste, je n'ai qu'à me louer de lui ; il était à mon départ inquiet : « Comment trouverez-vous la porte ? », et ce fut avec joie qu'il vit que le portier m'avait attendu.

Il entend le français, et en est tout content. Il ne connaissait pas même de nom le P. de Prato ! Que peut faire une congrégation sans union aucune ? Rien ! Ce couvent de Saint Philippe est de toute beauté. Ce vieillard écoute bien et répond juste ; il ne cause pas ; il va au fait ; il n'est ni trop long, ni trop court. Ce doit être un homme de mérite. Je suis fort aise et un peu glorieux d'avoir réussi auprès de lui en dépit des sinistres prédictions de l'abbé que je soupçonne d'avoir été moins persuasif que moi, quand il a eu besoin de lui. Au sortir de Saint Philippe, je suis allé chercher ma canne ; elle n'est pas terminée. A l'Ambassade, j'ai demandé des nouvelles de ma note. Point de réponse ; bonne réponse ! Tandis que les valets, fort peu nombreux, allaient et venaient, j'ai examiné le registre quotidien, où sont les noms des visiteurs. J'ai trouvé à la date d'hier les cartes de l'évêque de Fréjus, de M. Barre, le sculpteur ami de Timon, de l'envoyé extraordinaire de Bavière, d'un Prince envoyé de Sardaigne. C'est à peu près tout. De là je suis allé chez un libraire voisin de la place Colonna, à qui j'ai laissé mon adresse. Il doit bientôt recevoir de Florence une riche collection de livres. Chez Petrucci, j'ai copié mon Index. Des libéraux, un ancien colonel de l'Empereur, un avocat, etc., viennent faire compagnie au libraire et causer avec lui. Ces libéraux n'aiment pas les jésuites, les accusent d'aimer les richesses, etc. Du reste, ils prêchent l'amour de la religion, et professent un grand éloignement pour nos journaux radicaux. Ils ont beaucoup vanté une certaine lettre pastorale de l'Archevêque de Paris au sujet du Pape et des réformes. C'était Cicerovacchio qui portait, samedi, la bannière où était, d'un côté, *Religione*, et de l'autre, *Liberta*. Ces bonnes gens trouvent cela merveilleux. Le vieux colonel m'a parlé du feu général Tirlet, de Nancy, de la colonne de Charles-le-Téméraire, de la Champagne, etc. Un avocat m'a demandé des nouvelles d'un savant français qui, en 1827, était au Vatican, collationnant un manuscrit, d'Euclide, croit-il, au compte du roi de France. C'était un vieillard caduc, courbé sur son bâton, tout blanc, et vivant de soupe au vin. Louis-Philippe n'est pas fêté, non plus que l'Ambassadeur de France qu'on peut dire détesté. Don Miguel n'est pas ici plus considéré. Ces bonnes gens vantaient la *philosophie* de Louis XVIII, dédaignant Charles X. Le colonel se moque beaucoup du sot orgueil des Anglais qui, de retour dans leur île, étalent fastueusement des cartes de visite, achetées aux valets des Princes romains : « Voyez la carte du Prince Borghèse ! Il m'a fait visite, ainsi que le Prince Barberini, etc. » Le colonel, d'accord avec les avocats, a préconisé la justice turque, panégyrique qui n'est guère en rapport avec ses autres opinions libérales.

A l'instant où j'écris ces lignes, un homme, mon voisin, parle dans la pièce voisine. C'est, je pense, mon vieux Russe : il parle français et les pièces sont si mal divisées que je l'entends comme s'il était chez moi. Il a pour unique interlocuteur un jeune Allemand, je pense, qui répond toujours : « Oui, oui, oui. » Le vieux lui dit mille et mille fadaises, lui parle de ses poésies, lui récite de la prose, lui parle de sa relation future. « Il ne fera point de descriptions ; ce sont là choses usées ; il fera des peintures de mœurs ; tracera le canevas des touristes, courant le monde les uns pour.. ,les autres pour..., etc. Il parlera de l'avidité des *ciceroni*, des contre-temps des voyages, etc. » Ce vieux bonhomme, du reste, assez stupide, a-t-il volé mon plan ? Je vais lui faire visite. J'entends toujours l'interlocuteur répondant : « Oui, oui. »

∴

Mes deux voisins sont un Italien, je le prenais pour le Russe, et un Anglais, celui qui dit toujours *oui*. Ils parlent le français, disent-ils, parce que c'est aujourd'hui la langue universelle. Depuis quelque temps, dit l'Italien, notre langue est redevenue à la mode, grâce aux affaires d'Italie. C'est ainsi que la langue espagnole est devenue à la mode depuis 1831. En le quittant, j'ai souhaité à l'Italie et à sa langue une toute autre occasion de vogue que celle produite pour l'Espagne par ses troubles civils. Ce sont deux bonnes personnes.

∴

Mercredi 6 octobre, 6 heures du matin. — J'ai lu ce matin pour la seconde fois, la lettre de M. Saint-André. Il a dû être content de mes deux derniers mémoires de Rome. Je lui écrirai de Montpellier.

— Je viens d'écrire à Mlle Julie Moreau et à M. Garnier, curé de Vitry-le-François. Je leur ai envoyé de l'huile de Saint Pierre, et leur ai promis des chapelets.

* * *

11 heures, à la Bibliothèque Barberini. — J'ai vu les *érotiques*, les *anathématiques*, les *sépulcrales*, les *épidictiques*, les *protreptiques*, la *Muse de Straton*, et je trouve une entière conformité avec le manuscrit édité par Jacobs... (1).

Une goutte d'eau n'est pas plus semblable à une goutte d'eau que le manuscrit Barberini au manuscrit édité par Jacobs. Il est indubitable pour moi que ce manuscrit ne suppose nullement deux manuscrits de l'Anthologie de Céphalas. C'est un extrait pur et simple du fameux manuscrit connu. Cette copie Barberini est faite avec une rare intelligence, et, en un besoin, elle peut, pour les épigrammes qu'elle contient, tenir lieu de l'original qui est à Heidelberg. Du reste, c'est, que je sache, la seule copie authentique des travaux de Saumaise. Aussi je regarde ce manuscrit comme un des plus précieux de la Bibliothèque Barberini... (2). Le manuscrit Barberini porte le n° 292.

Voici le titre de [ce manuscrit] :

Pauli Silentiarii
Ekphrasis (3)
Magnae Ecclesiae
S. Sophiae

(1). Détails trop techniques sur ce manuscrit.

(2). Nouveaux détails par trop techniques.

(3). En caractères grecs dans le manuscrit d'Herbert.

Et Ambonis ejusdem Ecclesiae,
Ex Mss. codd. Palatinae Bibliothecae
Ex Cl Salmasii exemplari transcripsit
Lucas Holstenius M. D. C. XXVI
a. d. IX. Kal. septembr.
et revidit Romae ad ipsum Codicem Palatinum
Vatic. Bib. M.D.C.XXIX
a. d. VII. Id. Aprilis.

....(1). Ecrit à la Bibliothèque Barberini, au coup de canon de midi, le six octobre 1847.

∴

Salviani, Episcopi Massiliensis, etc, Romae, M.D.L.XIV, *apud Paulum Manutium, Aldi F., in aedibus Populi Romani, cum privilegio Pii IIII, Pont. Max.*, — est à Rome, chez Petrucci, pour 45 *paoli*. (2).

∴

7 heures, chez le traiteur. — A une heure, je suis allé à l'Ambassade, de là à la police, place *Navona*, de là à l'Ambassade, où moyennant deux francs, mon passe-port m'a été expédié. L'un des deux secrétaires m'a remis un petit paquet pour la France. L'autre, celui que je connais, m'a parlé sans trop de façons de l'Ambassadeur qui ne réussit pas à Rome, n'a point ce moelleux qu'il faudrait ici. « On parle de le changer ! » Le jeune de Broglie qui sait se faire aimer à Rome, est beau, leste et gracieux.

(1). Détails trop spéciaux sur ce manuscrit Barberini.

(2). Voyez sur Salvien, Philarète Chasles, *Le Moyen-Age*, Paris, Charpentier, 1876, page 83 et suiv.

Sa belle tête est ombragée d'une belle chevelure noire. De là, je suis allé chez mon antiquaire où j'ai pris une bague et une belle pierre. De retour chez moi, j'ai écrit à M. de Schonen une longue lettre sur Musurus, Lascaris, le manuscrit Barberini, et, à la nuit, l'ai portée à l'Ambassade où l'on m'a promis de la mettre à la poste. J'ai pris ma canne pour quinze sous. De retour au Corso, j'ai terminé, chez Petrucci, ma copie. Là j'ai vu le colonel et les avocats. On commence à rire de toutes les innovations. On criait dans Rome aujourd'hui : « A deux sous le décret relatif au Conseil municipal. Hier il était à bas prix, aujourd'hui nous le donnons à moindre prix encore, comme le poisson qui sent mauvais. » Le ridicule frapperait-il déjà ces institutions ? A cette heure, je soupe, bien fatigué. J'ai causé un peu avec le bibliothécaire de la Barberine ; il est facile de juger, d'après la conversation de cet abbé, qu'il est loin d'approuver les réformes de Pie IX. Et, sans nul doute, son opinion est celle du Prince.

⁂

Jeudi, sept octobre, six heures du matin. — Le catalogue ci-joint m'a été donné hier par Petrucci, avec recommandation de le faire connaître en France (1).

J'ai oublié de dire que les secrétaires de l'Ambassade avouent que les secrets du Sacré Palais, relatifs à la France, sont divulgués, que la France fait ici bien triste figure : ils accusent le *Journal des Débats* d'avoir fait beaucoup de mal ;

(1). C'est un catalogue des œuvres musicales de l'abbé Piétro Alfieri, « membre du Collège de Sainte-Cécile, maître compositeur de musique sacrée, professeur de chant grégorien au Collège anglais de Rome, etc », que vendait Pétrucci.

le *Journal des Débats* et *la Presse* sont reçus à Rome.

∴

7 heures. — Je viens d'écrire à Monsieur Langle de dire à Monsieur le Proviseur que je serai à Limoges avant le 18 courant.

∴

Rue des Condotti, M. Pignot. — C'est un de mes futurs compagnons de voyage pour demain. — Je partirai par une voiture publique, une diligence, dont le bureau est non loin du Palais Borghèse. Dans ce bureau où je suis allé ce matin, j'ai rencontré un Français qui m'a beaucoup plu. Je n'aurai pas à payer la bonne main. Mon propriétaire m'a mal parlé. Je l'ai maltraité. Il a demandé grâce. Il ne s'agit que de bâtonner ces Italiens ! J'ai donné commission à Petrucci de m'acheter des éditions anciennes de Sulpice Sévère J'ai lu les notes de Galesinius (1). Elles finissent aux *Juges*, sont des commentaires sur l'histoire, et ne disent pas un seul mot pour la critique du texte ou pour l'interprétation. Galesinius complète, modifie, corrige le récit de Sulpice Sévère, d'après les histoires, etc. C'est un historien, un théologien, mais nul-

(1). Pietro Galesini (*Petrus Galesinius*), de Milan, protonotaire apostolique, vécut dans le XVIe siècle, sous les pontificats de Grégoire XIII et de Sixte V. Il était savant dans les langues et dans les antiquités ecclésiastiques. Il a procuré une nouvelle édition du *Martyrologe Romain*, avec des notes de sa façon qu'il dédia au Pape Grégoire XIII. Il traduisit aussi du grec en latin quelques traités de Saint Grégoire de Nysse et de Théodoret, et publia l'*Histoire Sacrée* de Sulpice Sévére et celle d'Aimoin d'Halberstadt, etc. Cf. Moreri, *Dict. hist*, Paris, Coignard, 1699, t. III, p. 9.

lement un éditeur, comme nous entendons aujourd'hui ce mot.

*
* *

J'ai failli me jeter dans un guêpier en prenant, pour Civita-Vecchia, un voiturier, mais Dieu et ma bonne étoile m'ont tiré de ce mauvais pas. J'ai payé mon linge. Tout est prêt.—J'ai payé 22 sous à Petrucci. Nous sommes au courant.—Je viens d'acheter cette petite image et un grand portrait du Saint-Père. Le portrait est pour l'ami de M. Ubertin.

*
* *

Je dois ici signaler une mienne ingratitude bien punie. J'avais emporté de France une petite bouteille de verre, toute modeste, remplie d'encre. Elle m'a fidèlement servi. A Rome, j'ai acheté un bel écritoire de buis qui m'a tellement plu que tout d'abord j'ai brisé ma bouteille de verre. Aujourd'hui mon bel écritoire de buis s'est gonflé, s'est torturé, s'est brisé, et je suis sans écritoire !

*
* *

Il me reste, tout payé, aujourd'hui 7, 3!8 fr. Je vais retenir ma place, pour demain, pour Civita-Vecchia.

*
* *

11 heures, — J'ai payé ma place 24 *paoli*. On m'a remis, sur un napoléon d'or, 13 *paoli* et un *baiocco*. Je n'ai point de bonne main à payer. De là je suis retourné à l'Ambassade. Le secrétaire a été sensible à mon attention. Il m'a offert

le service de l'Ambassade. J'ai accepté pour ma correspondance avec Dom Pietro. Et le secrétaire m'a promis ses bons offices. Il a pris le numéro de ma rue, pour me rendre visite.

∴

A l'instant où j'écris ces lignes, j'ai rencontré l'abbé Gabriel qui prêchera le carême à Saint Roch. Il m'a dit qu'on avait préparé pour M. Cormenin l'ordre de commandeur de Saint-Grégoire ; mais Pie IX a voulu qu'il fût le premier chevalier de son ordre en France, et l'a nommé simple chevalier de Pie. Deux prêtres, l'un à la suite du Cardinal de Cambrai, l'autre à la suite du Cardinal de Bourges, ont aussi été décorés.

∴

La visite de l'abbé Gabriel à l'Ambassade n'a pas été longue. J'ai eu à peine, pendant cette visite, le temps d'écrire ces douze lignes. Il m'a dit : « L'Evêque de Rhodez qui est simple comme un enfant, va se perdre par terre ! » Je lui dis : « Les Prélats ne veulent pas subir les chapeaux rouges ! » Il ne dit pas non.

∴

J'ai acheté le *motu proprio*, trois sous, l'hymne avec la musique, trente sous, et j'ai vu les restes du mausolée d'Auguste.

∴

10 heures du soir. — Après mon diner et mon sommeil, je suis allé au Capitole pour voir le musée ; c'était la sixième fois que j'y allais

pour ce motif, et j'ai été éconduit. Adieu le Musée ! De là je suis allé prendre le café. En allant au Capitole, j'ai revu le petit garçon qui vend le *motu proprio*. Il se plaint de ne rien vendre. Il était tout triste. J'ai aussi acheté quatre exemplaires de l'hymne, ou plutôt des hymnes à Pie IX. Au sortir du café, vers six heures, j'ai trouvé dans le Corso une certaine agitation. On attendait le retour de la troupe de ligne qui avait été manœuvrer hors des portes. Enfin, cette troupe parut. Des gens du bas peuple, fort nombreux, sans cravates, mal en point, précédaient la troupe, en criant : *Lumi ! lumi* ! (1) et en sifflant et insultant les hôtels retardataires. J'ai suivi la foule. J'ai vu que cette canaille était, en quelque sorte, enrégimentée par des hommes du peuple faisant fonctions de sergents. Je m'arrêtai et examinai les troupes qui défilaient. Je vis les cavaliers, le sabre nu à la main, saluer le peuple de leurs sabres, saluer le Café *Nuovo*, crier : *Viva Pio IX* ! et, en un mot, fraterniser complètement avec le peuple. Un jeune homme, bien vêtu et de bonne apparence,... s'approcha de moi. Nous fîmes connaissance... Comme dans la conversation, je laissai échapper quelques mots d'étonnement, il s'empressa de me rassurer, me disant ce que disent tous les Italiens, « qu'il n'y a qu'amour pour le Pape, que fraternité, etc., que le peuple obéissait au moindre geste des gens bien nés, etc ». Et, cependant, il prenait part à toutes les démonstrations populaires, chantant l'hymne, agitant son mouchoir blanc, etc. La cavalerie cependant défilait, musique en tête, continuant jusqu'au Quirinal à fraterniser avec le peuple. Est-ce le peuple qui passe au gouvernement pontifical ? Est-ce le gouvernement pontifical qui passe au peuple ? Cette dernière probabilité est

(1). « Des lumières ! Des lumières. »

la plus vraisemblable. Le général Zamboni, vieillard de soixante-six ans, était au centre de la force armée, assez impassible, recevant les vivats sans rien dire. Vinrent ensuite les soldats du train avec le canon, un peu moins fêtés que les autres. Le peuple n'aime point la vue du canon! Ces bonnes gens qui ne savaient pas à quoi attribuer cette froideur à leur égard, montaient sur leurs pièces et criaient : « *Viva Pio IX* ! *Viva l'Italia* ! » Le peuple répondait sur le même ton. Quelques *Viva la Liberta* ! sortaient des rangs du peuple. Cependant, toutes les rues s'illuminaient rapidement. Mon excellent jeune homme, plein d'enthousiasme, disait que « l'Etat romain n'a besoin de personne, qu'il est uni comme un seul homme, qu'il n'a qu'un cœur, etc, que lui se ferait hacher pour la défense du Pape, que toute la jeunesse était prête à courir aux armes, que les Autrichiens ont évacué Ferrare, etc. » Il me quitta deux ou trois fois, pour parler à ses amis, me rejoignit toujours bientôt après m'avoir quitté, enfin, pour répondre à tous mes doutes, me dit : « Le peuple est si pieux, si bon ! » — « Et vous qui êtes étudiant en médecine, êtes-vous pieux ? » — « *Bagatella* ! *senza dubbio*. » (1) Et il parlait du fond du cœur. Il me souhaita ensuite heureuse traversée, me recommandant, comme tous les Italiens, de dire en France ce que je voyais, ce que j'ai vu au Quirinal, et, en nous quittant, nous nous embrassâmes spontanément. Ah ! en vérité, ces Italiens sont bons : j'étais tenté de croire à l'impossibilité de désordres.

De là (j'étais à la Minerve) j'allai, au *Corso*, au café de l'abbé Matranga que je trouvai tout d'abord. Nous parlâmes de ces étranges démonstrations et des suites probables. L'abbé n'est

(1). « Parbleu ! sans doute ! »

pas optimiste. Il me dit qu'il a entendu chanter, ce soir, au *Corso* :

Si mori Papa Pio,
Non ci sara piu Papa ! (1),

ce qui ne m'étonne nullement. Comme nous discourions ainsi en prenant des glaces, il me fit aviser, dans le café, un ex-banni, poète illustre, *Pietro Sterbini* (si je lis bien la signature), jeune homme, à la face fatiguée, petit, maigre, de 35 ans.

C'est l'auteur du fameux hymne. Je m'approchai de cet illustre avec mes quatre exemplaires des hymnes, et je lui montrai le premier, qu'il reconnut avec plaisir être son œuvre. Je lui fis quelques compliments et le priai d'écrire son nom au bas de la pièce. Un grain d'encens enivre les plus fortes têtes. Je retournai à l'abbé qui, placé vis-à-vis de la table occupée par l'illustre poète, ne savait trop quelle figure faire, et se mit à dire grand bien du poète, craignant qu'il ne l'observât. A dix minutes de là, le poète, avant de quitter le café, vint à ma table, me rendre mon salut ou ma visite, comme on voudra. Je lui témoignai mes craintes pour l'avenir. Il me répondit : « M. Cormenin m'en disait autant il y a trois jours. » Il répète que le peuple français ne serait pas capable d'une telle modération. « Mais voyez, nous sommes si modérés ! Nous avons eu tout le gouvernement entre les mains : lors de la conjuration, avons-nous abusé de la puissance ? Voilà notre réponse : *Nous sommes un peuple à part.* » Je lui répondis en faisant des vœux pour le Pape, et en lui disant : « Gardez-le bien ! », ce qu'il promit de faire. Il parle fort bien français. Il partit.

Un sien ami qui l'accompagnait, resta et

(1). « Si le Pape Pie meurt, il n'y aura plus ici de Pape. »

causa avec nous quelques instants : « On nous a donné le Conseil municipal qui, une fois constitué, grandira ! Nous aurons à peu près tout ce qu'a la France : des députés délibérant et dirigeant les affaires, etc, etc. Notre Pape vivra longtemps, et sa vie ne se passera pas sans que nous ayons toutes ces choses, etc. » C'était livrer le secret. Je restai froid, exprimant mes craintes pour l'avenir, et l'ami du grand poète nous salua et s'en alla.

Restés seuls, Don Pietro parla en liberté ; il n'aime guère les *Rouget de Lisle* italiens ; il paraît que c'est un tribun que Pie IX courtise, etc. Nous allâmes ensuite nous promener sur la place d'Espagne, où Don Pietro me parla des prédictions de l'abbesse de Russie, persécutée par Nicolas. L'abbé à qui l'on a fait rendre les manuscrits qu'il tenait dans son tiroir, craint que le Cardinal Angelo Maï ne s'en empare. C'est l'histoire de Naboth ! Du reste, un jour, l'abbé fera connaître ce qui lui appartient dans les œuvres du *grand* Cardinal ; en attendant, il me prie de garder le silence. Il me disait que dans une satire publiée lors du Conclave, à l'article Maï, le satirique disait : « Publiera bientôt un manuscrit très ancien de la *République* chimérique de Platon, avec les annotations de Pietro Matranga ANGELO C. MAI » (1). Aujourd'hui le Pape a dîné au Vatican. Il visite les

(1). Quelques mots sur le Cardinal Angelo Maï sur lequel ces notes de voyage fournissent de si curieux détails. Angelo Maï (1781-1854) a fourni l'une des plus belles carrieres d'érudition du siècle. Il découvrit dans des palimpsestes de la Vaticane la *République de Cicéron*, des fragments de ses discours, de la *Vidularia* de Plaute, la correspondance de Fronton. Il a publié : *Auteurs classiques inédits du Vatican*, 10 vol. 1828-38 ; *Nouvelle collection d'anciens auteurs*, 10 vol., 1825-38 ; *Spicilège romain*, 10 vol. 1839-44. On a sur lui des études critiques de Mutti, 1828, et Guglielmotti, 1877. Cf. aussi *Revue britannique*, 1re série, XXV, p. 71 et suiv., page 365 et suiv ; Villemain, la *République de Cicéron*. Paris, Didier, 1864, p. XXI et suiv.

couvents. Don Pietro pense qu'il veut leur prendre de l'argent : ce qui lui fera de terribles ennemis. Don Pietro pense que le Pape marche à l'aventure, cédant au torrent, sans autorité que celle qu'il emprunte aux idées libérales représentées par les tribuns du peuple. Don Pietro croit qu'il n'a pas de tête et se laisse enivrer ; il rit beaucoup du préambule du *Motu proprio.* (1) Selon lui, l'esprit qui souffle à Rome, c'est l'esprit révolutionnaire français. A-t-il tort ? Il prétend que le peuple romain n'est pas bon, est moins pieux qu'on ne pense, se familiarisera bientôt avec l'esprit révolutionnaire, comprimé par le feu Pape et propagé par le nouveau. Un abbé a fait, il y a six mois, un discours incendiaire à des étudiants, a porté sur un autel un drapeau, s'est mis à la tête de bandes de jeunes gens, ce drapeau à la main. On l'a fait chanoine de Latran ! L'abbé dit que deux choses perdent les gouvernements actuels, la dette publique, ou autrement la dilapidation des finances, l'orgueil qui refuse l'obéissance, ou l'insubordination. A-t-il tort ? L'abbé m'a avoué qu'il craint les libéraux, et qu'il a modifié, ce soir, son langage devant eux, ce que j'avais déjà remarqué. Est-là la liberté ? En somme je pense, et l'abbé Pietro pense comme moi, que les libéraux sapent la puissance pontificale, marchent maintenant *piano, piano,* d'une façon toute anodine, en attendant qu'ils puissent parler haut et frapper fort. *Quod avertat D. M. O.* ! Je suis fatigué et vais me mettre au lit.

*
* *

Vendredi 8. — Au Café *Nuovo*. Je me suis mis en règle avec la Police qui m'a fait payer six

(1). *Motu proprio*, décret octroyé du propre mouvement du ou des gouvernants.

paoli pour un permis de partir. La police ne perd rien. J'ai payé ma chambre, et les filles, qui n'ont pas été contentes de cinquante sous. De là je suis allé à l'Ambassade, et ai fait visite aux Prélats Molza et Lauréani.

Je viens de voir au Café *Nuovo* le fameux poète, auteur de l'hymne. Il parle d'une constitution libérale, de députés, de suppression des jésuites, d'une Université romaine, etc Il dit que les journaux français ont condamné M. Rossi ! Le Pape, à son dire, a tenu ce langage : « On veut que je me mette à la tête de l'Italie, comme Pape, je ne le puis. Mais ce que je puis faire, je le fais, en vous donnant une *guardia civica*, une Chambre, etc. Les autres Princes de l'Italie seront bien obligés de m'imiter ! » Il paraît que souvent notre Ambassadeur a dit au Pape : « Comme Rossi, je vous approuve ; comme Ambassadeur de France, je suis forcé de vous conseiller une extrême circonspection à l'égard de l'Autriche. » Cet illustre poète-journaliste parle de l'omnipotence de la presse à Rome. Il veut former entre les princes italiens une fédération et unir étroitement les peuples aux princes au moyen de réformes,etc. Il compte sur le bas clergé, peu sur la jeune prélature ; il redoute le haut clergé. Quant aux princes, il dit qu'ils se rangent peu à peu au parti populaire. Il avoue que la place ne serait pas tenable pour un Pape autre que Pie IX, que la force armée a passé au peuple ; il prétend que les faits sont accomplis ! Il dit que les jésuites sont trop riches pour subsister, et que le temps emportera tout cela. C'est beaucoup dire. Il m'a parlé avec enthousiasme de Timon qui était venu proposer au Pape de créer à Rome une *Académie européenne*, composée de quarante personnes, etc. Pauvre Timon ! Et comment réunir, à temps fixé, ces quarante illustres de l'Europe ? Et comment modérer une pareille réunion quand on voit ce que le prince de Canino a fait, naguère, à Venise. Il dit vouloir asseoir le nouveau gouvernement sur la Religion. Dieu veuille qu'il parle sincèrement,et, le cas échéant, ait le pouvoir de réaliser ses projets ! Qu nd je lui disais : « La tiare est nécessaire à Rome, » il répondait d'un air peu convaincu : « Eh ! qui veut y porter la main ? ». Il me disait encore : « Si le Pape a beaucoup fait pour le Peuple, le Peuple aussi a beaucoup fait pour la Papauté, qui, aujourd'hui, d'impopulaire, est populaire par tout le monde, etc. » Ces bons Italiens, du reste, se plaignent fort du gouvernement français,et,dans leur enivrement, disent qu'ils n'ont besoin de personne, et prétendent être par eux-mêmes : « Comptons sur nous ! » Ils trouvent que la lettre de l'Archevêque de Paris s'est trop fait attendre, etc.

***

Le poète journaliste dit que M Rossi, ayant beaucoup à faire oublier, donne des gages d'autant plus forts aux vieux Cabinets européens que les transfuges sont les ennemis les plus redoutables. Il prétend que dans le récent *motu proprio* est le germe d'une Université laïque et, par contre-coup, de la destruction des jésuites, etc. J'ai remarqué qu'autour de lui circule une cour énergumène, tandis que lui est ou paraît fort modéré. Ses courtisans trahissent-ils ses pensées secrètes ? Du reste, ces meneurs n'ont pas, je crois,d'idées arrêtées ; ils marchent guidés par la passion qui les entraîne à leur insu et les entraînera peut-être beaucoup plus loin qu'ils ne voudraient aller Leurs idées sont confuses ; toutefois,elles vont à tout renouveler, autrement, à tout bouleverser, et, un jour, elles seront plus fortes qu'eux. C'est ainsi que vainement Mirabeau a voulu lutter contre le torrent que lui-même avait déchaîné ! Ces hommes feront plus qu'ils ne veulent faire, plus qu'ils ne prévoient même et seront remplacés par des hommes qui iront plus loin encore, si Dieu ne les arrête ! Ce peuple Italien est par eux dressé *piano, piano.* Ils l'accoutument, sous prétexte de le discipliner, à obéir à leur moindre geste, et se substituent ainsi aux autorités constituées. En somme, je n'augure rien de bon de tout ce que je vois : c'est une Révolution conduite adroitement,et de la même nature que toutes les révolutions, lesquelles, de leur nature, sont philanthropes, douces, humaines, obéissantes dans leurs principes, pour porter,au temps venu, des fruits de destruction et de mort.

*
* *

Le Pape, hier, a fait cadeau de huit manuscrits au Vatican (1). Monsignore Molza, en habit de grande cérémonie, l'a reçu à la Bibliothèque.

*
* *

Notre poète-journaliste se plaint des anciennes créatures de Grégoire XVI, restées en place, et paralysant le nouveau gouvernement. Il voudrait une nouvelle création de fonctionnaires dévoués aux idées nouvelles. Cela va loin !

*
* *

(1). Voy. sur l'histoire de la Vaticane un très intéressant chapitre du R.P. Dom Cabrol, dans sa remarquable *Histoire du Cardinal Pitra*, Paris, Retaux, p. 276 et suiv. Il donne en note une bibliographie étendue de la question où sont signalés les récents travaux de Müntz, Rossi, Denifle et Ehrle, Maurice Faucon, Duchesne, Stevenson senior, Batiffol, et le beau livre de mon ancien maître et ami, M. Pierre de Nolhac, *La bibliothèque de Fulvio Orsini*, Paris, 1887.

Civita-Vecchia, 9 octobre. — Hier au soir, l'abbé Matranga est venu me dire adieu. Rien de nouveau. Une jeune Irlandaise m'a été confiée ; mais un bon prêtre en a fait son affaire, et m'a ôté toute responsabilité. Nous avons voyagé fort commodément pendant la traversée en voiture. Nous avons, ce matin, fait une longue promenade sur la mer en compagnie de deux Bourguignons et d'un Italien. Nous avons causé politique.

∴

Vers 10 heures, j'ai trouvé l'abbé Gabriel. Nous avons causé des affaires d'Italie (1). Il s'effraie de voir le nom de Pie IX pris comme une cocarde, de voir la religion au deuxième plan dans toute cette révolution, etc. Il me disait : « Cormenin a voulu toucher la question religieuse ; le Pape l'a évitée ; moi-même, j'ai voulu la toucher ; le Pape m'a éconduit poliment. Cet homme, à physionomie mobile, à langage prudent, est insaisissable. Un homme haut placé à Rome me disait : « En fait de réformes religieuses, vous verrez bien d'autres choses. » Il me dit qu'il avait remarqué dans le Pape certain penchant aux choses de la terre... « Le Pape m'offrait en souriant une décoration quand je lui demandais un Crucifix ! » Il pense que les jésuites sont perdus. Le père général dément dans son langage ce qu'il a écrit dans sa lettre au *Journal des Débats* : « Nous sommes sur le bord d'un abîme ! » — « Et votre Société ? » — « Elle est en plus grand péril qu'elle ne l'était la veille de notre destruction ! Si le

(1). Pour avoir l'opinion des Italiens constitutionnels d'aujourd'hui sur tous ces évènements, voir le livre de mon excellent ami Pietro Orsi, docteur ès lettres de l'Université de Turin, Professeur d'histoire au lycée Foscarini de Venise, *Come fu fatta l'Italia* Torino-Roma, L. Roux 1891.

Roi de Sardaigne et celui de Naples ne sauvent l'Italie par leur fermeté à résister aux innovations, tout est perdu ! » Le P. Ventura fut chargé par le Pape de se plaindre au général des jésuites au nom du Souverain Pontife. Un jésuite a dit en chaire : « *La Chiesa erra. Noi siamo perseguti, perche siamo discipoli di Christo* (1). » Le père général a défendu l'imprudent prédicateur, en disant qu'il ne prépare pas ses discours. Enorme imprudence, au dire du P. Ventura et de l'abbé Gabriel ! L'abbé Gabriel pense que les jésuites auraient dû se rallier franchement, et tout d'abord, aux réformes papales, qu'ils se perdent par leurs tergiversations. A son départ de Paris, il dit à l'Archevêque : « Je pars avec le chagrin de ne pouvoir dire au Pape que nos Evêques se sont ralliés franchement aux réformes, ont arboré le drapeau du Souverain Pontife, etc. » L'archevêque de Paris semble avoir tenu compte de ces paroles. M. Gabriel était chargé de sonder le Pape sur les questions religieuses. Il est grand admirateur de la modération italienne et croit que, le gouvernement dirigeant la révolution, tout sera sauvé. Toutefois, il prévoit un 93, parce qu'il ne voit point la religion au fond des réformes, parce que tout semble humain dans les réformes et dans les signes des réformes. Comme nous parlions de Cormenin, de sa croix, etc, et de la version que j'ai rapportée plus haut, nous trouvâmes deux autres prêtres, l'un décoré. Ce qui mit la conversation sur les croix. Le décoré est, je crois, de la suite du Cardinal de Cambrai. Le décoré prétendit que Cormenin, à qui on offrait la décoration de Grégoire XVI, demanda galamment celle de Pie IX. Il affirme que le Pape

(1). « Le Siège [apostolique] erre. Nous, nous sommes persécutés, parce que nous sommes les disciples du Christ. »

n'a pas prétendu glorifier Cormenin et ses idées, qu'on attache trop d'importance à cette décoration, que c'est un fait sans portée : « Le Pape a dit, il y a trois jours, à l'Evêque de Rhodez : « Ce bon M. Cormenin vient avec une provision de projets divers sur toutes choses, et qu'il voudrait que j'adoptasse. Je n'ai ni le temps, ni le vouloir de le suivre à travers ce dédale. » En un mot, cet ecclésiastique décoré juge M. Cormenin comme moi, comme un homme de beaucoup d'esprit, qui n'est pas de ceux qui peuvent travailler utilement à la vigne du Seigneur, et il pense que l'orgueil et la haute opinion de soi-même égare Timon ! J'écris ces lignes dans l'hôtel où sont descendues les Eminences.

*
* *

7 heures du soir. — J'ai fait connaissance avec un vieil Evêque de la Louisiane qui nous a raconté des choses merveilleuses du Nouveau Monde, et des progrès du Catholicisme dans ces contrées. C'est un Evêque tel qu'on en voyait au temps des Apôtres ! Il nous a dit que les protestants ont rendu, à l'unanimité, des lois favorables à la transmission des biens ecclésiastiques, à la Louisiane. Il est d'Auvergne ! Son frère, prêtre et curé, l'accompagne. Un autre frère est encore prêtre dans son pays. Que de piété ! que de simplicité ! Il fait grand cas de la religieuse persécutée par Nicolas, et dont l'abbé Matranga m'a raconté des prédictions : « Que le feu Pape mourrait bientôt, que le nouveau prendrait le nom de prédécesseurs bien malheureux, pour être encore plus malheureux qu'eux. » Il est fort gai, a été trente-cinq ans missionnaire, a vu la foi faire dans l'Amérique des progrès immenses, a été fêté par

le Pape, etc. Il y a trois ans, étant en France, il a revu son père et sa mère qui sont morts à quelques mois de sa visite. Cet homme m'a singulièrement touché le cœur. Dieu veuille que je n'oublie jamais sa douce et céleste figure, éclairée d'un rayon d'en haut. Après souper, nous sommes allés à la promenade L'abbé Gabriel était avec le frère de l'Evêque américain et avec un autre prêtre. J'écoutais de toutes mes oreilles. Il nous a dit que Lamennais semblait revenir à des idées plus sages, que le Pape lui a fait écrire indirectement une lettre pressante pour le ramener à la foi, etc. L'abbé Gabriel parle beaucoup du P. Ventura et de son audacieuse oraison funèbre (1), du péril que courra le Pape s'il veut réformer le clergé italien, etc. Il paraît que le P. Ventura, et en chaire, et chez les Ambassadeurs, prêche la liberté moderne, etc. Parlant de Lamennais, il disait qu'il est inexpugnable par le cœur.

L'abbé Gabriel est fort au niveau des idées actuelles. D'accord avec le fameux P. Ventura, il voudrait que les jésuites se fussent jetés à la suite de Pie IX dans la démocratie ; pourtant, parlant du Pape, il a rapporté cette parole de Lamennais : « Le peuple le porte et l'emporte. » Le frère de l'Evêque américain a dit avec piété : « Et Dieu le garde ! ». J'ai parlé du despotisme des Evêques français ; les prêtres, à l'unanimité, les ont victorieusement défendus.

Le *sirocco* a soufflé aujourd'hui, et nous avons tous été malades, tant qu'il a soufflé. Nous ne sommes pas partis aujourd'hui parce que le bateau n'est pas venu. Du reste, la peste étant à Malte, si le pauvre bateau français a touché

(1). Le P. Ventura avait prononcé à Saint-André *della Valle* l'oraison funèbre d'O'Connel, dont on avait transporté le cœur à Rome. Dans ce discours il s'était attaché à démontrer la liaison de la religion et de la liberté. Cf. Amédée Gabourd, *Histoire contemporaine*, t. VI, p. 394.

à Malte, il sera forcé de faire quarantaine à Marseille, et nous ne pourrons, pour ce motif, le prendre. Les Cardinaux qui se tiennent chez eux, sont, dit-on, fort contrariés de ce contretemps, surtout celui de Bourges. Il paraît que les Théatins les ont écorchés d'étrange sorte. Le Cardinal de Cambrai, Mgr. Giraud, est, si je ne me trompe, accompagné d'un domestique, de son ami intime, aux lunettes vertes, et de son vicaire général. Le vicaire général et le domestique de l'Archevêque de Bourges accompagnent cette Eminence. Ce soir, tous nos prêtres, à l'unanimité, ont proclamé les jésuites le seul corps religieux existant et vivant. L'abbé Gabriel disait qu'un personnage haut placé à Rome, a dit à l'abbé Lacordaire : « Vous avez tout ce qu'il faut pour faire un chef d'ordre, l'éloquence, l'audace, la connaissance des hommes de votre époque, une foi ardente. Mais pourquoi vous êtes-vous attaché à un cadavre ? Si vous aviez créé un ordre en rapport avec les besoins de la société actuelle, vous auriez, à cette heure, cinq cents jeunes Français, élite de la jeunesse, sous votre conduite. Et à votre mort, votre province de Dominicains français vous suivra dans la tombe. Toutefois, il est trop tard pour faire ces réflexions ; vous ne pouvez plus reculer, etc. » Et l'abbé Gabriel ajoutait : « Il sent bien aujourd'hui cette faute. » Dans tous ces prêtres, gens de mérite et de piété, je trouve bien des petites faiblesses humaines, de petites jalousies, de petites susceptibilités, un petit peu de superbe, quelques traces de vanité, mais, en somme, ce sont de braves et dignes ministres de Jésus-Christ.

∴

Dimanche 10 octobre, sept heures du matin. — L'abbé Bourrel m'envoie chez le barbier. Je vais donc me faire raser. La *Ville de Marseille* est en vue. Nous partirons donc aujourd'hui. Notre hôtel est près de la porte de Rome, et se nomme l'hôtel *Orlandi*.

∴

Il est huit heures et demie. Un bateau à vapeur est en vue. Avec une lunette, je l'ai observé du haut des remparts. L'agent français pense que c'est le bateau de l'Etat.

∴

M. *Leraillé*, ami du Cardinal de Cambrai décoré. — [M]. *Bonse*, grand-vicaire du Cardinal de Cambrai.

∴

10 heures. — Nous avons assez bien déjeuné avec le vieil Evêque américain, son frère et un autre prêtre auvergnat. L'abbé Gabriel n'a point voulu manger avec nous. Le vieil Evêque m'a parlé avec amitié : j'ai baisé sa main. Après déjeuner, l'abbé Gabriel nous a conté que M. Cormenin a dit à M. Rossi : « Je vous conseille de donner votre démission, de ne point retourner en France où vous n'avez rien à faire, et de demeurer ici près du Pape, pour l'aider dans l'organisation de ses Etats. » M. Rossi, à ce propos, se serait mis à rire. On parle de l'envoyer en Espagne. Un haut personnage romain disait de lui : « Son cœur et son esprit valent mieux que sa position. » L'abbé Bourrel m'a parlé de M. de Schonen qu'il a vu, il y a trois ans, au Collège Rollin, à Paris. Il paraît que le bateau arrivé est la *Ville de Marseille*. Nos cardinaux, dit l'abbé Bourrel, sont passablement fatigués.

Nous avons vu, pendant le déjeuner, les troupes du Pape aller et revenir en musique, à [et de] la messe. Ils ont exécuté l'hymne de Pie IX.

⁂

[Le] Cardinal Micara, ex-capucin, reçut, étant simple capucin, une barrette qu'un Cardinal mourant lui léguait : « Il s'en va au Diable ; mais, avec cette calotte rouge, j'irai au Ciel. » Ce même Cardinal disait au Cardinal Lambruschini, au dernier Conclave : « Si l'élection vient du Diable, elle tombera sur vous ou sur moi : vous reculerez trop, ce qui plaît au Diable ; j'avancerai trop, ce qui ne lui plaît pas moins : Si l'élection vient du Ciel, elle tombera sur le Cardinal Mastaï. » J'appris, vers onze heures, que les Cardinaux ont envoyé à Rome demander le paquebot qui est ici. On n'a pas répondu (à 3 heures du soir). Dans cette incertitude, j'ai dû retenir ma place ; je l'ai retenue pour 72 fr. Vers une heure, je suis allé saluer le Cardinal de Cambrai. Il a parlé immédiatement des bateaux, etc. Je suis allé m'informer des prix, de l'heure du départ, etc. Les Cardinaux, sans réponse de Rome, étaient assez disposés à prendre la *Ville de Marseille* ; mais le Consul est venu leur offrir de donner ordre au lieutenant de partir, sur un mot de leur main. Les Cardinaux semblent décidés à donner ce mot. Moi, je leur donnai le conseil de prendre la *Ville de Marseille*, et pour cause. Le consul est allé voir le lieutenant de vaisseau, et, en attendant, je suis dans le salon des Cardinaux, écrivant ces lignes. Je voulais passer à l'antichambre ; le Cardinal de Cambrai ne l'a pas voulu. Après le départ du Consul, le Cardinal de Cambrai m'a témoigné regretter que j'eusse arrêté une place à la *Ville de Marseille*. J'ai répondu que 70 fr. ne sont rien, et qu'à Rome je n'ai point fait de folles dépenses. Je suis dans ce moment seul dans le salon des Cardinaux.

∴

Le *Tartare* est le bateau de l'Etat devant être mis à la disposition des Cardinaux.

∴

Le bateau payé, il me reste encore 195 fr. Je n'ai pas trop pour mon voyage.

∴

Lundi 11 octobre, cinq heures du matin. — Vers quatre heures, le Consul était de retour. Il avait pris, avec toutes les précautions requises les dépêches du *Léonidas*, le vaisseau français qui est en quarantaine, et visité la *Ville de Marseille* et le *Tartare*. L'officier, en l'absence du commandant, avait refusé de mettre son bateau à la disposition du Consul. Mais le Consul, en promettant de partir ... (?) le soir même pour Rome, à 8 heures, en poste, sut persuader aux Eminences d'avoir patience et d'attendre encore le courrier de Rome. Je me levai, (car j'étais dans le salon, avec toute la suite des Cardinaux) et je saluai leurs Eminences. Le Cardinal de Cambrai avait exigé que je partisse, en m'assurant qu'il verrait à nos affaires à Paris. Quelques minutes auparavant, il avait dit que différentes affaires nécessitaient sa présence à Paris. Le Cardinal de Bourges m'a permis de *présenter ses devoirs* à l'Evêque de Limoges, et s'est entretenu fort aimablement avec moi. Il m'a donné sa main à baiser, à l'exemple de l'Archevêque de Cambrai. Dans le salon, comme le consul disait que la *Ville de Marseille* était une arche de Noé, je le repris, et il se rétracta en partie. En quittant l'illustre compagnie, je trouvai, à l'hôtel, le capitaine de la *Ville de Marseille* qui attendait ma réponse et nous montâmes à bord, où je retrouvai mes compagnons de voyage, les Bourguignons et le Germain. Après la conversation vint le souper, après le souper j'eus complètement le mal de mer et n'eût été le manteau du Germain, j'aurais passé une triste nuit. Grâce à ce manteau, je dormis, appuyé sur une table, assez paisiblement jusqu'à cinq heures.

*
* *

Dès six heures, nous étions en vue de Livourne. A huit heures, nous sommes descendus à terre, M. Pignot, le Germain et moi. Nous eûmes d'abord maille à partir avec le batelier. Suivit la querelle avec les faquins qui faillit devenir plus sérieuse. Ces gens prétendaient nous mettre à rançon. Nous saisîmes les paquets de ces messieurs (ma malle est restée au bateau) et fîmes mine de les porter nous-mêmes. Alors, grands cris ! Pour répondre à leurs bravades, je mis le bâton sous le nez de l'un des faquins, en disant, pour répondre aux cris de *Viva Pio IX*, cris de ralliement : « *Viva il bastone* ! » (1), ce qui irrita terriblement mon antagoniste et son illustre compagnie. De son côté il me montra le poing, se munit d'un bâton, et, consentant enfin à des conditions supportables, nous

(1). « Vive le bâton ! »

suivit avec les siens, chargés de nos paquets. Il s'était en outre muni d'un énorme gourdin pour répondre à ma bravade. J'ai dîné pour trente sous. Et ces MM, sont partis pour Florence en me chargeant d'une lettre pour Paris. Ce sont de dignes gens. A Livourne, on parlait d'une vente des états de Lucques au duc de Toscane. J'ai payé à la douane 35 sous pour mon passe-port, non sans bien murmurer et en disant à l'employé, qui me menaça de me renvoyer au navire : « Votre Duc ferait bien mieux de gouverner sa *guardia civica* (1) que de *rubare i forestieri.* » (2) Ce brave homme était indigné, et me montrait, le rouge au front, le stupide buste de son Grand Duc en me disant de « respecter la loi. » Ce pauvre Grand Duc est en marbre, tout triste, sur une des places de la ville, portant en main le decret de la *guardia civica*. Ici le mot du ralliement du peuple est : *Viva Pio IX* !

∴

Mardi 12 octobre, six heures du matin. — Je suis retourné au bateau vers quatre heures. J'ai lu et causé jusqu'à sept heures, heure du départ. J'ai fait connaissance avec l'intendant de l'un des deux Latour-Maubourg qui se succédèrent à l'Ambassade de Rome.

J'ai aussi fait connaissance avec un Romain, jeune encore, qui connaît l'abbé Matranga, etc. (3)

(1). « Garde nationale. »

(2). « Voler les étrangers. ».

(3). Le manuscrit 92 de la Bibliothèque de Vitry qui contient des notes d'Herbert sur Sulpice Sévère, renferme quelques lettres de cet abbé Matranga dont il a été si souvent question dans ce journal.

Je lui ai promis des lettres pour Paris. Il va à Paris pour divers motifs et pour chercher certains commentaires du Dante. J'ai soupé fort splendidement contre mon attente, et de grand appétit. La mer a été fort bonne. Nous sommes arrivés à Gênes vers trois heures du matin. J'écris ces lignes dans la salle commune des secondes. Hier au soir, j'ai revu ma malle, à la cale.

∴

1 heure après-midi. — A huit heures je suis allé à terre pour dix-huit sous (c'est le tarif), en la compagnie de l'intendant de l'ex-comte de Latour-Maubourg et du jeune Romain, amateur de livres. Nous avons pris le café, couru les rues, visité quelques boutiques de libraires, dîné pour vingt sous par personne, et, à une heure, nous avons pris le bateau et sommes remontés à bord pour deux sous et demi par personne ! L'intendant de l'ex-Ambassadeur nous a dit que M. de Latour-Maubourg songeait à acheter, à Rome, un palais pour la France, que M. Rossi a abandonné cette idée. Le mobilier du feu comte Ambassadeur a été vendu *sub hasta*. Quant à M. Rossi, il vit, comme je l'ai remarqué, assez chichement à Rome. Il a peu de domestiques, et ses gens ne sont point accoutumés au service. Quand le Cardinal de la Tour d'Auvergne est allé à Rome, cette Eminence, arrivée au salon d'honneur, s'aperçut qu'on la conduisait au second étage, et s'arrêta tout court en disant : « Je suis vieux, dites à M. l'Ambassadeur que je l'attendrai ici. » L'intendant pense que, si les deux Cardinaux français frètent le vaisseau de l'Etat en station à Civita-Vecchia, il leur arrivera

ce qui est arrivé en pareille occasion au feu comte de Latour-Maubourg (et il était Ambassadeur), que les bureaux de la marine enverront une note de 800 fr. à chacun des illustres passagers. Je dois écrire à Panckoucke par le canal de l'amateur italien (1). A Gênes, à l'instant du débarquement, c'est une chose curieuse de voir le vaisseau bloqué par les barquerolles des marins du port qui se coalisent et sont inflexibles sur le tarif. Et, pour remonter, ces mêmes marins viennent offrir leurs services, humblement, pour trois sous de Gênes : il n'y a plus de tarif ! A Gênes, nous avons visité une église neuve, dorée et ornée de marbres. Elle est grande et riche, mais elle ne révèle pas un architecte de génie.

*
* *

Marseille. — La journée du 13 [Octobre] a été marquée pour moi par des querelles avec les douaniers et les matelots de Marseille. Le 13, au soir, j'ai appris, au Collège royal, ma nomination à La Rochelle. Dois-je me désoler ? La volonté de Dieu soit faite... J'ai fini la relation de mon voyage le 13 octobre 1847. Les jours que je passai à Marseille ne furent pas trop agréables. A Limoges je trouvai des amis. Et avant d'arriver à Limoges, j'avais envoyé des médailles à Clermont. De Limoges j'allai à Paris où je trouvai M. de Schonen malade. Ce bon vieillard m'aime toujours. Dieu le conserve ! M. Saint-André ne m'a point oublié. Il était absent. Aujourd'hui je suis à La Rochelle, attendant les évènements,

(1). « *Gaetano Santucci, chez le Nonce du Pape*, adresse de l'Italien lettré pour lequel j'ai écrit à Paris. » *Annotation d'Herbert.*

à la veille de publier le premier volume de mon Sulpice Sévère, et plus chrétien que jamais. Que la Providence a été pour moi bonne et indulgente ! Combien je dois remercier Dieu d'avoir eu le bonheur de visiter Rome! Puisse-t-il m'appeler bientôt à une vie meilleure et utiliser ce qui me reste de jeunesse ! (1)

La Rochelle, 11 novembre 1847.

HERBERT,

Professeur de 3e au Collège Royal (2).

---

(1). Une note au crayon placée vers la fin du second cahier de cette relation dit ceci : « L'huile dont ce livre est imbibé, a été prise au tombeau de Saint Pierre en la compagnie de l'Abbé Matranga, le 1er octobre 1847. HERBERT. »

(2). Rappelons ici que « la littérature vitryate » comptait déjà un important *Voyage en Italie*,--celui du docteur Louis Valentin. Louis Valentin, né à Soulanges le 13 octobre 1758 et qui exerça avec éclat la médecine à Nancy, a publié un journal de voyage dont voici la bibliographie (Cf. Quérard, *La France littéraire*, Paris, Didot, 1839, t. X, p. 18) :

— *Voyage médical en Italie fait en 1820, précédé d'une excursion au volcan du mont Vésuve et aux ruines d'Herculanum et de Pompéia*, Nancy, de l'imprimerie de Hissette, 1822. in-8°.

— *Voyage en Italie fait en 1820*. Deuxième édition corrigée et augmentée *de nouvelles observations faites dans un second voyage en 1824*. Paris, 1826, in 8°.

Une visite d'Herbert à Ligugé

Herbert semble avoir apporté dans l'étude de Sulpice Sévère dont il a donné une édition dans la collection Panckoucke, tous les scrupules de la plus méticuleuse érudition, une patience dans l'investigation qui ne « bronchait » pas, quand il fallait élucider quelque difficulté et trancher quelque problème. Sulpice Sévère a été l'historien de saint Martin : aussi Herbert, ne voulant rien négliger, désirant devenir plus maître encore de « son » texte par la vue directe des choses, se rendait-il, en 1848, à Ligugé (1), où s'élevait un monastère célèbre, le premier monastère des Gaules, que les mains de saint Hilaire avaient bâti, qu'avait habité son disciple saint Martin (2). Herbert a

(1). Ligugé, canton (sud), et à deux lieues, de Poitiers.

(2). Cf. dom Chamard, *Saint Martin et son monastère de Ligugé*, Paris 1873, in-12, *Gallia christiana* édition 1656, t. I, p. 734. Ligugé avait appartenu autrefois aux Bénédictins. Quel-

inséré, dans l'exemplaire de cette magnifique et rare édition de Sulpice Sévère, donnée à Vérone en 1754 par le P. de Prato, que le laborieux professeur avait achetée à Rome et qui se trouve maintenant parmi les livres qu'il a laissés à la Bibliothèque de Vitry, une note manuscrite où il a brièvement consigné quelques-unes de ses impressions à Ligugé(1). Dans cette note se mêlent de la façon la plus ingénue, comme dans son *Voyage en Italie*, les enquêtes du philologue, les souvenirs du voyageur et les soucis d'un cœur toujours inquiet :

∴

que temps après le passage d'Herbert, Mgr Pie, évêque de Poitiers, acquit tous les restes de l'ancien monastère ; il les offrit en 1852 à dom Guéranger, abbé de Solesmes, le restaurateur des Bénédictins de France, qui y envoya et y installa solennellement une petite colonie monastique le 25 novembre 1853. Cf. Baunard, *Histoire du Cardinal Pie*, 2e édition, t. I., p. 270 et 429 ; dom Guépin, *Solesmes et dom Guéranger*, p. 135 : dom Cabrol, *Histoire du Cardinal Pitra*, Paris, Retaux, 1893, p. 212.

(1). Cette note se trouve dans le t. II des *Sulpicii Severi opera, ad mss. codices emendata notisque, observationibus et dissertationibus illustrata, studio et labore Hieronymi de Prato, Veronensis, Congregationis Oratorii ejusdem Civitatis Presbyteri. Veronae, MDCCLIV, apud Augustinum Carattonum, Episcopalis Seminarii Typographum.*

Aujourd'hui, Dimanche 13 février 1848, je suis allé, vers deux heures après-midi, à Ligugé, sur le Cl[a]in. C'est un village dans une belle vallée, à une heure et demie de Poitiers, vers le soleil couchant. A mon arrivée, les vêpres finissant, je suis allé trouver le curé à la sacristie, après avoir visité la belle petite église rebâtie par un prélat, parent du Cardinal d'Amboise. Le curé, jeune homme de trente ans, m'a montré un fragment du crâne de Saint Martin, apporté par un évêque en 1817. Il paraît que les reliques de Saint Martin ont été sauvées durant la révolution de 93. Cette relique se conserve à la sacristie, dans un pauvre reliquaire en bois. Le curé m'a conduit dans la petite chapelle, voisine de l'église, ancienne cellule où Saint Martin ressuscita un catéchumène. Autrefois cette cellule était enfermée dans une vaste église, détruite depuis bien longtemps, et dont j'ai vu quelques pierres sculptées dans les murailles. Quand on rebâtit la petite église actuelle, on construisit le petit oratoire dont je parle, à l'endroit où Saint Martin ressuscita son disciple. L'église et l'oratoire sont de la Renaissance, quoique gothiques pour le style ; la voûte de l'église est en briques, le reste en pierre. Le petit oratoire est en pierre. J'ai eu la consolation de prier devant le reliquaire de Saint Martin et de baiser à plusieurs reprises le *pavimentum* de la cellule du catéchumène ressuscité. Le curé m'a dit que les Bénédictins avaient occupé autrefois le couvent qui ressemble à une belle maison de campagne, et que depuis, les jésuites y avaient eu leur maison de plaisance. Aujourd'hui, j'ai cru comprendre que ce couvent sert de maison des champs aux élèves du Séminaire de Poitiers. Le curé, qu'un malade avait fait appeler, m'a conduit à la cure, assez belle, et m'a montré un Sulpice Sévère de l'édition de Mercier. M. le Supérieur *(sic)* a une belle édition de Sulpice Sévère.

J'ai laissé au curé un billet de 15 fr. pour l'aider à reconstruire la cellule du catéchumène. Dans cette cellule est une image en plâtre de Saint Martin ; on mettra des vitraux de couleur ; la châsse sera dans une niche fermée avec une porte de fer. Le curé m'a dit que nombre de pèlerins venaient prier dans son église. Il m'a promis de dire une messe pour mes parents. Dieu garde ma pauvre nièce, — Dieu et Saint Martin !

FIN.

J'ai publié :

— SAYCE, *Principes de philologie comparée*, traduits de l'anglais pour la première fois par E. Jovy, et précédés d'un avant-propos par Michel Bréal, membre de l'Institut. Paris, Delagrave, 1884, in-12 ; 2e édition, 1894.

— *Pouvons-nous nous assimiler la pensée grecque ancienne ? A propos d'un poète anglais helléniste, Sir Edward Bulwer Lytton*, Vitry-le-François, 1893.

— *Bossuet, prieur de Gassicourt-lès-Mantes, et Pierre du Laurens. Un factum inédit contre Bossuet*, Vitry-le-François, 1891, in-8°.

— *Essai de solution d'un petit problème d'histoire littéraire. Pascal et Montalte*, Paris, Imprimerie nationale, février 1895.

— *Un juge d'Urbain Grandier, Louis Trincant, biographe inédit de Salmon Macrin*, Loudun, 1892, in-8°.

— *Guillaume Prousteau, fondateur de la Bibliothèque publique d'Orléans, et ses lettres inédites à Nicolas Thoynard*, Paris, 1888, in-8°.

— *Quelques lettres inédites de Perdoulx de la Périère à l'abbé Laurent-Josse Le Clerc*, Orléans, Herluison, 1894.

— *Documents sur la Société populaire de Vitry-le-François pendant la Révolution*, Vitry-le-François, 1892.

— *Le Collège de Vitry-le-François et la poésie latine,* Vitry-le-François, 1892, in-8°.

— *Les exercices littéraires et les distributions de prix au Collège royal des Pères de la Doctrine chrétienne de Vitry-le-François*, Vitry-le-François, 1893.

— *Chasseurs d'autrefois à Saint-Remy-en-Bouzemont, Larzicourt et Arrigny. A travers quelques dossiers des archives départementales de la Marne*, Vitry-le-François, Ve Tavernier et Fils, 1895. (*Petite collection Vitryate*).

— COLLECTION JOVY (*Documents relatifs à l'histoire du Loudunais*), publiée par le *Journal de Loudun*, 1886-1896, imprimerie Roiffé, Loudun (Vienne).

— DISCOURS ET CONFÉRENCES :

— *Le Patriotisme*, discours, Loudun, Roiffé, 1885.

— *La question du grec*, discours, Loudun, Roiffé, 1886.

— *La Jeunesse,* discours, Vitry-le-François, Pessez et Cie, 1889.

— *L'éloquence politique en France au XIXe siècle*, conférence, Vitry-le-François, Pessez et Cie, 1889.

— *Les poésies d'Eugène Manuel*, conférence, Vitry-le-François, Pessez et Cie, 1891.

— *Le «Journal» de Marie Bashkirtseff*, conférence, Poitiers, Oudin, 1896.

— *Les Vacances*, allocution, Poitiers, Oudin, 1896.

E. J.

Vitry. Imp. Ve Tavernier et Fils.

www.ingramcontent.com/pod-product-compliance
Ingram Content Group UK Ltd.
Pitfield, Milton Keynes, MK11 3LW, UK
UKHW022051260726
13993UKWH00001B/40